Frauen in buddhistischen Traditionen

KARMA LEKSHE TSOMO

Frauen in buddhistischen Traditionen

NORBU VERLAG

Bibliographische Information der Deutschen Bibliothek:
Die Deutsche Bibliothek verzeichnet diese Publikation in der Deutschen Nationalbibliografie; detaillierte bibliografische Daten sind im Internet über www.dnb.de abrufbar.

ISBN: 978-3-944885-40-7

Die Orginialausgabe erschien 2020 unter dem Titel
»Women in Buddhist Traditions (Women in Religions)«

1. Auflage 2024

Norbu Verlag
in der Ekayana gGmbH
www.norbu-verlag.de

Übersetzung: Katrin Rehders
Lektorat: Georg Schober
Gestaltung und Satz: Friederike Schütt
Coverfotos: Olivier Adam, Josiane & Alain Delaporte-Digard,
Andreas Reiner (für die Brambosch-Schaelen-Stiftung)
Druck: Steinmeier GmbH & Co.KG, Deiningen

Gedruckt auf alterungsbeständigem, säurefreiem Papier
aus chlorfrei gebleichtem Zellstoff

INHALT

Hinweise zur Transliteration und Aussprache von Namen und Begriffen

Die Betrachtung von Frauen in buddhistischen Traditionen führt notwendigerweise dazu, dass wir auch Worte in deren Originalsprachen verwenden. So beruhen die Überlieferungen des Theravāda-Buddhismus auf Schriften, die in der Pāli-Sprache aufgezeichnet sind, während jene des Mahāyāna-Buddhismus auf Texten beruhen, die in Sanskrit verfasst sind. Um die Aussprache der Worte in diesen beiden südasiatischen Sprachen anzuzeigen, enthalten in diesem Buch die Standardtranskriptionen diakritische Zeichen. Die oder der Lesende wird im Text feststellen, dass je nach Tradition und Sprache der besprochenen Schriftquellen entweder Pāli- oder Sanskrit-Wörter verwendet werden.

Die Traditionen des Mahāyāna-Buddhismus in China, Tibet, Korea, Japan und anderswo basieren auf den Mahāyāna-Schriften, von denen viele in ihre eigenen Sprachen übersetzt wurden. Daher werden – zusätzlich zu den Begriffen in diesen Sprachen – solche aus dem Sanskrit verwendet, wenn von den Traditionen des Mahāyāna-Buddhismus die Rede ist. In einigen Kapiteln werden abwechselnd Pāli- und Sanskrit-Versionen desselben Wortes oder Namens verwendet. Dies vor allem, wenn es um die frühesten Quellen über das Leben des Buddha und seine Lehren geht, da spätere schriftliche Texte in diesen beiden Sprachen erhalten geblieben sind.

In der Transliteration von Pāli- oder Sanskrit-Wörtern zeigt ein Makron (ein gerader Balken) über einem Vokal einen verlängerten Laut an. Pāli- und Sanskrit-Worte ähneln einander oft. Zum Beispiel ist das Wort für eine voll ordinierte Nonne in Pāli Bhikkhunī und in Sanskrit Bhikṣuṇī. Das Wort für »Handlung« ist Kamma in Pāli und Karma in Sanskrit. Andere Wörter, wie »Buddha«, sind in Pāli und Sanskrit identisch. Die Laute th, dh, ph und bh sind Aspirate, keine Sibilanten. Theravāda, zum Beispiel, wird mit einem harten »t« wie im englischen »town« ausgesprochen, nicht dental, wie im englischen »thank«. Die transkribierten Buchstaben ś und ṣ liegen beide nahe am englischen »sh«-Laut. Das ṃ aus dem Sanskrit wird wie ein nasal klingendes »n« ausgesprochen und die Sanskrit-Konsonanten ṇ und ḍ als nasalisierte Versionen von »n« und »d« .

Die Transliteration tibetischer Wörter folgt dem von Turrell V. Wylie entwickelten, nach ihm benannten System aus den 1950er Jahren; es wird auch heute noch häufig verwendet und vermeidet diakritische Zeichen. Chinesische Worte werden nach dem Pinyin-System umgeschrieben. In romanisierten japanischen Wörtern zeigt ein Makron über einem Vokal, wie z. B. ō, einen langen Vokal an.

Bei Namen von Personen, Institutionen und Orten folgt die Transliteration im Allgemeinen der phonetischen Entsprechung ohne diakritische Zeichen oder der Präferenz der Person oder Institution. Als Ausnahme gilt, dass diakritische Zeichen in den transkribierten Namen von in buddhistischen Schriften erwähnten Personen verwendet werden. Zum Beispiel ist Mahāprajāpatī Gautamī der Name der Tante und Pflegemutter des Buddha in Sanskrit, während er in Pāli Mahāpajāpatī Gautamī lautet.

Auch wenn die Verwendung verschiedener Sprachen ein wenig verwirrend oder unbequem sein mag, so ist sie doch auch eine nützliche Erinnerung daran, dass diese buddhistischen Traditionen eine lange Geschichte haben. Durch diese sprachlichen Unterschiede können wir sowohl die Einzigartigkeit dieser Traditionen als auch ihre Kontinuität über viele Jahrhunderte hinweg erkennen.

Hinweise zur Übersetzung

Noch zeichnet sich für Übersetzungen buddhistischer Schriften ins Deutsche kein einheitliches buddhistisches Standardvokabular ab. Deshalb wurden für das vorliegende Buch folgende Leitlinien für die Verwendung der bestimmten deutschen Artikel gewählt:

1. Wir folgen den im Duden bereits etablierten Schreibweisen (z.B. das Sūtra/Sutta).

2. Wo sinnvoll und möglich, wurden die Artikel für ein Fremdwort an die naheliegendste deutsche Übersetzung angeglichen, also ***die*** Saṅgha/Saṃgha (Gemeinschaft), ***das*** Mahāyāna/Vajrayāna (Große/Diamant-Fahrzeug), ***der*** Bhikṣu/Bhikkhu (Mönch), ***die*** Bhikṣuṇī/ Bhikkhunī (Nonne) und ***die*** Therīgāthā (Lieder/ Verse der Älteren Nonnen), ***der*** Vinaya (***der*** Kodex der Regeln für Ordinierte), ***die*** Prajñāpāramitā (Vollkommenheit der Weisheit).

Bei der Übersetzung dieses Textes wurde darauf geachtet, ihn möglichst gendergerecht wiederzugeben und dabei zugleich einen guten Lesefluss zu erhalten. So wird aus dem Wort »Lehrer« das Wort »Lehrende«, aus »Student« »Studierende«. Worte, für die es keine solchen leichten Lösungen gibt, wie »Schüler«, wurden oft als »Schülerinnen und Schüler« wiedergegeben. In einigen Fällen, wie z.B. bei dem Wort »Buddhist«, wurde allerdings aus Gründen der besseren Lesbarkeit das generische Maskulinum verwendet. Zur Vereinfachung des Leseflusses wurde auf eingefügte Zeichen wie Doppelpunkte oder Sternchen verzichtet. Sofern in diesem Text das generische Maskulinum verwendet wurde, sind weibliche und anderweitige Geschlechteridentitäten dabei ausdrücklich mitgemeint.

Vorwort

Mit großer Freude präsentieren wir die deutsche Übersetzung des bedeutenden Werkes „Women in Buddhist Traditions“ von Karma Lekshe Tsomo. Dieses herausragende Buch, das bisher nur in englischer Sprache verfügbar war, enthält zahlreiche wertvolle Erkenntnisse über die Rolle der Frau im Buddhismus und wird nun auch dem deutschsprachigen Raum zugänglich gemacht.

Die Übersetzung dieses Werkes wurde dankenswerterweise durch die Initiative des Vorstands und des Kuratoriums der „Brambosch-Schaelen-Stiftung der Deutschen Buddhistischen Union e.V.“ ermöglicht und durch den Norbu Verlag umgesetzt. Die Brambosch-Schaelen-Stiftung widmet sich der Förderung religiöser Zwecke und der Bildung im Bereich des Buddhismus in Deutschland, mit einem besonderen Fokus auf die Unterstützung von Nonnenprojekten und Frauen, die den Weg zur buddhistischen Nonnenordination beschreiten.

Der Stiftungszweck wird unter anderem durch wissenschaftliche Grundlagenforschung und die Zusammenarbeit mit Einrichtungen ähnlicher Zielrichtung auf nationaler und internationaler Ebene verwirklicht. Das vorliegende Buch stellt eine wertvolle Ressource dar, um das Verständnis und die wissenschaftliche Auseinandersetzung mit der Stellung der Frau im Buddhismus zu fördern. Dies ist auch ein Ziel von Sakyadhita, der internationalen Vereinigung buddhistischer Frauen die 1987 in Bodhgaya gegründet wurde. Gründungsmitglieder waren unter anderem aus Deutschland die Ehrwürdige Ayya Khema †, Sylvia Wetzel und die Ehrwürdige Jampa Tsedroen (Carola Roloff) sowie die Ehrwürdige Karma Lekshe Tsomo (USA), die Ehrwürdige Bhikkhuni Kusuma † (vormals Dr. Kusuma Devendra, Sri Lanka) und die Ehrwürdige Bhikkhuni Dhammananda (vormals Dr. Chatsumarn Kabilsingh, Thailand).

Der Buddhismus ist seit vielen Jahren in Europa beheimatet. Dennoch fehlen bis heute verlässliche Informationen über die Rolle der Frauen in den verschiedenen buddhistischen Traditionen aus weiblicher Sicht. Diese Lücke möchten wir mit dieser Übersetzung insbesondere für all jene schließen, die sich für eine Weg zur Ordination oder für eine gendergerechte buddhistische Praxis interessieren.

Mit der sorgfältigen Übersetzung ins Deutsche hoffen wir, die bedeutenden Forschungsergebnisse und Einblicke von Karma Lekshe Tsomo und Sakyadhita einem breiteren Publikum zugänglich zu machen und somit einen wichtigen Beitrag zur Förderung der Gleichstellung und Unterstützung buddhistischer Frauen in Deutschland zu leisten.

Wir wünschen eine bereichernde Lektüre und hoffen, dass dieses Werk zur Vertiefung des Wissens und Verständnisses der buddhistischen Traditionen beiträgt.

Gabriela Frey & Dr. Thea Mohr
Brambosch-Schaelen-Stiftung der Deutschen Buddhistischen Union e.V.
Sakyadhita Germany & Sakyadhita Germany

Einleitung

Weshalb sollte man über Frauen in buddhistischen Traditionen forschen?

Die Geschichte von Frauen im Buddhismus ist vielschichtig, und die weltweiten buddhistischen Traditionen und ihre Rolle in ihnen facettenreich. Von Indien bis Japan, von Sri Lanka bis Russland, hat jede Tradition ihre eigene Geschichte, Kultur, ihr religiöses Leben und ihre kulturellen Sitten, was Frauen betrifft. Neue Ausprägungen der einzelnen asiatischen buddhistischen Traditionen entwickeln sich in Ländern außerhalb Asiens. Dabei mag es verlockend sein, in vereinfachende Stereotype über asiatische und nicht-asiatische buddhistische Frauen zu verfallen. Jedoch umfassen buddhistische Gesellschaften eine Vielzahl unterschiedlicher kultureller Traditionen, geografischer Gegebenheiten und sozialer Schichten, was es unmöglich macht, buddhistische Frauen in ihrer Gesamtheit genau zu charakterisieren. Bei der Untersuchung von Frauen in buddhistischen Traditionen stehen wir also vor einer großen Herausforderung. Dabei stellt sich die Frage, ob es möglich ist, buddhistische Denk- und Verhaltensmuster zu identifizieren, welche die Geschlechterrollen beeinflussen oder bestehende

Denk- und Verhaltensmuster in einem breiten Spektrum von Kulturen und Gesellschaften verstärken.

Die buddhistischen Traditionen erstrecken sich über einen Zeitraum von fünfundzwanzig Jahrhunderten, mit Wurzeln in der altindischen Kultur und Zweigen, die bis in fast jeden Winkel der Erde reichen. Nicht nur hat sich der Buddhismus in einem ausgedehnten geografischen Bereich verwurzelt, sondern seine Traditionen haben sich auch über einen sehr langen Zeitraum hinweg weiterentwickelt; ein Prozess, der heute überall auf der Welt deutlich zu beobachten ist.

Allerdings kam erschwerend hinzu, dass die buddhistischen Lehren überall dort, wo sie Wurzeln fassten, bereits eine Vielzahl von einheimischen Kulturen mit ihren eigenen religiösen Traditionen vorfanden. Letztere beeinflussten unweigerlich die Art und Weise, wie buddhistische Ideen und Praktiken verstanden und angepasst werden, und sie tun dies auch weiterhin. Dabei ist es ebenso faszinierend wie herausfordernd, die Zweige und Früchte dieser kulturspezifischen Übertragungen und Adaptierungen nachzuverfolgen.

Da es nur wenig frühes historisches Material gibt, mit dem man arbeiten kann, und unzählige, auf den verschiedenen Kulturen basierende Variationen und Interpretationen, ist es nicht einfach, sich ein klares Bild von der Rolle von Frauen in den buddhistischen Traditionen zu machen. Zudem wurden sie, wie in anderen religiösen Überlieferungen auch, in den bestehenden Darstellungen oft vernachlässigt oder ausgelassen. Dennoch sind – nach fast drei Jahrzehnten der Forschungsarbeit über buddhistische Frauen durch engagierte Wissenschaftlerinnen und Wissenschaftler vieler Disziplinen – heute mehr Informationen verfügbar als je zuvor.

Als ich 1987 fast zufällig begann, ethnografische Forschungen über buddhistische Frauen durchzuführen, stellte ich fest, dass nur sehr wenig über dieses Thema geschrieben worden war. Die wichtigste verfügbare Studie war I. B. Horner, *Women Under Primitive Buddhism*, (Frauen im Urbuddhismus), veröffentlicht 1930.[1]

Horners Arbeit war für ihre Zeit bemerkenswert und ist auch heute noch einflussreich. Allerdings war ich überrascht, dass Geschichte und Ideen buddhistischer Frauen so wenig Beachtung gefunden hatten. In vielen zeitgenössischen Studien über den Buddhismus scheint das Thema Frauen nur ein Zusatz zu sein. Glücklicherweise sind in den letzten Jahrzehnten viele neue Bücher, Buchkapitel und Artikel hierzu erschienen. Obwohl bestimmte Studienbereiche wie die buddhistische feministische Hermeneutik gerade erst entstanden sind, verfügen wir heute über weitaus mehr Informationen über Frauen im Buddhismus als je zuvor.

Was können wir also aus einer Studie über Frauen in buddhistischen Traditionen lernen? Die Aufgabe besteht darin, einen breiten Überblick über Frauen in buddhistischen Gesellschaften zu geben und dabei Beispiele aus verschiedenen Kulturen und Gemeinschaften heranzuziehen, um in Erfahrung zu bringen, was Frauen an den buddhistischen Lehren schätzen und welche Hindernisse sie bei deren Umsetzung in die Praxis zu überwinden haben. Dabei konzentrieren wir uns nicht auf bestimmte soziale Bräuche, sondern gewinnen ein umfassendes Verständnis des Status und Selbstverständnisses von Frauen in Gesellschaften, die sich als buddhistisch bezeichnen. Wir haben hierbei nicht zum Ziel, ein endgültiges Bild zu entwerfen, denn dies wäre eine unmögliche Aufgabe, sondern das Interesse der Lesenden an buddhistischen Frauen zu wecken und Fragen für die weitere Lektüre und Forschung aufzuwerfen.

Die Beschäftigung mit Frauen in buddhistischen Kulturen bietet nicht nur einen Einblick in deren religiöses Leben, sondern auch einen Blickwinkel, von dem aus man mehr über die buddhistische Philosophie, Psychologie, Kultur und Gesellschaft lernen kann. Obwohl die buddhistischen Traditionen sehr vielfältig und komplex sind, können wir durch das Leben von Frauen somit sehr viel über sie lernen.

Geschichte im Spiegel

Wir können mit der Hypothese beginnen, dass die Lehren des Buddha (»des Erwachten«, ca. 563 – 483 v. Chr.) den Frauen eine neue Lebensperspektive und größere Unabhängigkeit bei der Gestaltung ihres Lebens boten. Die Gesellschaftsschicht der *Brāhmaṇa* war die angesehenste der vier wichtigsten sozialen Klassen jener Zeit. Obwohl *Brāhmaṇas*[2] nicht notwendigerweise Priester waren, waren dies doch viele männliche *Brāhmaṇa.* Sie waren die Gelehrten und Lehrenden der in Sanskrit verfassten und seit Tausenden von Jahren mündlich überlieferten vedischen Schriften. Die von den *Brāhmaṇas* vermittelte Weltanschauung, die während des ersten Jahrtausends der Entwicklung des Buddhismus auf dem indischen Subkontinent neben diesem vorherrschte, schloss die *Āśramas*, die vier Stadien des idealen Lebens eines Mannes (Studierender, Haushaltsvorstand, Ruheständler und Entsagender) ein und die *Puruṣārthas*, die vier Lebensziele eines Mannes, der den ersten drei *Varṇas* oder sozialen Klassen angehörte (sinnliches Vergnügen in der Ehe, Wohlstand, moralische Werte und Befreiung).

Die buddhistischen Traditionen gehen auf Buddha Śākyamuni zurück, der irgendwann im fünften oder sechsten Jahrhundert v. Chr. als Siddhārtha Gautama in einem als Lumbini bekannten Park nördlich der heutigen Grenze zwischen Nepal und Indien geboren wurde. Als er gerade sieben Tage alt war, starb seine Mutter Mahāmāyā, und er wurde von ihrer Schwester Mahāprajāpatī groß- und aufgezogen, die sich als äußerst gütige Pflegemutter erwies. Als Spross des Śākya-Clans und designierter Erbe des väterlichen Fürstentums wuchs Siddhārtha in relativem Luxus auf und genoss alle Annehmlichkeiten des Palastlebens, einschließlich unzähliger Kurtisanen. Mit sechzehn Jahren heiratete er seine schöne, gleichaltrige Cousine Yaśodharā. Nach vielen Jahren gebar sie ihm einen Sohn namens Rāhula.

Zu dieser Zeit führte Siddhārthas ungeheure Neugier ihn dazu, sich jenseits der Palastmauern zu begeben, wo er Krankheit, Alter, Tod und einen ruhigen, in sich gekehrten Entsagenden entdeckte. Aufgrund seiner behüteten Erziehung war er nicht mit der alten indischen Tradition der *Śrāmanas* in Berührung gekommen, jener Suchenden, die auf das Leben eines Haushalters verzichten, um sich kontemplativen Praktiken zu widmen und spirituelle Ziele zu verfolgen. Nach dem Schock der ersten Begegnung mit Leiden war er tief beeindruckt von der gelassenen Haltung dieses heimatlosen Wanderers.

Der traditionellen Erzählung nach veranlassten diese Erfahrungen den jungen Prinzen, sein luxuriöses Leben, seine Frau und seinen neugeborenen Sohn Rāhula zugunsten des spirituellen Pfades aufzugeben. Er verbrachte sechs Jahre damit, verschiedene philosophische Sichtweisen zu lernen und sich mühsamen religiösen Praktiken zu unterziehen, darunter extremem Fasten und anderen anstrengenden Handlungen. Allerdings überzeugte ihn dies nicht und so blieb er unerfüllt. Er setzte sich daher zum Meditieren unter einen Baum und beschloss, nicht eher aufzustehen, als bis er den wahren Sinn des Lebens entdeckt habe. Nach sechs Tagen intensiver Meditation erkannte er die wahre Natur der Dinge, »wie sie sind«: die problematische Natur der menschlichen Existenz, die Ursachen von Leid, die Möglichkeit, Leiden zu beenden, und den Weg, dieses Ziel zu erreichen. Götter, Menschen und die Erde selbst erkannten seine Erkenntnis an. Die restlichen fünfundvierzig Jahre seines Lebens verbrachte der Buddha (der Erwachte) damit, diese Erkenntnis mit seiner Zuhörerschaft in ganz Nordindien zu teilen. Die Buddhisten gehen davon aus, dass Buddha Śākyamuni, der in der gegenwärtigen historischen Ära lebte, nicht der einzige Mensch war, der erwacht ist; es gab unzählige *Buddhas* in früheren Zeitaltern und es werden auch noch viele weitere kommen.

Buddha Śākyamuni (»der Weise des Śākya-Clans«) lehrte einen Weg zur Befreiung von Leiden und Unzufriedenheit, der allen offenstand, die die Schleier ihres Geistes reinigen wollten. Zu seinen Anhängern gehörten Frauen und Männer jeden Alters, jeder sozialen Schicht und jedes Hintergrunds. Obwohl der Buddha wahrscheinlich nicht die Absicht hatte, ein sozialer Aktivist zu sein, war der Weg der Weisheit und des Mitgefühls, den er lehrte, zu seiner Zeit ziemlich revolutionär. Anstelle der Verehrung von Göttern und Durchführung von Ritualen, die männlichen religiösen Experten der *Brāhmaṇa*-Kaste vorbehalten waren, lehrte er eine ethische Interpretation des Gesetzes von Ursache und Wirkung und eine empirische Methode der Selbsterkenntnis, die von jedem praktiziert werden konnte. Während der Meditation unter dem *Bodhi*-Baum bekräftigte der Buddha kurz vor seinem Erwachen den vorherrschenden Glauben an die Wiedergeburt und den kausalen Zusammenhang zwischen Handlungen und ihren Folgen.

Aufgrund des Drängens göttlicher Wesen begann er seine Einsichten weiterzugeben, und verbrachte fünfundvierzig Jahre damit, in ganz Nordindien zu unterrichten. Er lehrte, dass geistige Verunreinigungen wie Begierde, Hass, Unwissenheit, Stolz und Eifersucht die Ursachen für die wiederholte Wiedergeburt im Kreislauf des Seins (*Saṃsāra*) sind. Diese bringt unweigerlich Leid und Unzufriedenheit mit sich, und der einzige Weg, sich vom Leiden zu befreien, ist Freiheit von Wiedergeburt. Nachdem sie Einblick in diese Lehren und die kontemplativen Praktiken, die das Verständnis erleichtern, erlangt hatten, wurden seine Schüler weit und breit »in die vier Richtungen« ausgesandt, um seine Belehrungen zu verbreiten. Tausende von Männern und Frauen erreichten daraufhin den Zustand der Freiheit von Leiden und Unzufriedenheit. Sie wurden als *Arhats* bekannt, Wesen, die frei von geistigen Verunreinigungen und daher auch von Leid und der Fessel der Wiedergeburt im Rad von Geburt und Tod befreit sind.

Auf der Grundlage seiner in der Meditation gewonnenen Einsichten erklärte der Buddha, dass fühlende Wesen in *Saṃsāra*, dem Rad des stetigen Werdens, verschiedene Formen annehmen und dass es an diesen Identitäten nichts Unauslöschliches, Unveränderliches oder Dauerhaftes gibt. Dementsprechend kann eine Person von Leben zu Leben in einem anderen Körper – männlich oder weiblich – und unter verschiedenen Lebensumständen geboren werden. Die Umstände der Wiedergeburt in einem weiblichen Körper galten als schwieriger, weshalb man eine männliche Wiedergeburt für besser hielt. Frauen erleben zum Beispiel die Leiden von Menstruation, Geburt und Wechseljahren. Frauen sind anfällig für sexuelle Belästigung und Vergewaltigung und galten zur Zeit des Buddha als schutzbedürftig. Bei ihrer Heirat musste eine Frau ihr Geburtshaus verlassen und zur Familie ihres Mannes ziehen, so dass Töchter oft als Belastung angesehen wurden; ein weiteres Maul, das bis zur Hochzeit zu stopfen war, für die oft eine hohe Mitgift zu zahlen war.

In dem patriarchalischen sozialen Milieu, das damals in Nordindien herrschte, sahen sich Frauen vielen Einschränkungen und Schwierigkeiten gegenüber. Aristokratische Frauen wie Buddhas Stiefmutter Mahāprajāpatī und seine Frau Yaśodharā unterlagen ebenso wie jene anderer sozialer Schichten vielen Einschränkungen. In diesem Zusammenhang war die Erklärung des Buddha, dass Frauen und Männer gleichermaßen in der Lage seien, sich vom Leiden und vom Kreislauf der Wiedergeburt zu befreien, revolutionär. Auf praktischer Ebene bot seine Entscheidung, Frauen den Eintritt in die klösterliche Gemeinschaft (Pāli: *Saṅgha*; Sanskrit: *Saṅgha*) zu erlauben, ihnen eine Alternative zum häuslichen Leben und den gesellschaftlich vorgeschriebenen Rollen als Ehefrau und Mutter. Die Verse einiger der frühesten buddhistischen Nonnen, die in den *Therīgāthā* aufgezeichnet sind, legen Zeugnis ab von den spirituellen Errungenschaften und der Freiheit, die diese erwachten Frauen erlebten.

Die Lehren des Buddha verbreiteten sich von Indien aus in viele Richtungen und wurden zu verschiedenen Zeiten in der Geschichte zur vorherrschenden Weltanschauung in vielen Teilen Asiens. Die wichtigsten Zweige des Buddhismus, die sich entwickelten, waren Theravāda und Mahāyāna. Der Theravāda-Zweig setzte sich vor allem in Süd- und Südostasien durch, während das Mahāyāna in Nord- und Ostasien dominierte. Soziale Bräuche und Familienpraktiken sind in buddhistischen Gesellschaften sehr unterschiedlich und von früheren Kulturen beeinflusst. Dabei ist das Aufspüren der Verbindungen und Divergenzen zwischen buddhistischen Überzeugungen, sozialen Praktiken und religiösen Institutionen der Schlüssel zu unserem Verständnis der Haltung gegenüber Frauen.

Buddhistische Grundsätze, soziale Praktiken

In den von den *Brāhmaṇas*[3] verbreiteten gesellschaftlichen Vorstellungen wurde von einer Frau erwartet, dass sie heiratet und dem Diktum ihres Mannes folgt. Man lehrte sie sogar, ihren Mann als Gott zu betrachten (*Pati* bedeutet sowohl »Gott« als auch »Ehemann«) und ihm vollkommen ergeben zu sein.[4] Im Gegensatz dazu konnte eine buddhistische Frau, wenn sie es wünschte, das häusliche Leben verlassen und Nonne werden. Wenn Frauen aus buddhistischen Familien es vorzogen, zu heiraten, hatten sie im Allgemeinen mehr Freiheit als die meisten anderen Frauen, ihren Partner selbst auszuwählen. Der Buddha gab Ratschläge, wie man ein glückliches Eheleben führen könne, allerdings gibt es keine religiösen Gesetze, die sich auf die Ehe im Buddhismus beziehen;[5] sie ist ein zivilrechtlicher Vertrag, bei dem die Religion kaum eine Rolle spielt.

Mönche oder Nonnen können eingeladen werden, um Gebete zu sprechen oder Segnungen zu erteilen, aber Ehebündnisse sind nicht heilig oder von einer höheren Macht geweiht. Es gibt auch keine religiösen Vorschriften gegen vorehelichen Sex oder die Wiederverheiratung von Witwen. Buddhisten werden angeregt, die fünf Regeln für Haushalter zu befolgen, zu denen auch der Verzicht auf sexuelles Fehlverhalten gehört. Es handelt sich hierbei aber um persönliche Entscheidungen und keine göttlich sanktionierten Verpflichtungen. Das, was einem buddhistischen Rechtskodex am nächsten kommt, ist der *Vinaya*, eine Sammlung von Texten, die die Regeln für monastisch Ordinierte erklären.

Bräuche in Bezug auf Ehe, Scheidung und Eigentumsrechte hängen von der jeweiligen Kultur ab und in den buddhistischen ziehen es die religiösen Autoritäten im Allgemeinen vor, Familienangelegenheiten dem Ermessen der Betroffenen zu überlassen. Wenn darum gebeten wird, erteilen sie Rat entsprechend den Lehren des Buddha und vermeiden Angelegenheiten, die als »weltlich« gelten. In den meisten buddhistischen Gesellschaften sind die Geistlichen zölibatäre Mönche und

Nonnen.[6] Obwohl sie früher vielleicht verheiratet waren (wie Buddha Śākyamuni selbst), wird von im Zölibat lebenden Mönchen nicht erwartet, sich an weltlichen Angelegenheiten zu beteiligen bzw. werden sie nicht dazu ermutigt. Sie sollen sich an buddhistische Werte wie Großzügigkeit, ethisches Verhalten, Geduld, Achtsamkeit, Weisheit und liebende Güte halten.

Religiöse Werte und das vorbildliche Verhalten wohlbeherrschter Mönche und Nonnen haben zweifellos Einfluss auf buddhistische Entscheidungen und zwischenmenschliche Beziehungen. Allerdings haben klösterliche Institutionen keine Zuständigkeit für das Leben von Haushaltern. Wie erwähnt, haben sie auch keinen Einfluss auf oder besonderes Interesse an Heiratspraktiken, es sei denn, sie erteilen Segen und wünschen allen Frieden und Glück.[7]

Nach buddhistischer Auffassung wird Gewalt gegen jedes fühlende Wesen, einschließlich der Tiere, niemals religiös gebilligt. Obwohl einige Buddhisten in einer Situation, in der es um Leben und Tod geht, Gewalt gutheißen, wird der erste Grundsatz – kein Leben zu nehmen – weithin so interpretiert, dass es bedeutet, keinem fühlenden Wesen Schaden zuzufügen. Vor allem in der Familie, weil sie das Umfeld für die Erziehung von Kindern ist, wird von jeder Form der Gewalt abgeraten. Stattdessen lehrte der Buddha seine Anhänger, in Gedanken, Worten und Taten mit liebevoller Güte und Mitgefühl für alle zu leben. Meditationen über liebende Güte konzentrieren sich besonders auf geliebte Menschen und weiten sich dann auf alle Lebewesen aus. Obwohl die Lehre des Nicht-Schadens als moralisches Prinzip nicht sicherstellt, dass alle buddhistischen Familien ein Hort häuslichen Friedens und der Harmonie sind, schätzen Buddhisten Gewaltlosigkeit und versuchen im Allgemeinen ihr Bestes, um diesem Ideal gerecht zu werden.

Buddhistisches Denken und gesellschaftliche Gepflogenheiten sind oft mit Glaubensvorstellungen und Praktiken aus der Zeit vor der Einführung des Buddhismus verwoben und von ihnen beeinflusst. Geschlechterhierarchien, die Männer gegenüber Frauen begünstigen, insbesondere in Politik und Religion, sind in allen buddhistischen Gesellschaften zu finden. Obwohl nach dem buddhistischen Verständnis von Karma – dem natürlichen Gesetz von Ursache und Wirkung – soziale und wirtschaftliche Ungleichheiten das Ergebnis von Handlungen einer Person in der Vergangenheit sein können, lassen sich Ungerechtigkeiten nicht mit den buddhistischen Lehren rechtfertigen.

Der Buddha nahm Suchende aus allen sozialen und wirtschaftlichen Schichten in seine Gemeinschaft auf; tatsächlich ist die ursprüngliche buddhistische Mönchsgemeinschaft möglicherweise das früheste dokumentierte Beispiel für eine demokratische Regierungsführung.[8] Dennoch neigen gesellschaftlich verankerte Bräuche dazu, Männern den Vorzug zu geben. Diese Sitten mögen lokale Gebräuche oder frühindische Werte widerspiegeln, aber die privilegierte Stellung von Männern in buddhistischen Familien, Organisationen und Gesellschaften mag auch durch die privilegierte Stellung von Mönchen in buddhistischen Klostereinrichtungen beeinflusst sein.

In buddhistischen Gesellschaften ist es auch heute noch wahrscheinlicher, dass Jungen den Segen und die Ermutigung ihrer Eltern erhalten, in ein Kloster einzutreten. Sie werden ermutigt, Mönche zu werden, auch um Verdienst (gutes Karma) für ihre Eltern zu schaffen, aber es ist selten, dass Mädchen in ähnlicher Weise angespornt werden, Nonnen zu werden. Zumindest bis vor kurzem hat der höhere Status der Mönche gegenüber den Nonnen dazu beigetragen, dass Jungen gegenüber Mädchen generell bevorzugt wurden. Infolgedessen waren Mönche in buddhistischen Gesellschaften traditionell weitaus zahlreicher als Nonnen.

Die Beziehungen zwischen Mönchen und Nonnen sind in den klösterlichen Kodizes vorgeschrieben, insbesondere beeinflusst durch die »acht gewichtigen Regeln« (*Gurudharma*) im *Vinaya*, die den Mönchen einen höheren Status in der klösterlichen Ordnung zuweisen. Obwohl die Vorschriften für Mönche nicht für Haushalterpraktizierende gelten, scheint dieses Geschlechtergefälle in der klösterlichen Gemeinschaft durch geschlechtsspezifische soziale Normen beeinflusst worden zu sein und bestimmte geschlechtsspezifische soziale Gepflogenheiten, Vorurteile und Erwartungen, die Männern gegenüber Frauen den Vorrang einräumen, aufrechtzuerhalten.

Zur Zeit des Buddha gab es beispielsweise mehr Mönche als Nonnen, sodass sich die überlieferten Lehren oft an erstere richteten. Als ersten Schritt, um die Anhaftung an ein Selbst zu durchschneiden, riet der Buddha seinen Anhängern, Friedhöfe und Verbrennungsstätten zu besuchen und über die Natur des menschlichen Körpers zu meditieren.[9] Durch Meditation, so lehrte er, könne man die Dinge sehen, »wie sie sind« und so Unwissenheit und Verblendung durchbrechen. Wenn man versteht, dass alle Menschen gleichermaßen Tod und Verfall ausgesetzt sind, kann man die Illusion eines separaten, unabhängig existierenden Selbst durchschauen.

Versteht man die wahre, unbeständige Natur der Dinge, kann man erkennen, dass der menschliche Körper zwar äußerlich attraktiv erscheinen mag, aber im Inneren mit vielen ekelerregenden Substanzen gefüllt ist.

Einsicht in die wahre Natur des Körpers hilft also, sich von sinnlicher Anhaftung und den daraus entstehenden Enttäuschungen zu befreien. Da sich der Buddha an eine Zuhörerschaft von zölibatären Mönchen wandte, benutzte er die unangenehmen Eigenschaften des weiblichen Körpers als Beispiel. Vermutlich verwendete der Buddha die unreine Natur des weiblichen Körpers als Beispiel, um seinen Zuhörern, den zölibatären Mönchen, zu helfen, Begierde zu überwinden und ihre Verpflichtung zur Entsagung aufrechtzuerhalten. Allerdings könnte diese Belehrung Vorurteile über die Unreinheit der Frauen in einer patriarchalischen Kultur aufrechterhalten haben. Hätte sich der Buddha an ein Publikum von zölibatären Nonnen gewandt, hätte er vermutlich die unangenehmen Eigenschaften des männlichen Körpers als Beispiel angeführt.

Leider wurden aber die Verweise auf die abstoßende Natur des weiblichen Körpers aus dem Zusammenhang gerissen und so ausgelegt, dass der männliche dem weiblichen Körper in gewisser Weise überlegen sei.

Solche Schriftstellen trugen zu dem Eindruck bei, dass eine männliche Wiedergeburt einer weiblichen vorzuziehen ist.[10] In buddhistischen Gesellschaften hört man häufig, dass als Frau geboren zu werden das Ergebnis schlechten Karmas ist, obwohl es keinen Beweis dafür gibt, dass der Buddha so etwas gesagt hat. Hier stellt sich die Frage, wie sich diese Lehren über die Unreinheit des menschlichen Körpers auf Frauen auswirken, die aufgrund ihrer einzigartigen Gebärfähigkeit häufig mit dem Körper in Verbindung gebracht werden?

In den buddhistischen Schriften finden sich viele positive Darstellungen von Frauen; zum Beispiel wird die Liebe von Müttern zu ihren Kindern gepriesen, aber die Texte sind inkonsistent. Eine Erzählung beschreibt den Buddha als zögerlich, Frauen in seinen neuen Bettelorden aufzunehmen und schildert, dass er Mahāprajāpatī erst Aufnahme gewährt, nachdem sie sich bereit erklärt hat, die acht gewichtigen Regeln zu akzeptieren, welche die Nonnen den Mönchen unterordnen.[11] In dieser Erzählung wird aufgezeigt, wie der Buddha den Niedergang und die Auflösung seiner Lehren – des Dharma – innerhalb von fünfhundert Jahren als Folge der Aufnahme von Frauen in die *Saṅgha*, den monastischen Orden, vorhersagt.[12]

Diese Erzählungen spiegeln die patriarchalischen Geschlechterbeziehungen und -erwartungen wider, die in der indischen Gesellschaft zu dieser Zeit herrschten. Trotz des befreienden Charakters der buddhistischen Lehren und der praktischen Alternative des Klosterlebens für Frauen, haben diese Geschichten dazu beigetragen, die patriarchalischen Normen in den buddhistischen Gesellschaften zu stärken. Allmählich wurden literarische Verweise auf die aktive, öffentliche Teilnahme von Nonnen an buddhistischen Aktivitäten seltener; die Beiträge der Mönche rückten in den Mittelpunkt, und oft werden Frauen in buddhistischen Erzählungen überhaupt nicht mehr erwähnt. Diese abnehmende Sichtbarkeit von Frauen in den Schriften scheint mit der gesellschaftlich und schriftlich sanktionierten Unterordnung von Frauen zusammenzuhängen. Verstärkt durch ungleiche Bildungschancen scheinen die geschlechtsspezifischen Ungleichheiten in der

Saṅgha die ambivalente Haltung gegenüber Frauen in der Gesellschaft im Allgemeinen widerzuspiegeln. Somit finden sich in den buddhistischen Texten sowohl kraftvolle Bilder von hochverwirklichten Frauen als auch Passagen, die dazu tendieren, sie eher herabzusetzen und zu verunglimpfen.[13]

Die Geschichte von Frauen in den buddhistischen Traditionen ist vielschichtig und erstreckt sich über viele Jahrhunderte und eine große geografische Ausdehnung. Auch die Beziehungen zwischen den buddhistischen Traditionen sind komplex und fließend und haben sich mit der Ausbreitung des Buddhismus in andere asiatische Länder und inzwischen in der ganzen Welt verändert. Auf diesen Seiten werden wir Gemeinsamkeiten in den Erfahrungen buddhistischer Frauen aufzeigen, ohne zu vergessen, dass die Geschichte und die kulturellen Entwicklungen der buddhistischen Traditionen jede von ihnen einzigartig machen. In den kommenden Jahren, wenn die Wissenschaft mehr Material über diese Traditionen und die Rolle der Frauen in ihnen freilegen wird, werden wir unsere Überlegungen sicherlich über diesen einführenden Überblick hinausgehend überarbeiten müssen.

Vorerst einmal jedoch werden wir die Geschichte der buddhistischen Frauen in ihren Anfängen in Indien nachzeichnen und dann auf spätere Perioden der historischen Entwicklung in ausgewählten asiatischen und nicht-asiatischen Kontexten ausweiten. Diese Darstellung wird Erzählungen von buddhistischen Frauen enthalten, die zölibatär als Nonnen leben, von Frauen, die ein Familienleben als Ehefrauen und Mütter führen, und von praktizierenden Frauen, die in keine dieser Kategorien passen. Die Darstellungen der buddhistischen entsagenden Frauen werden diejenigen miteinbeziehen, die die mehr als dreihundert Regeln einer voll ordinierten Nonne (Sanskrit: *Bhikṣuṇī*; Pāli: *Bhikkhunī*) einhalten, sowie Nonnen, die verschiedene Auflistungen von fünf, acht, neun oder zehn buddhistischen Richtlinien einhalten. Wir werden erörtern, ob und wie sich diese Unterscheidungen auf die spirituelle Praxis, die Bildung, die soziale Akzeptanz und die wirtschaftliche Unterstützung der Frauen durch die Haushaltergemeinschaft auswirken. Des Weiteren werden wir die bedeutenden Persönlichkeiten und Wendepunkte in der Geschichte der buddhistischen Frauen aufzeigen, einschließlich der jüngsten Entwicklungen, die mit der Globalisierung des Buddhismus einhergehen.

Der Buddha lehrte einen Pfad, der das Erwachen zum Ziel hatte, welches durch das Aufgeben aller geistigen Verunreinigungen oder schädlichen Emotionen erreicht wird. Erwachen ist daher eine Qualität des Bewusstseins, welches weder sexuelle Merkmale noch ein Geschlecht hat. Im Laufe der Wiedergeburt nehmen fühlende Wesen über viele Leben hinweg verschiedene Formen und Geschlechter an. Da die Wesen keine eigene Essenz haben, besitzen sie auch kein eigenes Geschlecht. Das Ideal des Zölibats, das als optimaler Lebensstil für den Verzicht auf das Begehren angesehen wird, entbehrt auch jeder eigentlichen Geschlechtsidentität. Der zölibatäre, entsagende wie auch der befreite Zustand können daher als jenseits von Geschlechterunterschieden begriffen werden.

Dennoch bleiben Unterschiede zwischen den Geschlechtern auf der konventionellen Ebene, beibehalten in Ritualen, persönlichen Wahrnehmungen, alltäglichen Interaktionen und praktischen Angelegenheiten des täglichen Lebens. In buddhistischen Klöstern sind Mönche und Nonnen in der Regel voneinander getrennt. Zölibatäre Nonnen und Mönche sind nicht frei von geschlechtlichen Identitäten oder geschlechtlicher Diskriminierung. Es kann auch sein, dass die Verwischung der Grenzen zwischen den Geschlechteridentitäten nicht immer den besten Interessen der Menschen dient.

Häufig hört man von Apologeten, dass es im Buddhismus keine Geschlechterdiskriminierung gibt und dass das Erwachen jenseits der Unterscheidung von männlich und weiblich ist. Die Behauptungen über die Gleichstellung der Geschlechter werden jedoch durch zahlreiche Beispiele über die ungleiche Wahrnehmung und Behandlung von Frauen widerlegt. Verschmutzungstabus, die es Frauen verbieten während der Menstruation religiöse Stätten zu betreten, gibt es in einigen buddhistischen Gesellschaften auch heute noch, zum Beispiel in Bhutan, Burma (heute Myanmar), Ladakh und Thailand.[14]

Geschlechtsspezifische Unterschiede können auch in einem positiven Licht gesehen werden. So wird beispielsweise die Entscheidung, sich einem bestimmten Geschlecht zuzuordnen, heute von vielen als ein Menschenrecht anerkannt. Obwohl die Idee, die Geschlechtsidentität zu tilgen oder zu überwinden als Mittel zur Beseitigung der geschlechtsspezifischen Diskriminierung angesehen werden kann, ist die völlige Auslöschung der Geschlechtsunterschiede, insbesondere wenn eine Person mit ihrer Geschlechtsidentität gerungen hat und schließlich ein bevorzugtes Geschlecht annimmt, zu einem umstrittenen Thema geworden. In der heutigen Zeit, mit größerer sexueller Freiheit, stellen einige auch die traditionelle Annahme in Frage, dass das Zölibat (*Brahmacarya*, »das reine Leben«) die ideale Lebensweise ist, um Befreiung zu erlangen.

Als Buddha Śākyamuni seine Lehren über die Befreiung vom Leiden weitergab, lehrte er einen Weg der geistigen Reinigung und der Umwandlung des Bewusstseins, der Frauen und Männern, Haushaltern und Mönchen gleichermaßen zugänglich war. Während eines Großteils der buddhistischen Geschichte jedoch waren die Erfahrungen von Frauen zumeist auf die vorgeschriebenen familiären und klösterlichen Institutionen beschränkt und ihre eigenen Ideen, Vorlieben und Beiträge wurden oft abgetan, unterdrückt oder übersehen.

Heute lenken buddhistische Gelehrte die Aufmerksamkeit auf die Schriften und Legenden, die dazu beigetragen haben, die Haltung gegenüber Frauen zu entwickeln. Des Weiteren überdenken sie die komplexen Wechselwirkungen von Religion, Kultur und Gesellschaft, die das Leben und die Entscheidungen buddhistischer Frauen beeinflussen. Vor allem in den letzten Jahrzehnten werden – mit zunehmendem Interesse an buddhistischen und feministischen Ideen auf internationaler Ebene – neue Fragen zum Status der Frauen in buddhistischen Gesellschaften aufgeworfen und auch zu den Annahmen, die den zeitgenössischen Erzählungen über sie zugrunde liegen. Diese Studien beleuchten die verschiedenen spirituellen Wege, die Frauen in dieser wichtigen Weisheitstradition eingeschlagen haben.

Der Buddha lehrte, dass alle Wesen das Potenzial haben, ihren Geist zu reinigen und frei von geistigen Verunreinigungen, Leiden und Wiedergeburt zu werden. Mit der Entwicklung der verschiedenen buddhistischen Traditionen konnte eine Frau das höchste Ziel anstreben, das ihre jeweilige Tradition vorsah, sei es, ein *Arhat* (ein befreites Wesen), ein *Bodhisattva* (ein Wesen auf dem Weg zum vollkommenen Erwachen) oder sogar ein vollständig erwachter Buddha zu werden. Auch wenn der Weg als beschwerlich beschrieben wurde, vor allem in einem weiblichen Körper, konnte eine Frau das höchste Ziel erreichen, das ihre Tradition zu bieten hatte, zumindest in der Theorie.

In der heute als Theravāda (»Weg der Ältesten«) bekannten Tradition, die in Süd- und Südostasien weit verbreitet ist, besteht das Ziel darin, ein *Arhat* zu werden, jemand, der von zyklischer Existenz befreit ist. In der als Mahāyāna (»großes Fahrzeug«) bekannten Überlieferung, die in Nord- und Ostasien weit verbreitet ist, ist das Ziel, auf dem *Bodhisattva*-Pfad voranzuschreiten und ein vollständig erwachter *Buddha* zu werden. Sowohl in den Theravāda- als auch in den Mahāyāna-Texten gibt es viele Aussagen, die bestreiten, dass eine Frau ein *Buddha* werden kann. Allerdings ist die Existenz zahlreicher weiblicher *Arhats* zur Zeit des Buddha ein ausreichender Beweis dafür, dass Frauen in der Lage sind, dieses spezifische Ziel zu erreichen.

In der Mahāyāna-Tradition wird angenommen, dass alle fühlenden Wesen nicht nur fähig sind, ein *Buddha* zu werden, sondern dass sie schließlich auch *Buddhas* werden. Daraus folgt, dass Frauen das Potenzial haben, ein vollständig erwachter *Buddha* zu werden. Nach dem Sūtrayāna-Zweig der Mahāyāna-Tradition ist es für eine Frau zwar möglich, den *Bodhisattva*-Pfad zu praktizieren, dessen Stufen in einem weiblichen Körper zu erreichen und schließlich ein *Buddha* zu werden, aber in ihrem letzten Leben muss sie in einem männlichen Körper erscheinen, wie Buddha Śākyamuni. Im Vajrayāna-Zweig der Mahāyāna-

Tradition, der die Praxis lehrt, sich selbst in der Form eines vollständig erwachten Wesens zu visualisieren, heißt es, dass eine Frau ein *Buddha* in weiblicher Form werden kann. Das klassische Beispiel ist Tārā, eine außergewöhnliche Frau, die eine starke Entschlossenheit entwickelte, das volle Erwachen in weiblicher Form zum Wohle der fühlenden Wesen zu erreichen, und dies auch erfolgreich tat.[15]

Nur die Mahīśāsaka, eine frühe buddhistische Denkschule, in der Phänomene als nur im gegenwärtigen Moment existierend betrachtet werden, lehrte, dass eine Frau kein voll erwachter Buddha werden kann. Allerdings ist diese Schule in Indien schon seit langem ausgestorben.[16]

In der Realität streben viele Frauen in buddhistischen Kulturen nicht nach diesen hohen Zielen. Stattdessen neigen sie dazu, im Stillen religiöse Übungen zu praktizieren und die spirituellen Bestrebungen der Männer zu unterstützen, die die sozialen und religiösen Hierarchien beherrschen. Dennoch hat es im Laufe der Geschichte immer wieder außergewöhnliche weibliche Praktizierende gegeben, die gesellschaftliche Normen herausforderten und ihr Schweigen brachen, um Zeugnis von ihrem Mut abzulegen und das Befreiungsversprechen des Buddhismus vorzuleben. Durch die Kraft dieser Erzählungen, beginnend mit den Berichten über die ersten weiblichen *Arhats* im alten Indien, haben buddhistische Frauen ihr eigenes Potenzial erkannt und sich inspirieren lassen, auf dem Pfad des Erwachens auszuharren. In zeitgenössischen buddhistisch-feministischen Kreisen werden diese Erzählungen, sowohl in der Geschichte als auch in Legenden, als Modelle für die Verwirklichung (direkte Einsicht in die Lehren des Buddha) und spirituelle Befreiung von Frauen hervorgehoben.

Die buddhistischen Texte und Gemeinschaften vermitteln ein unterschiedliches Bild von Frauen. In einigen Stellen der Schriften werden Frauen mit Tugend und Mitgefühl assoziiert, in anderen mit Boshaftigkeit und Verführung. Einige der weniger vorteilhaften Darstellungen und Einstellungen gegenüber Frauen können auf die allgegenwärtige patriarchalische Voreingenommenheit zurückgeführt werden, die die alte indische Gesellschaft während der ersten Jahrhunderte der Entwicklung des Buddhismus kennzeichnete. Allerdings können diese Haltungen auch auf die angebliche Zurückhaltung des Buddha zurückgeführt werden, Frauen in die *Saṅgha* aufzunehmen, auf die acht gewichtigen Regeln, die er Mahāprajāpatī und anderen Nonnen auferlegt haben soll und auf die Vorhersagen des daraus resultierenden Niedergangs. Die acht Regeln, die die Herrschaft der Mönche gegenüber den Nonnen festlegen, mögen zu einer anhaltenden geschlechtsspezifischen Voreingenommenheit in den religiösen Strukturen des Buddhismus beigetragen haben, die den Mönchen den Vorrang gaben und den Fortbestand der *Bhikkhu Saṅgha* (Gemeinschaft der Mönche), nicht aber der *Bhikkhunī Saṅgha* (Gemeinschaft der Nonnen) im Theravāda-Buddhismus sicherten. Selbst wenn Frauen in buddhistischen Gesellschaften wissen, dass es in der buddhistischen Geschichte weibliche *Arhats* gab, können sie durch die mangelnde Hilfestellung, die heutige Nonnen für ihren Bedarf – wie Mahlzeiten, Roben, Medikamente und Wohnstätten – erhalten, entmutigt werden und auch durch den Mangel an Anerkennung und Bestärkung für Frauen den Mut verlieren. Dies gilt insbesondere für diejenigen, die sich gegen die kulturell bevorzugte Rolle der Frau als Ehefrau und Mutter entscheiden.

Geschlechterdiskriminierung im Buddhismus ist kein Phänomen, das nur auf irgendeine vergangene Zeit zutrifft. Auch heute noch können buddhistische Frauen in vielen Ländern, auch im Westen, mit tief verwurzelten Vorurteilen und Annahmen über ihr Wesen und ihre Fähigkeiten konfrontiert sein, die von Frauen und Männern gleichermaßen aufrechterhalten werden. Diese Voreingenommenheit und Vermutungen werden deutlich, wenn sich eine Frau beispielsweise dafür entscheidet, ledig zu bleiben, keine Kinder zu gebären oder Nonne zu werden. Mehr über die verschiedenen Rollen zu erfahren, die Frauen in buddhistischen Traditionen gespielt haben, beleuchtet die Art und Weise, wie Frauen in verschiedenen Kulturen mit den Erwartungen der Gesellschaft umgegangen sind, indem sie diese entweder akzeptiert, ignoriert oder umgestaltet haben.

Die Zukunft revolutionieren

In einer globalen Gemeinschaft, die stark von demokratischen Idealen der Gerechtigkeit und Gleichheit geprägt ist, wird Diskriminierung aufgrund des Geschlechts im Allgemeinen nicht mehr als gerechtfertigt angesehen und wird mit vielen sozialen Problemen in Verbindung gebracht, darunter häuslicher Gewalt, Sexhandel und der Vernachlässigung der Gesundheit und Bildung von Mädchen. In den Augen eines Großteils der Welt stehen archaische religiöse Strukturen, die Frauen in materieller, psychologischer, sozialer und spiritueller Hinsicht benachteiligen, im Widerspruch zu einer neuen globalen Ethik der Gleichberechtigung der Geschlechter und scheinen leider nicht mehr auf der Höhe der Zeit zu sein. Annahmen über die vermeintliche karmische Unterlegenheit von Frauen und die Realität ihrer oft unsichtbaren Rolle in buddhistischen Institutionen – Muster, die jahrhundertelang als selbstverständlich galten – werden nun sowohl in buddhistischen Gesellschaften als auch international auf den Prüfstand gestellt. Altertümliche Einstellungen und patriarchalische Strukturen scheinen nicht nur im Widerspruch zu den befreienden Lehren des Buddha zu stehen, sondern können auch dazu führen, dass Menschen den Wert buddhistischer Praxis in der heutigen Welt – insbesondere außerhalb Asiens – in Frage stellen.

Das dramatisch gestiegene Interesse am Thema Frauen im Buddhismus hat eine Welle neuer Forschungen ausgelöst. Einige Studien konzentrieren sich auf Frauen in bestimmten Kulturen oder verschiedenen Phasen der historischen Entwicklung des Buddhismus, während andere literarische Analysen sind, welche die widersprüchlichen Darstellungen von Frauen in buddhistischen Texten zum Thema haben. Bislang gibt es jedoch keine aktuelle Einführung zu Frauen im Buddhismus, die das Thema insgesamt angemessen behandelt.

Dieses Buch zeichnet den Weg der historischen und kulturellen Entwicklung der Lehre des Buddha nach und beginnt mit einer Auseinandersetzung mit den buddhistischen Frauen im frühen indischen Kontext – Buddhas Mutter, Stiefmutter, Ehefrau und frühesten weiblichen Schülern. Danach geht es um das Leben, die Herausforderungen und Errungenschaften von Frauen in anderen kulturellen Zusammenhängen und Epochen der buddhistischen Geschichte, bis hin zur Gegenwart. Indem wir von den Kämpfen und Errungenschaften einer Reihe von verwirklichten und gewöhnlichen Frauen berichten, werden wir mehrere hervorstechende Themen untersuchen, darunter die Art und Weise, wie buddhistische Belehrungen für Frauen spirituell befreiend waren, und auch, wie bestimmte Lehren dazu benutzt wurden, die Unterordnung von Frauen innerhalb patriarchalischer sozialer Strukturen und buddhistischer Institutionen zu verstärken. Anhand ausgewählter Beispiele aus verschiedenen buddhistischen Kulturen werden wir die besondere Rolle der Frauen in bestimmten buddhistischen Gesellschaften untersuchen und auch Gemeinsamkeiten zwischen ihnen aufspüren. Derzeit findet ein Wandel der buddhistischen Einstellungen statt, um herauszufinden, welche sozialen, religiösen, psychologischen und ideologischen Veränderungen notwendig sind, um buddhistische Gesellschaften und Institutionen zu revolutionieren und eine wirklich egalitäre Gesellschaft zu schaffen.

Buddhistische Lehren und Traditionen sind zunehmend grenzüberschreitend, und viele überholte Einstellungen stehen zur Überprüfung an. Ein Hauptproblem ist der scheinbare Widerspruch zwischen den innerlich egalitären Organisationsstrukturen, die von den frühen *Bhikkhu* und *Bhikkhunī Saṅghas* vorgelebt wurden und den hierarchischen Strukturen vieler buddhistischer Institutionen heute. Die buddhistischen Texte und Lehren bieten Lösungen für viele Formen des Leids. Sie gehen allerdings nicht ausdrücklich auf die strukturellen Ungleichheiten ein, die vielen Formen von Leiden und Ungerechtigkeit zugrunde liegen.

Es wird gesagt, das letztendliche Ziel der buddhistischen Praxis, das Erreichen der Befreiung, sei jenseits von Geschlecht, aber auf einer praktischen Ebene ist das Geschlecht sehr wichtig. Ohne förderliche

Bedingungen für buddhistisches Lernen und buddhistische Praxis ist das Ziel von Befreiung für viele Frauen nur ein Traum. Deshalb muss Befreiung als theoretisches Ideal mit den Bedingungen vor Ort in Einklang gebracht werden. Tatsächlich sind Frauen unverhältnismäßig stark vom Unglück des täglichen Lebens betroffen. Denn arm, als Analphabetinnen, ungebildet und überarbeitet, finden Millionen von ihnen kaum Zeit für buddhistische Praxis.

Dass eine revolutionäre neue Vision des Buddhismus eine aufrichtige Sorge um Frauen und den Nutzen, den erwachte Frauen der Gesellschaft bieten können, beinhaltet, ist ermutigend. Diese neue Vision hat eine lebendige, länderübergreifende Bewegung angestoßen, die sich für buddhistische Frauen einsetzt und ihnen den Zugang zu allen Arten von Bildung und zu allen Stufen der klösterlichen Ordination ermöglicht. Buddhistische Gelehrte, Praktizierende und Gelehrte/Praktizierende bemühen sich, die Wurzeln der Ungleichheit zwischen den Geschlechtern zu verstehen und die Texte und ungeprüften Annahmen kritisch zu analysieren, die den Mythos von der Unterlegenheit der Frauen aufrechterhalten haben. Mit neuen Forschungsmethoden und einer breiteren Wissensbasis streben die Wissenschaftler danach, diese Instrumente für eine gründliche Neuinterpretation von Texten und Traditionen einzusetzen und mehr Informationen über den Beitrag von Frauen zum buddhistischen Denken und zur buddhistischen Praxis offenzulegen.

Über kulturelle Unterschiede hinweg erleichtern neue Kommunikationsformen den kreativen und für beide Seiten vorteilhaften internationalen Austausch. Eine buddhistische feministische Bewegung, die in den 1980er Jahren begann, überschreitet kulturelle Grenzen, um die geschlechtsspezifischen Annahmen und Beschränkungen zu untersuchen, die nicht nur in buddhistischen Kulturen fortbestehen, sondern auch den Verstand vieler Menschen einschränken.

Die buddhistisch-feministische Vorstellungswelt ist sowohl eine natürliche historische Entwicklung, die durch die globale Frauenbewegung angestoßen wurde, als auch eine intensive persönliche Reise für viele buddhistische Frauen, die das Selbstbewusstsein fördert und Solidarität mit anderen Frauen und männlichen Verbündeten schafft. Das Erwachen, sowohl als geschlechtsübergreifende Errungenschaft, die allen zugänglich ist, als auch als ein Bewusstsein, das aus der Erfahrung der Frauen erwächst, birgt das Versprechen, die Menschheit zu befreien und zu revolutionieren.

KAPITEL 1

Frauen im frühen indischen Buddhismus

Der buddhistischen Tradition entsprechend war der Buddha während seines gesamten Lebens von vorbildlichen Frauen umgeben. Die Legenden über sein Leben beginnen mit seiner Mutter, Mahāmāyā, die als ein Beispiel für Reinheit dargestellt wird. Sie empfing den jungen Prinzen in einem Traum von einem weißen Elefanten, der einen weißen Lotus in seinem Rüssel trug und in ihre rechte Körperseite eintrat. Die wundersame Geburt des Buddha fand statt, als Königin Mahāmāyā auf dem Weg zu ihrem Geburtshaus in einem wunderschönen Hain mit blühenden Obstbäumen in Lumbini Halt machte. Als die Königin nach einem Ast griff, um sich abzustützen, kam das Baby in voller Größe aus ihrer rechten Seite hervor, stand auf und machte sieben Schritte. Die *Devas* (Götter) freuten sich und das Kind erhielt den Namen Siddhārtha Gautama. Sein Vater, König Śuddhodana aus dem Śākya-Clan, wird als ein Herrscher dargestellt, der hoffte, dass sein Sohn sein Nachfolger werde.

Es wird beschrieben, dass Siddhārtha in der Hauptstadt seines Vaters, Kapilavastu, aufwuchs. Königin Mahāmāyā wird dadurch, dass sie ein besonderes männliches Kind gebar, als ideale Frau dargestellt, die den Erwartungen an Frauen im sozialen und kulturellen Milieu des alten Indien vollkommen entsprach. Obwohl sie verstarb, als der junge Prinz kaum eine Woche alt war, wird sie in diesem Porträt für die Nachwelt als die perfekte Frau beschrieben. Tatsächlich wäre ohne Mahāmāyā der junge Prinz nie geboren worden und somit hätte es keinen Buddha Śākyamuni gegeben, und auch keine Lehren, Schüler oder buddhistischen Traditionen.

Nachdem Königin Mahāmāyā gestorben war, wurde ihre Schwester Mahāprajāpatī Gautamī (Pāli: *Mahāpajāpatī*), die ebenfalls mit König Śuddhodana verheiratet war, Siddharthas fürsorgliche Pflegemutter. Sie zeigte eine archetypische, selbstlose mütterliche Hingabe und kümmerte sich um den jungen Prinzen, als wäre er ihr eigenes Kind. Später, nachdem der Prinz ein vollständig erwachter Buddha geworden war, bewies sie ihre Intelligenz, ihr Engagement und ihren Mut, indem sie etwa fünfhundert Frauen des königlichen Śākya-Clans dazu brachte, ihn zu bitten, Frauen den Eintritt in die *Saṅgha* (Pāli: *Saṅgha*; »Gemeinschaft«, monastischen Orden) zu gestatten.

Als Siddhartha erwachsen wurde, heiratete er die schöne Prinzessin Yaśodharā, die die Rolle der perfekten Ehefrau verkörperte, indem sie seinen Sohn zur Welt brachte und ihn nie aufgab, auch nicht, nachdem er sie und ihr Kind verlassen hatte. Die vierte weibliche Schlüsselfigur ist eine junge Frau namens Sujātā, die in einigen Texten als Rādhā bezeichnet wird. Auf dem Tiefpunkt von Siddharthas spiritueller Suche, als er durch Hunger und Durst völlig ausgezehrt war, erschien Sujātā und zeigte selbstloses Mitgefühl, indem sie ihm Nahrung gab, um sein Erwachen zu unterstützen. Nach und nach, als sie Teil der frühen monastischen Gemeinschaft wurden, erhielten Tausende von Frauen die Unterweisungen des Buddha und wurden durch fleißige Praxis zu *Arhats* (befreiten Wesen).

Der Buddha zog zu seinen Lebzeiten eine große Bandbreite von Anhängern an, von denen einige seinem Beispiel folgen und dem Leben als Haushaltsvorstand entsagen wollten. Nachdem Buddha das vollkommene Erwachen erlangt hatte, begab er sich in den Hirschpark in Sarnath bei Varanasi am Fluss Ganges, wo sich fünf seiner yogischen Weggefährten aufhielten. Diese fünf jungen *Śrāmanas* (Strebende, Asketen) waren ihm auf seinem Weg der Askese gefolgt, hatten ihn aber verlassen, als er den Glauben an die extreme Askese verloren und sein Fasten gebrochen hatte, indem er Milchreis von der Frau Sujātā in der Nähe von Bodhgaya angenommen hatte.

Als diese fünf Asketen den Buddha nach seinem Erwachen, als er unter dem *Bodhi*-Baum saß, im Hirschpark wiedertrafen, mieden sie ihn zunächst, erkannten dann aber, dass er Verwirklichung erlangt hatte. Daraufhin fragten sie ihn, welches Ziel er erreicht habe. Der Buddha erzählte ihnen, dass er den Zustand der Todeslosigkeit oder Befreiung (Sanskrit: *Nirvāṇa*; Pāli: *Nibbāna*) erlangt hatte. Daraufhin verneigten sie sich zu seinen Füßen und fassten den Entschluss, auf ähnliche Weise das Ziel der Befreiung zu erreichen.

Als er den Satz »Kommt her« aussprach, wurden diese fünf Schüler zu den ersten buddhistischen Mönchen und so entstand die *Bhikṣu Saṅgha*, die Gemeinschaft der ordinierten Mönche. Als die Zahl der *Bhikṣus* wuchs und Fehler gemacht wurden, begann der Buddha, Verhaltensregeln aufzustellen, die allmählich zu einem Korpus klösterlicher Regeln heranwuchsen, die später in den *Vinaya*-Texten aufgezeichnet wurden. Diese wurden zu den Leitlinien des buddhistischen Mönchsordens (*Saṅgha*), der – Berichten zufolge – die älteste kontinuierliche Organisation der Welt ist.

Als der Buddha bald nach seinem Erwachen zu lehren begann, folgten ihm zahllose Frauen und wurden zu angesehenen Vermittlerinnen buddhistischen Wissens. Ihre Leistungen wurden jedoch erheblich verbessert, als Mahāprajāpatī die *Bhikṣuṇī Saṅgha* – die Gemeinschaft der voll ordinierten buddhistischen Nonnen, welches die älteste dokumentierte Frauenorganisation der Welt ist – in die Wege leitete. Sie erreichte Befreiung und führte für den Rest ihres überaus langen Lebens geschickt unzählige Frauen zur Verwirklichung.

Die Gelehrte für Buddhistische Studien Kathryn R. Blackstone stellte eine Liste der berühmten weiblichen *Arhats* zusammen, denen das Verfassen der Befreiungsverse in den Therīgāthā (Verse der Älteren Nonnen) zugeschrieben wird. Diese bringen die Einsichten und Errungenschaften von siebzig führenden Nonnen, die zur Zeit des Buddha lebten, zum Ausdruck.[17] Die in Pāli überlieferten Verse dokumentieren sowohl die Hindernisse als auch die Errungenschaften dieser Wegbereiterinnen, die kulturelle Stereotype überwanden, um Nonnen zu werden und ihre eigene Freiheit zu erreichen.

Die Indologin Ria Kloppenborg hat Stereotype von Frauen herausgearbeitet, die in den Versen auftauchen und zu jener Zeit übliche Charakterisierungen gewesen zu sein scheinen. Hierzu gehört: Frauen als dumm, als ergebene Töchter, als von ihrem Körper und ihrem Schmuck besessen, als Verführerinnen, als vom Kinderkriegen besessen und als alte, hässliche Weiber anzusehen.[18] Vorstellungen von befreiten Frauen, die diese Stereotype überwunden haben, dienten unzähligen Praktizierenden in allen Kulturen als Inspiration.

Um die volle Bedeutung der erfolgreichen Praxis und des Beitrags von Frauen im Buddhismus zu verstehen, betrachten wir zunächst den Zusammenhang in Indien, dem Land, in dem der Buddha lehrte und wo seine Lehren und seine Gemeinschaft zuerst Wurzeln fassten. Im sechsten bis fünften Jahrhundert v. Chr. war Indien hauptsächlich landwirtschaftlich geprägt, aber die Gesellschaft wurde zunehmend urbanisiert. In ganz Nordindien entstanden kleine Königreiche und Fürstentümer, und der Handel verschaffte der Unternehmerklasse Wohlstand. Die vorherrschende Gesellschaft war ausgesprochen patriarchalisch, und die Aktivitäten der Frauen waren oft stark eingeschränkt.[19]

Negative Stereotype über Frauen waren in den südasiatischen Gesellschaften zu dieser Zeit weit verbreitet. Nach der Heirat wurden sie oft mit Verachtung behandelt, bis sie einen Sohn zur Welt brachten;

danach ging man respektvoller mit ihnen um.[20] Falls der Junge starb, konnte die Mutter ihren privilegierten Status verlieren und gezüchtigt oder sogar verstoßen werden. Gleichzeitig wurden aber unzählige weibliche Gottheiten verehrt und angebetet. Die spirituelle schöpferische Kraft (*Śakti*) des Universums wurde als weiblich verstanden und in Göttinnen verkörpert. Obwohl Frauen über *Śakti* verfügten, lag der Schwerpunkt auf der Notwendigkeit sie zu kontrollieren, damit sie keine unehelichen Kinder bekamen. Die Gegensätzlichkeit zwischen dem göttlichen Weiblichen und den gewöhnlichen, körperlichen Frauen schafft eine tiefe Ambivalenz, die auch heute noch in der hinduistischen Gesellschaft zu beobachten ist.

Buddhistische Frauen zu Beginn

Nach dem *Therī-apadāna*, einer Zusammenstellung von Biographien bedeutender früher buddhistischer Nonnen, gründete Buddha Śākyamuni, wie unzählige Buddhas vor ihm, eine vierfache Gemeinschaft (Pāli: *Saṅgha*; Sanskrit: *Saṅgha*), bestehend aus Mönchen (Pāli: *Bhikkhu*; Sanskrit: *Bhikṣu*), Nonnen (Pāli: *Bhikkhunī*; Sanskrit: *Bhikṣuṇī*) sowie männlichen (*Upāsaka*) und weiblichen Haushaltern (*Upāsikā*).[21] Daraus folgt, dass jeder dieser Buddhas die volle monastische Ordination für Frauen einführte. Den ältesten Texten zufolge besteht die ideale buddhistische Gesellschaft aus diesen vier Gruppen. Gemeinsam bilden sie ein stabiles Fundament für die soziale Ordnung, wobei jede der vier als Pfeiler für eine ideale, ausgewogene und harmonische Gesellschaft dient.

Buddha Śākyamuni betrachtete die Nonnen als ein wesentliches Element in dieser Struktur. In einer bedeutenden Aussage in der Pāli-Version des *Mahāparinibbāṇa-Sutta* sagte der Buddha: »Ich werde nicht eher sterben, als bis ich Nonnenschülerinnen habe, die weise, gut ausgebildet, selbstbewusst und gelehrt sind.«[22] Wie die anderen Schüler des Buddha auch, hatten die Nonnen die Aufgabe, als Beispiele für Disziplin, Ethik und Wissen zu dienen, die Lehren weiterzugeben und andere auf dem Pfad zu inspirieren. Der vierfachen *Saṅgha* wurde nicht nur die Aufgabe anvertraut, die Lehren des Buddha zu verkörpern und weiterzugeben, sondern auch das Gedeihen und sogar der Fortbestand der Lehren in der Welt hingen von ihr ab.

Der Buddha lehrte einen Weg zur Befreiung (*Nibbāna* oder *Nirvāṇa*) – Freiheit von den Täuschungen des Geistes, vom Leid und von der Wiedergeburt in zyklischer Existenz – der für alle zugänglich war. Es ist bekannt, dass er Menschen jeden Alters, Geschlechts und sozialen Hintergrunds öffentlich und ohne Unterscheidung unterrichtete. Seine Lehren (Pāli: *Dhamma*; Sanskrit: *Dharma*), in denen er den Weg oder Prozess zur Erlangung der Befreiung erklärte, galten als revolutionär, da sie Kastenhierarchie und priesterliche Autorität ablehnten. Er ließ auch Frauen in die *Saṅgha*, den buddhistischen Klosterorden, eintreten, wenn auch – gemäß den von buddhistischen Mönchen erhaltenen und überlieferten Texten – auf einer ungleichen Basis.

Diese Schriften beschreiben die Mühen der Frauen und die Freuden der Befreiung, zum Teil mit den Worten der befreiten Nonnen selbst. Ihre Geschichten finden sich im *Vinaya*, den klösterlichen Kodizes, und anderen Texten, die schließlich nach China, Korea, Tibet und in viele andere Länder übertragen wurden. Die Weitergabe dieser Geschichten über Frauen, die Befreiung erlangten, war Teil eines Prozesses der Übernahme, Anpassung und Neugestaltung der indischen buddhistischen Philosophie. Er betraf sowohl die Praxis als auch institutionelle Strukturen und gedieh über Jahrhunderte hinweg.

Eine Reihe von Texten behandelt die Leistungen berühmter Frauen zur Zeit des Buddha.[23] Zwischen der Zeit, in der diese Frauen lebten, und jener, in der ihre Geschichten niedergeschrieben wurden, lagen mehrere Jahrhunderte. Die erzählenden Mönche verfügten allerdings über ein hervorragendes Gedächtnis und waren in ihrer Jugend darauf trainiert worden, sich mündliche Texte einzuprägen. Neben den Erzählungen über die Stiefmutter und die Ehefrau des Buddha sind die buddhistischen Schriften voll von Geschichten über andere vollendete Frauen dieser frühen Epoche.

Rūpanandā, die Halbschwester des Buddha, wurde als die Beste in der Meditation anerkannt; Soṇā war am »fleißigsten in der Anstrengung«; Sakulā am besten in göttlicher Einsicht; Bhaddā Kuṇḍalakesā war am schnellsten im Erreichen höherer Einsicht; Bhaddā Kapilānī am besten darin, sich an ihre vergangenen Leben zu erinnern; Bhaddā Kaccānā war am geschicktesten darin, sich an unzählige Äonen zu erinnern; Kisāgotamī dafür bekannt, drei Arten von rauen Gewändern zu tragen; und Sigālamātā war am fähigsten im Vertrauen.[24] Paṭācārā und Sukkhā wurden als große Lehrerinnen anerkannt.

Haushalterinnen wie Visākhā, Mallikā und Ambapalī waren für ihre Tugendhaftigkeit und Großzügigkeit bekannt. Diese Geschichten dienten dazu, buddhistische Prinzipien und Werte zu vermitteln und Frauen auf ihrem Weg zu inspirieren. Zum Beispiel beschreibt das *Therīapadāna* (Biographien von Nonnen-Älteren) das Leben zahlreicher bedeutender Frauen zur Zeit des Buddha, darunter die Geschichten von Khemā, Uppalavaṇṇā, Paṭācārā, Bhaddā Kuṇḍalakesā, Kisāgotamī, Dhammadinnā und Visākhā. Diese sieben Frauen waren in einem früheren Leben die Töchter eines Königs namens Kikī gewesen, der ihnen nicht erlaubt hatte, Nonnen zu werden. Nachdem sie sich tausende von Lebenszeiten lang in Tugend geübt hatten, wurden sie zur Zeit von Buddha Śākyamuni wiedergeboren und gehörten zu seinen führenden Schülerinnen.[25] Geschichten über Uppalavaṇṇā finden sich im *Manorathapūrani*, den *Therīgāthā* und einem Kommentar zum *Dhammapada*, Texten, die in Sri Lanka irgendwann zwischen dem dritten und sechsten Jahrhundert nach Christus in Pāli niedergeschrieben wurden, aber offenbar auf mündlich überlieferten Geschichten aus der Zeit des Buddha Śākyamuni beruhen.[26]

Bestimmte buddhistische Texte besagen eindeutig, dass Frauen das Potenzial haben, Befreiung zu erlangen und frei von geistigen Verunreinigungen, Leiden und Wiedergeburt zu werden.[27] Oft werden auch die Namen von vorbildlichen Nonnen genannt, die dies verwirklicht haben. Im Vergleich dazu ist die Zahl der Mönche, die Berichten zufolge Befreiung erlangt hatten, jedoch weitaus größer.

Im Dīgha Nikāya des Pāli-Kanons, der vollständigen Sammlung der Theravāda-Schriften, heißt es zum Beispiel im *Mahāpadāna-Sutta*, dass es in einer Versammlung eines früheren *Buddha* namens Vipassī 6.800.000 *Arhat*-Mönche gegeben hat, es werden allerdings keine *Arhat*-Nonnen erwähnt.[28] Dies zeigt, dass das Ungleichgewicht zwischen den Geschlechtern im Buddhismus in der Tat ein sehr altes Problem ist. Mönche sind in den Texten und auch in den verschiedenen buddhistischen Kulturen und Gemeinschaften, die sich im Laufe der Zeit entwickelt haben, stärker vertreten.

In indischen buddhistischen Texten und Kommentaren wird ein Buddha als einzigartig beschrieben, da er die zweiunddreißig wichtigsten körperlichen Merkmale (*Lakṣaṇa*) eines großen Individuums (*Mahāpuruṣa*) besitzt, die von den außergewöhnlichen spirituellen Errungenschaften eines vollständig erwachten Wesens zeugen.[29] Der springende Punkt dabei ist, dass der Körper eines Buddha ausdrücklich als männlich beschrieben wird, da er einen ummantelten Penis »wie ein königlicher Hengst« besitzt.[30]

Daraus folgt, dass man sich den höchsten Zustand, den ein Mensch erreichen kann, in einem männlichen Körper vorstellt. Nicht jeder strebt jedoch danach, ein vollständig erwachter Buddha zu werden; viele bemühen sich, ein *Arhat* zu werden, ein Wesen, das von der zyklischen Existenz befreit ist. Der Buddha selbst bekräftigte, dass der Zustand der Befreiung eines Arhats für Frauen und Männer gleichermaßen möglich ist. Die Geschichte von hochverwirklichten Frauen im Buddhismus ist daher eine Saga von Prüfung und Triumph, Ruhm und Auslöschung, Zeugenschaft und Schweigen. Glücklicherweise sind die Stimmen einiger dieser Frauen erhalten geblieben, und bemerkenswerte weibliche Praktizierende äußern sich auch heute noch zu ihrer Verwirklichung.

Darstellungen von Frauen in frühbuddhistischen Texten

Der buddhistische Kanon ist ziemlich einzigartig darin, die Stimmen von Frauen einzubeziehen, insbesondere die jener, die auf Haushalt und Familie zugunsten des entsagenden Lebens verzichteten. Die buddhistische Gelehrte Alice Collette weist darauf hin, dass eine beträchtliche Anzahl buddhistischer Texte von oder über Frauen verfasst wurde, darunter die *Therīgāthā*, die *Apadānas* (Biographien der Schüler des Buddha, darunter vierzig Frauen), das *Avadānaśataka* (Erzählungen über die Verwirklichung, darunter einer Reihe von Frauen) und das Aṅguttara Nikāya (mit Erzählungen über bedeutende Nonnen und Haushalterinnen).[31] Sie würdigt die wertvolle Arbeit von Vorreiterinnen der westlichen Buddhismusforschung, insbesondere von Caroline Rhys Davids (1857 – 1942), Mabel Bode (1864 – 1922) und I. B. Horner (1896 – 1981), welche die spirituellen Leistungen von Frauen in diesen Texten aufzeigten. Gleichzeitig vertritt sie die Ansicht, dass westliche Studien über Frauen in der buddhistischen Literatur bestimmte Texte gegenüber anderen betonen (nämlich die *Therīgāthā* und den Pāli-*Vinaya*),[32] und deutet an, dass ein detailliertes Studium der gesamten verfügbaren Literatur erforderlich sei, um ein umfassenderes Verständnis von Frauen im altindischen Buddhismus zu gewinnen.

In Indien wurden zur Zeit des Buddha Frauen mit Fruchtbarkeit und Fortpflanzung assoziiert, was in direktem Gegensatz zu den buddhistischen Zielen der Entsagung und Befreiung steht. Wir finden in den Schriften Belege für die Vorurteile, dass Zölibat und Unabhängigkeit keine natürlichen Umstände für Frauen seien, dass Mutterschaft die natürliche Neigung einer Frau sei und dass Frauen unter dem Schutz und der Dominanz von Männern glücklich seien. Wir finden allerdings keine entsprechenden Vorurteile über die angeborene Neigung der Männer, sich fortzupflanzen oder ihr Glück unter dem Schutz der Frauen zu suchen. Frauen werden als sexuell gierig und daher als Bedrohung für die Tugendhaftigkeit von Männern, insbesondere männlichen Entsagenden, dargestellt.

Im Gegensatz zu den gängigen Stereotypen von Frauen als Versuchungen und Verführerinnen von Männern finden wir im buddhistischen Kanon und in den Kommentaren jedoch auch Erzählungen, in denen Frauen als gänzlich desinteressiert an sexuellen Heldentaten und völlig selbstbewusst bei der Zurückweisung der Annäherungsversuche von Männern dargestellt werden.

Die anschaulichste Geschichte erzählt von der schönen Nonne Subhā Therī, die, als sie von einem Bewunderer angesprochen wird, ihr Auge ausreißt und es ihrem ehemaligen Verführer präsentiert.[33] Es wird später in Gegenwart des Buddha wiederhergestellt, was auf die spirituelle Vollkommenheit sowohl des Buddha als auch von Subhā Therī hinweist.

Tatsächlich gibt es viele Erzählungen, die von der Hingabe, der Tugendhaftigkeit und den spirituellen Errungenschaften der weiblichen Praktizierenden berichten und damit den gängigen Vorstellungen und Erwartungen an die Frauen jener Zeit widersprechen.[34]

Es ist wichtig, den historischen und kulturellen Kontext zu berücksichtigen, in dem Texte verfasst wurden und sich der Tendenz bewusst zu sein, unsere eigenen modernen egalitären Vorurteile in vergangene Zeiten hineinzulesen. Aus Perspektive der Gender Studies, die zugegebenermaßen selbst in der westlichen Wissenschaft neu sind, kann der historische und kulturelle Zusammenhang jedoch nicht dazu verwendet werden, Fragen, die das Geschlecht betreffen zu verwerfen oder zu vernachlässigen.

Weibliche Vorbilder der Verwirklichung tauchen in buddhistischen Darstellungen auf, mögen aber als vorpubertäre Achtjährige dargestellt sein, um ihnen die Verunreinigung durch die Menstruation zu ersparen. Körperliche Schönheit ist das Ergebnis in der Vergangenheit gesetzter tugendhafter Handlungen, aber sie kann für Frauen gefährlich sein, da sie als Fallstrick für Männer angesehen wird, während gutes Aussehen für Männer keinen solchen Nachteil darstellt.[35] Im *Lotus Sūtra*, einem einflussreichen Mahāyāna-Text, welcher das Potenzial von Frauen zum Erwachen bekräftigt, und im *Mahāratnakūṭa* werden Frauen dargestellt, die sich in Männer verwandeln, um ihren erwachten Zustand zu bezeugen, was die Annahme männlicher Überlegenheit verstärkt.[36]

Selbst wenn Frauen implizit das männliche spirituelle Vorrecht in Frage stellen und ihre Geschlechtsidentität kraftvoll umwandeln, wird gezeigt, wie sie ihre spirituellen Errungenschaften in männlicher Form manifestieren.[37] In der *Candrottādārikāparipṛcchā* beispielsweise, einem Mahāyāna-Text aus dem dritten oder vierten Jahrhundert n. Chr., verwandelt Candrottā, die umwerfend schöne und frühreife Tochter des berühmten buddhistischen Gelehrten Vimalakīrti, auf wundersame Weise ihren weiblichen Körper in einen männlichen, um die nicht-duale Natur der Erleuchtung zu demonstrieren. Diese geschlechterumwandelnden Handlungen zeigen, dass alle Formen eigentlich leer und damit geschlechtsunabhängig sind. Allerdings erklären oder rechtfertigen Erzählungen, welche die nicht-duale Natur des Erwachens illustrieren, nicht die Widersprüche zwischen theoretischer Gleichheit und der Vorliebe, das Erwachen als einen männlichen Körper erfordernd darzustellen, wie sie sich durch buddhistische Texte, Rituale und Gesellschaften ziehen.

Geschlechtsidentitäten scheinen zur Zeit des Buddha als fließend und veränderbar verstanden worden zu sein. Im Laufe unzähliger Leben nehmen fühlende Wesen eine Wiedergeburt in zahllosen verschiedenen Lebensformen und verschiedenen Geschlechtern an.[38] Und nicht nur das, eine Umwandlung des Geschlechts war sogar in einem einzigen Leben möglich; der Wechsel zwischen männlichen und weiblichen Geschlechtsidentitäten scheint ein allgemein akzeptiertes Konzept gewesen zu sein.[39]

Einer bekannten Legende zufolge verwandelte sich beispielsweise eine Nonne namens Utpala (Pāli: Uppalavaṇṇā; Sanskrit: Utpalavarnā) – als Buddha Śākyamuni aus dem Himmel der Dreiunddreißig Götter (*Trāyastriṃśa*) auf die Erde herabstieg, nachdem er seine Mutter, die dort residierende Königin Mahāmāyā, belehrt hatte – in einen (männlichen) Herrscher, um einen ersten Blick auf ihn zu werfen.[40] Utpala, die außergewöhnlich schöne Tochter eines wohlhabenden Kaufmanns, entschied sich gegen eine Heirat, wurde Nonne, erreichte schnell den Zustand eines Arhats und wurde vom Buddha als die erste unter den Nonnen anerkannt, die überragende Kräfte (Pāli: *Iddhi*, Sanskrit *Siddhi*) erlangt hatte. Wie die Religionswissenschaftlerin Serinity Young es ausdrückt, erlaubt die Erlangung übernatürlicher Kräfte den buddhistischen Texten nach nicht nur die Erkenntnis der Wandelbarkeit des Geschlechts, sondern verleiht auch die Macht, diese durch die Veränderung der eigenen Geschlechtsmerkmale »zu verwirklichen«.[41]

Obwohl die sexuelle Identität in den buddhistischen Schriften als veränderbar dargestellt wurde, war der Wechsel von einem Leben zum anderen aufgrund der gewohnheitsmäßigen Neigung zum einen oder anderen Geschlecht nicht so häufig. Die Wiedergeburt in einem weiblichen Körper wurde als weitaus leidvoller angesehen als die in einem männlichen.[42] Von dort war es nur noch ein kleiner Schritt, eine weibliche Wiedergeburt als das Ergebnis nichtheilsamer Handlungen *(Karma)* in der Vergangenheit und eine männliche als das Ergebnis heilsamer Taten anzusehen. Daher ist es in buddhistischen Gesellschaften ein weit verbreiteter Glaube, dass eine weibliche Wiedergeburt das Ergebnis schlechten *Karmas* ist.

Eine starke Präferenz für männliche Nachkommen mag in der patriarchalischen indischen Gesellschaft nicht überraschen, aber es ist erstaunlich, vor dem Hintergrund der relativ egalitären Prinzipien des Buddhismus eine starke Präferenz für eine männliche Identität zu sehen.

Buddhistische Texte enthalten auch Erzählungen über Frauen, die zu hoher spiritueller und intellektueller Meisterschaft fähig waren und eine Reihe von außergewöhnlichen weiblichen Praktizierenden wurde vom Buddha auch gepriesen. Dhammadinnā, zum Beispiel, war eine Nonne, die *Arhat*schaft erlangte und als die führende *Bhikṣuṇī* im Lehren des Dharma berühmt wurde.[43] Dhammadinnā war mit einem Kaufmann namens Visākha verheiratet gewesen, der Mönch wurde, und so beschloss sie ihrerseits, Nonne zu werden. In der Geschichte wirft sich Visākha vor Dhammadinnā nieder und stellt ihr eine Reihe von sowohl einfachen als auch heiklen Fragen, auf die diese mit Bravour antwortet. Als sie dann das Gespräch dem Buddha gegenüber wiederholt, bestätigt er ihr Verständnis und versichert ihr, dass er auf dieselbe Weise geantwortet hätte. Als herausragende Lehrerin dient Dhammadinnā als Inspiration und positives Vorbild für andere Frauen, ebenso wie auch viele andere weibliche Erwachte.

Mahāprajāpatīs Gang in die Hauslosigkeit

Ein wichtiger historischer Wendepunkt für Frauen im Buddhismus war, als Mahāprajāpatī Gautamī, die Pflegemutter und Tante des Buddha, ihn um Erlaubnis bat das häusliche Leben aufzugeben, um seinen Lehren und der monastischen Disziplin zu folgen. Es wird gesagt, dass Mahāprajāpatī ihre Ordination direkt vom Buddha erhielt, und die erste buddhistische Nonne wurde.[44] Wie es im *Vinaya*-Teil des Pāli-Kanons heißt, äußerte Mahāpajāpatī fünf oder sechs Jahre, nachdem die fünf Gefährten des Buddha die ersten *Bhikkhus* geworden waren, den Wunsch, sich dem neu geschaffenen Orden anzuschließen. Als der Buddha zögerte – vermutlich aus Sorge um die Sicherheit der aufstrebenden weiblichen Entsagenden –, führte Mahāpajāpatī Hunderte von adligen Frauen zu Fuß durch Nordindien, was höchstwahrscheinlich die erste Frauenrechtsbewegung der Geschichte war.

Nach wiederholtem Drängen von Ānanda, seinen männlichen Cousin und Diener, stimmte der Buddha der Aufnahme von Frauen zu, und die *Bhikkhunī Saṅgha* entstand. Die *Saṅgha* (»Versammlung« oder monastischer Orden), die der Buddha gründete, bestand somit aus männlichen und weiblichen ordinierten Entsagenden, die das Alter von zwanzig Jahren erreicht und sich verpflichtet hatten, bestimmte Gebote oder Lehrvorschriften einzuhalten. Die Kategorien der Novizen (Pāli: *Sāmaṇera*; Sanskrit: *Śrāmaṇera*) und Novizinnen (Pāli:

Sāmaṇerī; Sanskrit: *Śrāmaṇerika*) wurden als Vorbereitungszeit für den Ritus der höheren Ordination (*Upasampadā*) zur Einübung der Ordensregeln eingeführt. Eine Frau hatte zwei Jahre als Probekandidatin (Pāli: *Sikkhamāṇā*; Sanskrit: *Śikṣamāṇā*) zu verbringen, bevor sie die volle Ordination als *Bhikkhunī* (Sanskrit: *Bhikṣuṇı*) erhielt.

Als Mahāpajāpatī darum bat, ein Leben als Hauslose zu führen, willigte der Buddha Berichten zufolge unter der Bedingung ein, dass sie acht »gewichtige Regeln« (Pāli: *Garudhamma*; Sanskrit: *Gurudharma*) befolge. Nach der Version dieser Begebenheit im *Madhyama-āgama*, einer Sammlung von mittellangen Reden des Buddha im Pāli-Kanon, richtete sie ihre Bitte erstmals an ihn während der Regenzeit-Klausur in Kapilavastu, der Heimatstadt des Buddha, wo sie und die anderen in diesem Text erwähnten Śākya-Frauen lebten:

> *Zu dieser Zeit trat Mahāpajāpatī Gotamī an den Buddha heran, huldigte ihm mit ihrem Kopf zu seinen Füßen und sagte, hinten an einer Seite stehend: »Erhabener, können Frauen die vierte Frucht der Einsiedlerschaft erlangen? Können Frauen in dieser rechten Lehre und Disziplin aus Vertrauen heraus den Haushalt verlassen und hauslos werden, um sich auf dem Pfad zu üben?«*
>
> *Der Erhabene antwortete: »Warte, warte, Gotamī, habe nicht diesen Gedanken, dass bei dieser rechten Lehre und Disziplin die Frauen den Haushalt aus Vertrauen heraus verlassen und hauslos werden, um sich auf dem Pfad zu üben. Gotamī, du rasierst dein Haar auf diese Weise ab, ziehst ockerfarbene Gewänder an und praktizierst dein ganzes Leben lang das reine, heilige Leben.«*
>
> *Dann – so vom Buddha zurückgehalten – huldigte Mahāpajāpatī Gotamī ihm mit ihrem Kopf zu seinen Füßen, umkreiste ihn dreimal und ging.*[45]

Mahāpajāpatī wird bei drei verschiedenen Gelegenheiten beschrieben, bei denen sie sich mit dieser Bitte an den Buddha wendet – einmal in Kapilavastu und einmal in einer anderen Stadt – und jedes Mal die gleiche Antwort erhält. Bei der dritten Gelegenheit, von der im *Madhyama-āgama* berichtet wird, wird beschrieben, wie Mahāpajāpatī dem Buddha »zusammen mit einigen älteren Sakya Frauen« zum nächsten Ort folgte, an dem er Rast machte.[46] Nachdem der Buddha ihre Bitte zum dritten Mal abgelehnt hatte, setzte sich Ānanda, sein Cousin und Begleiter, für sie ein:

> *Der ehrwürdige Ānanda sah Mahāpajāpatī Gotamī vor dem Eingang stehen, ihre nackten Füße beschmutzt und ihren Körper mit Staub bedeckt, müde und weinend vor Kummer. Als er sie erblickt hatte, fragte er: »Gotamī, aus welchem Grund stehst du vor dem Eingang, deine nackten Füße beschmutzt und dein Körper mit Staub bedeckt, müde und weinend vor Kummer?«*
>
> *Mahāpajāpatī Gotamī erwiderte: »Ehrwürdiger Ānanda, bei dieser rechten Lehre und Disziplin erreichen die Frauen nicht, dass sie den Haushalt aus Vertrauen heraus verlassen und hauslos werden, um sich auf dem Pfad zu üben.«*
>
> *Der ehrwürdige Ānanda sagte: »Gotamī, warte hier, ich werde mich an den Buddha wenden und mit ihm über diese Angelegenheit sprechen.«*
>
> *»Erhabener, können Frauen die vier Früchte der Einsiedlerschaft erlangen? Können deshalb Frauen in dieser rechten Lehre und Disziplin den Haushalt aus Vertrauen heraus verlassen und hauslos werden, um sich auf dem Pfad zu üben?«*
>
> *Der Erhabene antwortete: »Warte, warte, Ānanda, habe nicht diesen Gedanken, dass bei dieser rechten Lehre und Disziplin*

> *die Frauen aus Vertrauen heraus den Haushalt verlassen und hauslos werden, um sich auf dem Pfad zu üben. Ānanda, wenn die Frauen durch diese rechte Lehre und Disziplin erreichen, dass sie aus Vertrauen heraus den Haushalt verlassen und hauslos werden, um sich auf dem Pfad zu üben, dann wird als Folge davon dieses heilige Leben nicht lange dauern.«* [47]

Ānanda wird dann beschrieben, wie er den Buddha an die Güte von Mahāpajāpatī erinnerte, die ihn nach dem Tod seiner leiblichen Mutter gestillt und aufgezogen hatte, und erzählte von ihren Leistungen in Bezug auf Vertrauen, ethische Entwicklung und Wissen. Der Buddha stimmte daraufhin zu, dass Frauen in das Leben der Hauslosen eintreten können, verlangte aber, dass sie lebenslang die acht gewichtigen Regeln beachten. Nach der *Madhyama-āgama*-Überlieferung jener Erzählung verlangen diese gewichtigen Regeln, dass eine Frau, welche die *Bhikkhunī*-Ordination anstrebt, diese sowohl von Mönchen als auch von Nonnen erbittet.

Außerdem soll sie, sobald sie ordiniert sei, jeden halben Monat die Mönche um Unterweisung bitten, die Regenzeit an einem Ort verbringen, wo es Mönche gibt, am Ende der Regenzeit-Klausur sowohl der Mönchs- als auch der Nonnengemeinschaft Bericht erstatten, keine unerwünschten Fragen an Mönche stellen, deren Verfehlungen nicht bloßstellen, vor beiden Versammlungen Buße für Vergehen tun und sogar jüngeren Mönchen huldigen. [48]

Es gibt eine Reihe von Widersprüchen sowohl im Inhalt als auch in der Chronologie der acht Regeln, die Nonnen einen untergeordneten Status und Mönchen eine erhöhte Autorität zuweisen. Erstens sind da Widersprüchlichkeiten in der Methode der Ordination. In den frühen Tagen der buddhistischen Lehre wurden Mönche mit einer einfachen Aussage ordiniert: »Komm, *Bhikṣu.*« Allmählich wurde dies durch die Rezitation der Feststellung ersetzt, Zuflucht zum Erwachten, seinen Lehren und der Gemeinschaft der Entsagenden zu nehmen: »Ich nehme Zuflucht zum Buddha; ich nehme Zuflucht zum Dharma; ich nehme Zuflucht zur Saṅgha.«[49] Dieses Rezitieren der Zufluchtsformel wurde später durch ein etwas aufwendigeres Ordinationsverfahren ersetzt.

Mehrere Texte zeigen, dass Nonnen mit einer einfachen Aussage des Buddha ordiniert wurden: »Komm, *Bhikṣuṇī.*« Wenn der Buddha Mahāprajāpatī die acht gewichtigen Regeln auferlegte, warum kehrte er dann später zu einer einfachen Erklärung für andere Nonnen zurück? Zweitens gibt es Widersprüche zwischen den verschiedenen Darstellungen dieser Geschichte und bezüglich der Natur der acht Vorschriften. Drittens gibt es in allen Überlieferungen logische Unstimmigkeiten in Bezug auf die Chronologie. Wie hätte der Buddha von Mahāprajāpatī verlangen können damit einverstanden zu sein die Ordination sowohl von der *Bhikṣu* als auch von der *Bhikṣuṇī Saṅgha* zu erhalten, wenn die *Bhikṣuṇī Saṅgha* noch nicht einmal gegründet worden war?

Die Geschichte, wie sie in diesen Texten erzählt wird, wirft auch andere Fragen auf. Ānanda wird so beschrieben, dass er den Buddha davon überzeugte, Frauen in die Saṅgha aufzunehmen. Bei näherer Betrachtung erscheint es kurios, dass der Buddha erst überzeugt werden musste. Der deutsche Theravāda-Mönch und Gelehrte Bhikkhu Anālayo meint, dass es nicht Ānandas Eintreten für das Anliegen der Frauen war, das den Buddha dazu veranlasste, seine Meinung zu ändern, sondern vielmehr die Entschlossenheit der Frauen, ein Leben in der Hauslosigkeit zu führen:

> *»Einer Reihe von Quellen zufolge beruhte die ursprüngliche Entscheidung des Buddha den Dharma überhaupt zu lehren darauf, dass er das Potenzial der Menschen, das Erwachen zu erreichen, ermessen hatte. Er war sich also sehr wohl bewusst, dass Frauen eine solche Anlage haben, ohne dass es einer Erinnerung bedurfte.«* [50]

Tatsächlich gab der Buddha dies ohne weiteres zu, als er erklärte, dass Frauen in der Lage seien, die Früchte des Pfades zu erreichen, einschließlich der Befreiung. Nach dem Aṅguttara Nikāya im Pāli-Kanon wurde Ānanda später von einigen älteren Mönchen zurechtgewiesen und gezwungen, ein Fehlverhalten zu bekennen, weil er die Aufnahme von Frauen in die *Saṅgha* befürwortet hatte. Er ließ sich nicht einschüchtern und erklärte unumwunden, dass es angemessen sei, Frauen die Aufnahme in die *Saṅgha* zu gestatten. Außerdem war es nicht Ānanda, der die *Bhikkhunī Saṅgha* gründete, sondern der Buddha selbst.

Angesichts dieser umstrittenen Passagen vertritt Anālayo eine alternative Sichtweise, indem er sich auf Belege aus anderen Textstellen beruft, um zu argumentieren, dass der Buddha, sobald er eine Entscheidung getroffen hatte, sich nicht so leicht von anderen davon abbringen ließ.[51] Ausgehend von den vorliegenden Hinweisen scheint es wahrscheinlich, dass die acht Regeln später entstanden und in frühere Erzählungen über Mahāpajāpatīs Aufnahme in den Orden eingefügt wurden.

Die Sorge des Buddha um die Nonnen, die ein Leben als Almosenempfängerinnen führen, wird an mehreren Stellen in den Texten deutlich. Aufgrund von Vorfällen sexueller Belästigung und Vergewaltigung erklärte er zum Beispiel, dass Nonnen nicht mehr unter Bäumen schlafen sollten. Stattdessen waren sie angehalten, zu ihrer eigenen Sicherheit in Gemeinschaften zusammenzuleben und ihre Klöster in Städten zu errichten, anstatt an isolierteren Orten; laut dem Buddhismusforscher Gregory Schopen befanden sich Nonnen »im wahrsten Sinne des Wortes in einer ganz anderen Situation als Mönche.«[52] Einer der *Gurudharmas* schreibt vor, dass sich Nonnen während der Regenzeit an einem Ort aufhalten, müssen an dem sich auch Mönche befinden, möglicherweise aus Sorge um die Sicherheit der Nonnen.

Aus heutiger Sicht ist es schwierig die Regeln zu rechtfertigen, mit denen die Nonnen der Autorität der Mönche unterstellt wurden, aber im Altertum und bis heute war es nicht ungewöhnlich, dass Frauen ihre Unabhängigkeit im Austausch für Sicherheit aufgeben. Unabhängig von Herkunft und Chronologie der acht *Gurudharmas* ist es wahrscheinlich, dass die sich in diesen Regeln widerspiegelnden Statusunterschiede zwischen Nonnen und Mönchen im Laufe der Zeit dazu führten, dass sich die Stellung von weiblichen Haushalterpraktizierenden und Nonnen im Vergleich zu männlichen Haushaltern und Mönchen verschlechtert hat. Die Annahme, dass Frauen weniger tüchtig sind, seltener zur spirituellen Verwirklichung neigen und mehr in weltliche Angelegenheiten verstrickt sind, führte in allen buddhistischen Gesellschaften zu Ungleichheiten zwischen den Geschlechtern, sowohl im religiösen als auch im weltlichen Bereich.

In der westlichen Wissenschaft wurde viel über das Zögern des Buddha geschrieben, Frauen in die *Saṅgha* aufzunehmen. Wie bereits erwähnt, sträubte er sich den meisten textlichen Überlieferungen über die Gründung der *Bhikṣuṇī Saṅgha* nach zunächst dagegen, Frauen ein Leben in Entsagung zu gestatten, ließ sich aber durch das Eingreifen von Ānanda überzeugen. Anālayo weist darauf hin, dass sowohl im *Madhyama-āgama* als auch in den Vinaya-Texten zweier buddhistischer Schulen, die sich nach dem Tod des Buddha entwickelten – Mahīśāsaka und (Mūla) Sarvāstivāda, deren *Vinaya*-Texte in chinesischen Versionen erhalten sind –, der Buddha bereits zugestimmt hatte zu erlauben, dass Frauen ihren Kopf scheren, Roben anziehen und ein Leben der Entsagung führen dürfen. Dies allerdings zuhause und nicht als hauslose Wanderer, da die Hauslosigkeit eine Gefahr für die Frauen darstellte und sie anfällig für sexuelle Übergriffe machte. Der Buddha schlug vor: »Gotamī, du solltest so dein Haar scheren, ockerfarbene Roben anziehen und dein ganzes Leben lang das reine, heilige Leben praktizieren.«[53] Die Mahīśāsaka- war ein Vorläufer der Dharmaguptaka-Schule des *Vinaya*, die in China und später in Korea, Taiwan und Vietnam bis zum heutigen Tag praktiziert wird.

Anālayo weist darauf hin, dass in den Vinaya-Texten von vier anderen buddhistischen Schulen, einschließlich der Theravāda-Schule, eine andere Geschichte darüber erzählt wird, wie die Śākya-Frauen ihre Köpfe rasierten und ockerfarbene Gewänder anlegten. Diesem Bericht zufolge ergriffen Mahāpajāpatī und ihre fünfhundert Śākya-Gefährtinnen die Initiative und beschlossen, ihre Köpfe zu scheren, Roben anzuziehen und eine weite Strecke mit vielen Entbehrungen zu Fuß zurückzulegen, um den Buddha zu finden und noch einmal darum zu bitten, »aus der Heimat in die Hauslosigkeit« zu ziehen.[54]

Der Kontrast zwischen den beiden Erzählungen ist beträchtlich. Wenn der Buddha bereits zu dem Schluss gekommen war, dass die Königin und ihr Gefolge tatsächlich in der Lage waren, ein Leben der Entsagung zu führen, und ihnen die Erlaubnis erteilt hatte, ihre Köpfe zu rasieren, ockerfarbene Gewänder anzuziehen und ein Leben der Entsagung daheim zu führen, dann könnte sein Zögern, Mahāpajāpatīs Bitte zu entsprechen, ihnen zu erlauben ein Leben als Hauslose zu führen, von der Sorge ausgelöst worden sein, ob diese aristokratischen Frauen mit den Gefahren und Schwierigkeiten eines Lebens als hauslose Wanderer zurechtkommen würden. Statt Zweifel daran zu äußern, ob sie zur Befreiung fähig seien, könnte seine Zurückhaltung durchaus auf der aufrichtigen Sorge beruht haben, die Nonnen vor Belästigung und Missbrauch zu schützen.[55] Als Ānanda fragte, ob Frauen fähig sind, die Früchte des Pfades zu erlangen, zögerte der Buddha nicht, das zu bestätigen.

Anālayo konstruiert aus den verschiedenen Texten über die Gründung der Bhikkhunī Saṅgha eine schlüssige Erzählung, in der Mahāpajāpatī und ihren Anhängern vom Buddha geraten wird, ihre Köpfe zu scheren, die Gewänder von Entsagenden anzulegen und daheim zu praktizieren, anstatt den Lebensstil von hauslosen Wanderern anzunehmen.[56] Da sie mit diesem Kompromiss nicht zufrieden waren, bewiesen sie ihre Entschlossenheit, das Leben als Hauslose zu führen, indem sie ihre Köpfe rasierten, die Roben anzogen und barfuß zum Buddha gingen, um ihn erneut um die Erlaubnis zu bitten, das Leben als Entsagende zu führen. Der Buddha gab daraufhin nach und erlaubte ihnen, dem monastischen Orden beizutreten, der damals aus wandernden Bettelmönchen bestand.[57] Zweieinhalb Jahrtausende lang stellten buddhistische Frauen ihre Entschlossenheit auf dem Weg zur Befreiung unter Beweis, trotz unzähliger Hindernisse.

Die Vorhersage des Niedergangs

Zusätzlich zu den acht gewichtigen Regeln wird in einigen buddhistischen Texten eine Voraussage des Buddha erwähnt, dass die Ordination von Nonnen das Bestehen des wahren Buddhismus auf fünfhundert Jahre verkürzen werde. Wie bereits erwähnt, wird der Buddha im Madhyama-āgama mit den Worten zitiert, dass die Lehren keinen Bestand haben würden, wenn es Frauen erlaubt sei, ein hausloses Leben zu führen. Diese Äußerung deutet auf die Sorge hin, dass das hauslose Umherwandern eine Gefahr für das Zölibat und die Sicherheit der Nonnen darstellen würde. Später in der Passage sagte der Buddha:

> *»Ānanda, wenn in dieser rechten Lehre und Disziplin die Frauen nicht das Verlassen des Haushalts aus Vertrauen heraus erlangt hätten und hauslos geworden wären, um sich auf dem Pfad zu üben, dann wäre diese rechte Lehre für tausend Jahre erhalten geblieben.«*[58]

Diese Äußerung lässt sich ganz anders interpretieren als die vorherige: Sie wird zu einer Voraussage, dass der Dharma als Folge der Aufnahme von Frauen in den monastischen Orden verschwinden werde. Da die Frauen in der Folgezeit jedoch kein buchstäblich hausloses Leben führten, sondern sich in städtischen Gebieten niederließen, wurde diese Gefahr für die Nonnen und die buddhistische Lehre erfolgreich abgewendet.[59] Heute, mehr als 2.500 Jahre später, ist die buddhistische Lehre trotz der Aufnahme von Frauen in die *Saṅgha* immer noch lebendig und intakt.

Die vergleichende philologische Analyse macht deutlich, dass in den Texten unterschiedliche Haltungen gegenüber Frauen zum Ausdruck kommen. Dabei ist es schwierig zu beurteilen, ob diese die Absichten der für die Überlieferung der Lehren Verantwortlichen widerspiegeln oder die in der damaligen Gesellschaft vorherrschenden Einstellungen. Unabhängig davon ist es wahrscheinlich, dass die in den Texten zum

Ausdruck gebrachte Geisteshaltung gegenüber Frauen die Art und Weise, wie sie, ihr Charakter und ihre spirituellen Fähigkeiten in den Gesellschaften gesehen wurden, noch über Generationen hinweg beeinflusste.

Beim Vergleich unterschiedlicher Versionen eines Berichts über die Lehren des Mönchs Nandaka im Pāli-Kanon weist Anālayo auf signifikante Unterschiede im Geschlechterverhältnis hin. Dazu gehören Unterschiede in der Art und Weise, wie Nonnen vorgestellt werden (z. B. durch die Erwähnung ihres Ruhmes und ihrer Bedeutung), dem Grad der Ehrerbietung – der sich in den Körperhaltungen zeigt, die sie einnehmen –, ob der Buddha den Nonnen spontan Belehrungen erteilt oder nicht, ob er auf die Frage einer Nonne antwortet oder nicht, der Art der Antwort, die er gibt, dem Grad der Aufmerksamkeit, mit der er sie gibt, dem Grad des Respekts, den Nonnen Mönchen entgegenbringen, Beschreibungen der Einsichten und Errungenschaften von Nonnen und andere Kennzeichen.[60]

Derartige Hinweise vermitteln wichtige Informationen über die gesellschaftlichen Gepflogenheiten der damaligen Zeit, darüber, was als angemessenes oder unangemessenes Verhalten für Mönche angesehen wurde, und auch über die Einstellung gegenüber Frauen im Allgemeinen. Zudem stellt Anālayo beim Vergleich paralleler Versionen der Geschichte von Nandaka, der im Pāli-Kanon eine Rede an die Gemeinschaft der Nonnen hält, gewisse Unstimmigkeiten zwischen den Berichten fest, die sowohl subtil als auch bedeutend sind. Einige frühe Beschreibungen scheinen einen größeren Respekt für Nonnen zum Ausdruck zu bringen und sie in einem günstigeren Licht darzustellen als andere. Zusammengenommen vermitteln diese Unterschiede den Eindruck, dass sich die Einstellung der Mönche zu den Fähigkeiten und Leistungen der Nonnen nicht nur im Laufe der Zeit geändert hat, sondern auch unter den Verfassern und Kommentatoren unterschiedlich gewesen sein könnte.

Mit anderen Worten: Ob in einem Text von dreizehn herausragenden oder fünfhundert voll erweckten Nonnen die Rede ist, kann die

Einstellungen und Meinungen derjenigen widerspiegeln, die die Texte mehrere hundert Jahre lang mündlich rezitierten und weitergaben, bevor sie niedergeschrieben wurden.[61] Innere Widersprüchlichkeiten zwischen den Texten – sogar zwischen verschiedenen Fassungen der Pāli-Schriften – scheinen darauf hinzuweisen, dass im Laufe der Zeit Änderungen vorgenommen wurden, welche die Vorlieben der Rezitierenden widerspiegeln könnten. Bei der Lektüre der *Nandakovāda-Sutta* kommt Anālayo zu dem Schluss, dass die weniger positive Haltung gegenüber Nonnen in späteren Texten bestimmte Theravāda-Schriften beeinflusst haben könnte. Diese Schlussfolgerung widerlegt die weit verbreitete Annahme, dass die Theravāda-Texte frauenfeindlicher und die des Mahāyāna frauenfreundlicher seien.[62]

Es gibt Ungereimtheiten in den Berichten zwischen Mahā-prajāpatīs anfänglicher freudiger Akzeptanz der umfangreichen Regeln und ihrer späteren Bitte an den Buddha, die Richtlinie aufzuheben, die den Vorrang aller *Bhikkhus* – egal wie jung – vor allen *Bhikkhunīs* – egal wie alt – regelte.[63] Anālayo vermutet, dass diese Regeln ein Versuch waren, die Nonnen angesichts der ungewissen Zukunft der buddhistischen *Saṅgha* nach Buddhas Tod unter Kontrolle zu halten, und dass sie die patriarchalische Natur der indischen Gesellschaft jener Zeit widerspiegelten.[64]

Frauen als Verbreiterinnen des Dharmas

Die Lehren des Buddha wurden schon sehr früh über Indien hinaus verbreitet, vielleicht sogar schon zu seinen Lebzeiten. Frauen spielten bei der länderübergreifenden Ausbreitung des Buddhismus eine entscheidende Rolle. Dem *Mahāvaṃsa* zufolge wurden die Lehren bereits im dritten Jahrhundert v. Chr. auf die Insel Lanka (heute Sri Lanka) vor der Südostküste Indiens übermittelt.

Nur sechs Monate nachdem Kaiser Aśokas Sohn, Bhikkhu Mahinda, nach Lanka gereist war, um die ersten Mönche der singhalesischen

Bhikkhu Saṅgha zu lehren und zu ordinieren, fuhr Aśokas Tochter Bhikkhunī Saṅghamittā dorthin, um die ersten Nonnen zu lehren, zu ordinieren und so die singhalesische *Bhikkhuṇī Saṅgha* in die Wege zu leiten.[65]

Die Legende besagt, dass Mahinda die Insel 236 Jahre nach dem Parinirvāṇa des Buddha erreichte. Dort erfreute er König Paṇḍuvāsadeva und vierzigtausend Anhängerinnen und Anhänger mit den Lehren des Buddha. Als Prinzessin Anulā, die Frau des Bruders des Königs, Mahinda um die Erlaubnis bat dem Orden beizutreten, erklärte er, dass es ihm nicht erlaubt sei, die Ordination einer *Bhikkhuṇī* ohne die Teilnahme der *Bhikkhuṇī Saṅgha* durchzuführen.[66] Stattdessen empfahl er dem König, seine Schwester Saṅghamittā einzuladen, für diese Ordination aus Indien zu kommen.[67]

Saṅghamittā segelte in Begleitung eines großen Gefolges nach Lanka und brachte einen Sprössling des *Bodhi*-Baumes, unter dem der Buddha das Erwachen erlangt hatte, in einer goldenen Vase mit. Als sie ankam und der Baum Wurzeln schlug, empfing Prinzessin Anulā zusammen mit tausend anderen Frauen die Ordination.[68]

Der Bericht ist voll von erstaunlichen Wundern, die in den Herzen Anhänger des Buddha Ehrfurcht hervorriefen. Er folgt einer ähnlichen Geschichte wie der des Buddha: Männer werden zuerst in den Orden aufgenommen und Frauen dürfen bald darauf beitreten. Sowohl als Überbringerin des verehrten *Bodhi*-Baums als auch als Gründerin der *Bhikkhuṇī Saṅgha* auf der Insel Lanka war Saṅghamittā eine Schlüsselfigur in der frühen Überlieferung der Lehren des Buddha. Im heutigen Sri Lanka werden ihr Mut und ihre Verdienste jedes Jahr am Saṅghamittā-Tag bei Vollmond im Dezember gewürdigt; dem einzigen nationalen Feiertag der Welt, der zu Ehren einer Frau benannt wurde.[69]

Die nächste berühmte Episode in der Verbreitung der Lehren durch Frauen begann mit der Reise von Bhikkhunī Devasārā (Tessara) von Lanka nach China im fünften Jahrhundert nach Christus. Die Geschichte wird in *Lives of Eminent Nuns* von Baochang (Pao-ch'ang) erzählt, einem chinesischen gelehrten Mönch, der zwischen dem vierten und sechsten Jahrhundert nach Christus lebte und die Biografien von 485 bedeutenden Mönchen und 65 bedeutenden Nonnen in China zusammenstellte.[70]

Die beschriebenen Nonnen waren bekannt für ihre Hingabe, Disziplin, Meditationspraxis und ihre Fähigkeit, den *Buddhas* und *Bodhisattvas* Antworten zu entlocken. Im Laufe der chinesischen Geschichte leisteten buddhistische Nonnen einen bedeutenden Beitrag zum Buddhismus. Ein Beispiel dafür ist die Bewahrung der Linie der vollen Ordination für Frauen und ihre Weitergabe in Korea, Taiwan und Vietnam.

Darüber hinaus ist in historischen Dokumenten der Name von Zhiyuan Xinggang (1597–1654) verzeichnet, einer Meisterin in der Praxislinie des Linji Chan, das später nach Japan, wo es als Rinzai Zen bekannt ist, und in andere Länder übertragen wurde.[71] Bis heute leisten Nonnen wie Bhikṣuṇī Cheng Yen und Bhikṣuṇī Chao Hwei in Taiwan[72] und auf der ganzen Welt einen bedeutenden Beitrag zum sozialen Engagement.

Leuchten der Befreiung

Viele frühe Texte erzählen die Geschichte von Mahāprajāpatīs Auszug und der Gründung des Klosterordens für Frauen (*Bhikṣuṇī Saṅgha*). In vielen dieser Berichte wird die spirituelle Entwicklung der Nonnen sehr positiv bewertet. Buddha Śākyamuni selbst gründete auf Mahāprajāpatīs Bitte hin die *Bhikṣuṇī Saṅgha*, und Frauen nahmen von Anfang an bis heute aktiv an der Praxis und Weitergabe der Lehren des Buddha teil. Man könnte sogar behaupten, dass ohne die *Bhikṣuṇī Saṅgha* seine Lehren für nachfolgende Generationen verloren gegangen wären.

Die Errungenschaften der *Bhikkhuṇīs* waren zweifellos von Anfang an wichtige Ursachen für das Interesse von Frauen an den Lehren des Buddha. Die Inspiration, die Haushalterinnen von den Errungenschaften der Nonnen erhielten, motivierte sie sicherlich in ihrer eigenen Praxis und ermutigte sie auch, die Lehren an ihre Kinder weiterzugeben. Sie bewegte Haushalterinnen auch dazu, die buddhistischen Lehren und die *Saṅgha* durch großzügige Almosen zu unterstützen. Die *Therīgāthā*, eine Sammlung von Versen, die siebzig weiblichen Arhats zugeschrieben wird, gilt als »die *erste* Anthologie der Welt in der Frauenliteratur«.[73]

Sie drückt liberale Ansichten von und über Frauen aus und verdeutlicht deren Potenzial aufgrund ihrer spirituellen Errungenschaften. Die Bedeutung dieses Textes zeigt sich in der Erzählung, wonach Ānanda diese inspirierenden Verse beim Ersten Konzil vortrug, einer gemeinsamen Wiedergabe der Lehren des Buddha, die kurz nach dessen Ableben stattfand. Die unterschiedlichen Versmaße lassen vermuten, dass die Sammlung über mehrere Jahrhunderte hinweg gehütet und weiterentwickelt wurde.[74]

Unzählige Nonnen und Haushalterinnen haben sich über viele Jahrhunderte hinweg durch das Studium, die Praxis und die Verbreitung der Lehren des Buddha hervorgetan. Allmählich wurden jedoch literarische Hinweise auf die aktive, öffentliche Beteiligung von Frauen in buddhistischen Gesellschaften seltener. Ungeachtet dessen, ob dieser Niedergang mit der gesellschaftlich gebilligten Unterordnung der Frauen, ungleichen Bildungschancen oder Fragen der Autorität innerhalb der monastischen Gemeinschaft zusammenhing, wurden Frauen in schriftlichen Zeugnissen während eines Großteils der buddhistischen Geschichte praktisch unsichtbar.

Leider fehlt auch heute noch in einigen buddhistischen Gesellschaften eine der vier wesentlichen Säulen der idealen buddhistischen Gesellschaft: Die *Bhikṣuṇī Saṅgha*. Ohne *Bhikṣuṇīs*, die für Ausgewogenheit sorgen und dazu beitragen, den Status von Frauen zu verbessern, wird das spirituelle Leistungsvermögen auf allen Ebenen der Gesellschaft geschmälert. Die gegenwärtige Bewegung für die volle Ordination von Frauen zielt darauf ab, das Gleichgewicht wiederherzustellen, indem sie das Potenzial für das Erwachen aller Menschen – sowohl in den Gemeinschaften der Entsagenden als auch jener der Haushalter – nährt. Die Sicherstellung von mehr Gerechtigkeit ist eine von vielen Bemühungen in der heutigen Welt, mit denen Buddhisten dazu beitragen können, die Leiden der fühlenden Wesen zu lindern.

KAPITEL 2

Buddhistische Frauen in Süd- und Südostasien

Der Buddhismus hat die süd- und südostasiatischen Kulturen seit Hunderten von Jahren stark beeinflusst. Allerdings finden sich in den buddhistischen Annalen dieser Regionen nur wenige Hinweise auf Frauen. Obwohl sie von Anfang an aktiv am buddhistischen religiösen Leben teilgenommen hatten, wurden ihre Lebensgeschichten bis vor kurzem nur selten erzählt. Wie auch in anderen Teilen der Welt waren und sind buddhistische Frauen oft noch von buddhistischer und säkularer Bildung sowie männerdominierten religiösen Institutionen ausgeschlossen. Sie sind üblicherweise auf die mit Ehe und Familie verbundenen, durch den patriarchalischen Status quo definierten, Verantwortlichkeiten verwiesen worden und es wurde von ihnen erwartet, diesem zu entsprechen.

Als Praktizierende des Theravāda-Buddhismus verschreiben sie sich der Befreiung aus dem Kreislauf von Geburt und Tod. In der Praxis wurde und wird der spirituelle Weg der Frauen zur Befreiung jedoch erheblich von geschlechtsspezifischen sozialen Konstrukten und Vorurteilen beeinflusst, die sich nicht nur auf Ausbildung und Selbstverständnis von weiblichen und männlichen Praktizierenden auswirken, sondern auch auf die religiösen Bestrebungen, das Selbstvertrauen und sogar die Lebensbedingungen von Nonnen und Mönchen. Im Allgemeinen wurden die Beiträge von Frauen zum religiösen Leben im Stillen, ja sogar im Verborgenen geleistet. So wurde beispielsweise vor kurzem in Thailand bekannt, dass ein wichtiges Traktat mit dem Titel *Thammanuthamma-patipatti* (veröffentlicht 1932 – 34), das einem thailändischen Mönch namens Luang Pu Mun Bhuridatta (1870 – 1949) zugeschrieben, in Wirklichkeit aber von einer Frau namens Khunying Yai Damrongthammasan (1882 – 1944) verfasst worden war.[75] Frauen wird beigebracht, die Tugend der Bescheidenheit zu verkörpern, und zwar in einem Maße, dass ihr Beitrag meist nicht anerkannt wird.

Heutzutage werden praktizierende Frauen des Theravāda-Buddhismus immer sichtbarer. Die klösterlichen Frauengemeinschaften werden zu aktiven und angesehenen Zentren des Lernens, der Praxis und der Erfolge.[76] Während sie im säkularen Bereich mehr Möglichkeiten haben, äußert eine neue Generation von Frauen tief verwurzelte spirituelle Sehnsüchte, insbesondere nach intensiver Meditation, religiöser Bildung und voller Ordination. Die Frauen des Theravāda-Buddhismus repräsentieren verschiedene Kulturen mit unterschiedlicher Geschichte, Sprachen und kulturellen Traditionen.

Obwohl es bemerkenswerte Ähnlichkeiten in ihren buddhistischen Werten und kulturellen Erzählungen gibt und sie alle das Zufluchtsgebet in Pāli rezitieren mögen, sprechen die Frauen des Theravāda-Buddhismus nicht mit einer Stimme, teilen nicht unbedingt eine gemeinsame Sprache und sind sich auch nicht in allen Fragen einig. Dies gilt auch für jene nach der vollen Ordination für Nonnen als *Bhikkhunīs*. In der heutigen Zeit haben sich beispielsweise mehr als zweitausend Nonnen in Sri Lanka dafür entschieden, die *Bhikkhunī*-Ordination zu erhalten, während etwa zweitausend andere als *Dasasilmātās* praktizieren und die zehn Gebote einhalten.[77]

Dieses Kapitel zeichnet die historischen und gegenwärtigen gemeinsamen Entwicklungen nach, die südostasiatische buddhistische Frauen auf regionaler Ebene verbinden, wobei Meditation, Ausbildung und Ordination als Schlüssel zum Verständnis ihrer Erfahrungen und Interaktionen dienen. Dazu wird als Beispiel das Leben der Frauen im burmesischen Buddhismus beschrieben, da diese eine starke lebendige Tradition des Studiums und der Praxis repräsentieren und den größten Prozentsatz an Nonnen in allen Ländern des Theravāda-Buddhismus stellen.

Mögliche Zusammenhänge: Frauen im Theravāda-Buddhismus

In Myanmar (bis 1989 Burma), Kambodscha, Laos, Sri Lanka und Thailand folgt die überwältigende Mehrheit der Bevölkerung der Theravāda-Tradition buddhistischer Praxis. Diese basiert auf der Pāli-Überlieferung der buddhistischen Texte im Tipiṭaka (Sanskrit: Tripiṭaka, »Drei Körbe«), bestehend aus: *Suttas* (Sanskrit: *Sūtras*, die Reden des Buddha), *Vinaya* (Kodizes der klösterlichen Disziplin) und *Abhidhamma* (Sanskrit: *Abhidharma*, »höhere Lehren«, systematischer Kommentar).

In Hongkong, Malaysia und Singapur überwiegt der chinesische Mahāyāna-Stil der Praxis. Allerdings hat in den letzten Jahren das Interesse am Theravāda-Ansatz zugenommen, vor allem bei der jüngeren, auf Englisch gebildeten Generation. In Vietnam ist die Theravāda-Tradition im Südwesten des Landes bei der Khmer Krom-Minderheit stark vertreten, während im Rest des Landes das Mahāyāna dominiert. In Bangladesch, Indien, Indonesien, Malaysia und Nepal ist die Theravāda-Form des Buddhismus nur bei einem kleinen Prozentsatz der Gesamtbevölkerung stark vertreten.[78] Wie in vielen pluralistischen Gesellschaften können sich Buddhisten aus verschiedenen Traditionen untereinander austauschen und an den Ritualen und Feierlichkeiten der jeweils anderen teilnehmen. Dabei ist unvermeidlich, dass buddhistische Überzeugungen und Praktiken die Religion der Mehrheit sowohl beeinflussen als auch von ihr beeinflusst werden.

Die Verwendung des Begriffs Theravāda (Schule der Älteren) begann relativ spät, aber seine Wurzeln lassen sich bis zur Sthaviravāda-Tradition zurückverfolgen – einer von vielleicht achtzehn Schulen, die sich in den ersten Jahrhunderten der buddhistischen Geschichte entwickelten und die strikte Einhaltung der klösterlichen Regeln (Pāli: *sīla*; Sanskrit: *śīla*) oder Richtlinien für ethisches Verhalten betonten. Haushalterinnen und Haushalter befolgen idealerweise fünf Gelübde; sich zu enthalten davon (1) Leben zu nehmen, (2) zu nehmen, was nicht gegeben wurde, (3) Unwahres zu erzählen, (4) sich auf sexuelles Fehlverhalten einzulassen und (5) Rauschmittel zu nehmen.

An besonderen Tagen wie zu Voll- und Neumond (*Uposatha*) können sie acht Gelübde einhalten: die fünf oben genannten (wobei sexuelles Fehlverhalten durch keinerlei sexuelle Handlungen ersetzt wird), plus (6) nicht nach Mittag zu essen, (7) nicht zu singen, zu tanzen oder anderen Vergnügungen nachzugehen und keine Kosmetika, Parfüms oder Schmuck zu tragen sowie (8) nicht auf hohen oder luxuriösen Stühlen oder Betten zu sitzen oder zu schlafen. Novizen (Pāli: *Sāmaṇera*; Sanskrit: *Śrāmaṇera*) und Novizinnen (Pāli: *Sāmaṇerī*; Sanskrit: *Śrāmaṇerika*) halten diese Gelübde täglich ein, wobei das siebte in zwei Versprechen unterteilt ist, plus ein weiteres – das Verbot, Silber und Gold anzufassen –, zusätzlich zu zahlreichen Regeln des Benehmens (*Sekhiya*). In der Theravāda-Tradition befolgen vollordinierte Mönche (*Bhikkhus*) 227 Gelübde und vollordinierte Nonnen (*Bhikkhunīs*) 311.

Im Großen und Ganzen konzentrierten sich die Berichte des Theravāda-Buddhismus vor allem auf die Leistungen von Männern, insbesondere Mönchen. Wenn man die Geschichte durch die Linse der Geschlechter in der menschlichen Gesellschaft insgesamt betrachtet, ist dies nicht überraschend. Das Erstaunliche daran ist vielmehr, dass die Auslassung von Frauen in Theravāda-Erzählungen im Widerspruch zu den in denselben frühen buddhistischen Schriften zum Ausdruck kommenden, egalitären Idealen steht.

Im Gegensatz zum patriarchalischen Ethos des damaligen Indiens berichten frühe Texte, dass der Buddha ja Frauen als Entsagende akzeptierte, einen Nonnenorden (die *Bhikkhunī Saṅgha*) gründete und das gleiche spirituelle Potenzial von Frauen ausdrücklich bestätigte. Er stellte sogar Richtlinien auf, um die Nonnen vor Ausbeutung zu schützen. Leider traten nicht lange nach seinem Tod wieder Muster männlicher Vorherrschaft zutage, nicht nur in den Mönchsorden, sondern auch in den sie unterstützenden Haushaltergemeinschaften.

Im Laufe der buddhistischen Geschichte finden wir viele Beispiele von sowohl gewöhnlichen als auch außergewöhnlichen weiblichen Praktizierenden, die sich für den Erhalt und das Gedeihen der buddhistischen Lehren einsetzten. In den letzten Jahren sind die Nonnengemeinschaften jedoch nicht mehr im Schatten der Geschichte geblieben, sondern haben neue Impulse erhalten und sowohl Haushalterinnen als auch Nonnen haben begonnen, eine sichtbarere Rolle im religiösen Leben zu übernehmen. Heute haben die sich wandelnden spirituellen Bestrebungen der Frauen einen zunehmend wichtigen Einfluss auf Ausrichtung und soziale Relevanz des Theravāda-Buddhismus.[79]

Die Geschichte und die Kulturen der Theravāda-Buddhisten in Süd- und Südostasien sind sehr unterschiedlich, doch das Leben und die Erfahrungen buddhistischer Frauen in diesen Ländern ähneln einander auffallend. Im Einklang mit der altehrwürdigen buddhistischen kulturellen Gepflogenheit von Großzügigkeit und Hingabe haben Frauen beispielsweise über viele Jahrhunderte hinweg den Buddha mit Blumen- und Fruchtopfern geehrt, den Bau von Klöstern (*Vihāras*) und Meditationszentren unterstützt und den Mönchen regelmäßig Almosen gespendet. Die Frauen beteiligten sich an den Aktivitäten ihrer örtlichen Tempel und ermutigten ihre Kinder und Nachbarn durch Erzählungen und Beispiele, sich an gute ethische Grundsätze zu halten.

Doch bis vor kurzem konnten Frauen nicht als *Bhikkhunīs* ordiniert werden und Teil des *Saṅgha* (monastischen Ordens) sein, da die Theravāda-*Bhikkhunī*-Linie vor Jahrhunderten erloschen war. Allerdings ist für die meisten Frauen in diesen Ländern die Erlangung einer höheren Ordination kein wichtiges Anliegen, da der institutionelle Status als unabhängig von ihrem letztendlichen Ziel, Nirvāṇa zu erreichen, angesehen wird. Ob Zufall oder nicht: Die Zahl der Nonnen ist in den Theravāda-Ländern weit geringer als jene der Mönche, und sie nehmen keine offizielle Position in der religiösen Hierarchie ein. Viele Frauen streben allerdings danach, in zukünftigen Leben als Männer wiedergeboren zu werden, damit sie dann Mönche werden können.

Die meisten Frauen in den Theravāda-Traditionen sind sich über das letztendliche Ziel des Nibbāna (Sanskrit: *Nirvāṇa*) einig. Allerdings sind sie sind nicht unbedingt in allen Fragen, die Frauen betreffen, gleicher Meinung. Dabei ist es nützlich, als Bezugspunkt für das Verständnis der unterschiedlichen religiösen, kulturellen und sozialen Kontexte buddhistischer Frauen bestimmte verbindende Merkmale und Trends zu identifizieren, die Frauen regional und länderübergreifend miteinander verbinden. Dies gilt vor allem für die Bereiche Meditation, Bildung und Ordination.

Die Wiederbelebung der Meditationspraxis durch Haushalter ist ein verbindender Trend, der die buddhistischen Länder der Region erfasst hat. Obwohl es in den Ländern des Theravāda-Buddhismus im zwanzigsten Jahrhundert eine Renaissance der Ausübung von Meditation unter Haushaltern gab, ist dies nichts Neues, denn Beispiele für meditierende Haushalter, insbesondere Frauen, gibt es schon seit frühester Zeit. Zehntägige Meditationskurse, die von Lehrenden der burmesischen Linien von Ledi Sayadaw (1846 – 1923), U Ba Khin (1899 – 1971), Mahasi Sayadaw (1904 – 1982), Pa-Auk Tawya Sayadaw (geb. 1934), S. N. Goenka (1924 – 2013) usw. unterrichtet werden, sind alltäglich geworden, und Frauen sind dabei begeisterte Teilnehmerinnen. In Burma können Arbeitnehmer eine Freistellung von ihrer Arbeit beantragen, sich den Kopf rasieren und sich für einen Monat in ein Meditationszentrum begeben, um intensiv zu praktizieren.

In Meditationskursen wie diesen, die auch in Kambodscha, Indonesien, Laos, Malaysia, Thailand und Vietnam beliebt sind, sind die meisten Teilnehmer Frauen. Durch intensive Zurückziehungen und tägliche Meditationsübung vertiefen die Frauen nicht nur ihre spirituelle Praxis, sondern gewinnen auch Selbstvertrauen, ein Gefühl der Unabhängigkeit, ein gestärktes Gefühl der religiösen Identität und erneute Einsatzbereitschaft für ihr buddhistisches Erbe. Einige engagierte Praktizierende reisen zu renommierten Meditationszentren in ganz Südostasien, um an Retreats teilzunehmen und von bestimmten Lehrenden zu lernen. Dabei treffen sie andere weibliche Praktizierende, tauschen Informationen aus und inspirieren einander stillschweigend oder auch ausdrücklich in ihrer Praxis. Derzeit sind die meisten Meditationslehrer männlich, aber es ist nur eine Frage der Zeit, bis eine kritische Masse an Meditationslehrerinnen auftreten wird.

Der zweite verbindende Trend ist das wachsende Interesse von Frauen an buddhistischen Ausbildungsprogrammen. Viele Acht- oder Zehn-Gelübde-Nonnen (*Thilashin*) in Burma und Acht- oder Zehn-Gelübde-Nonnen (*Mae Chee*) in Thailand studieren jetzt Pāli, sodass Nonnen Lehrkräfte für Pāli und buddhistische Studien werden. Einige Nonnen in Malaysia, Nepal, Sri Lanka und Vietnam erwerben höhere Abschlüsse in buddhistischen Studien, und einige werden Dharmalehrerinnen und Universitätsprofessorinnen. Im Gegensatz zu den traditionellen Methoden des mündlichen Zugangs zu buddhistischem Wissen durch Auswendiglernen[80] haben südostasiatische Frauen heute bessere Zugriffsmöglichkeiten auf eine große Auswahl an gedruckten Ressourcen über den Buddhismus in ihren eigenen Sprachen und Online-Zugang zu buddhistischen Texten und Kommentaren.

Viele Nonnen sind anerkannte Lehrerinnen des Pāli und des *Abhidhamma*, und viele sind Ausbilderinnen von Mönchen. Buddhistische Haushalterinnen und Nonnen treffen einander bei Retreats, Workshops, professionellen Zusammenkünften und Konferenzen, wie den Internationalen Sakyadhita- (Töchter des Buddha) Konferenzen zur Lage von buddhistischen Frauen, wo sie ihre Ideen und Erkenntnisse austauschen. Diese lebendigen Veranstaltungen dienen ihnen als Foren, um die stärkende Wirkung von Wissen, meditativer Erfahrung und Solidarität zu entdecken.

Der dritte Trend ist die zeitgenössische Bewegung, die versucht, Möglichkeiten für die volle Ordination von Frauen als *Bhikkhunīs* zu schaffen. Sie ist sowohl verbindend als auch höchst umstritten. Einige Mönche, die sich gegen die zunehmende Anwesenheit von Bhikkhunīs in der Region aussprechen, behaupten, dass das Thema entzweiend sei und sogar eine Spaltung in der Saṅgha verursachen könne. Dieser Widerstand hat viele Nonnen entmutigt, die ansonsten die Möglichkeit einer höheren Ordination begrüßt hätten.

Welche Position man auch immer einnehmen mag: Es kann nicht bestritten werden, dass die Frage der vollen Ordination breit diskutiert wird. In Ländern mit überwiegendem Mahāyāna-Anteil, wie Korea, Malaysia, Singapur, Taiwan und Vietnam, in denen es schon eine beträchtliche Anzahl voll ordinierter Nonnen gibt, ist die Frage mehr oder weniger hinfällig. Selbst in Theravāda-Ländern wie Myanmar, Kambodscha und Laos, in denen es – wenn überhaupt – nur wenige *Bhikkhunīs* gibt und die Möglichkeit einer höheren Ausbildung für Nonnen von der vorherrschenden männlichen Saṅgha nicht unterstützt wird, besteht ein stärkeres Bewusstsein dafür, dass eine solche Möglichkeit der Ordination von Frauen existiert und die volle Ordination für sie jetzt auch in anderen Ländern eine reale Perspektive darstellt.

Nonnen aus Indonesien, Thailand und Vietnam, die es vorziehen die Ordination in der Theravāda-Tradition zu erhalten, reisen nach Sri Lanka und kehren danach in ihre Heimat zurück, wo sie die Ordination später an andere Frauen weitergeben können. Viele Frauen in der Theravāda-Tradition werden weiterhin als Acht- oder Zehn-Gelübde-Nonnen ordiniert, oft auf zeitlich begrenzter Basis; es wächst jedoch das Bewusstsein, dass es jetzt weitere Optionen gibt. Buddhisten in Theravāda-Ländern sehen immer mehr, dass in Mahāyāna-Ländern wie Korea, Taiwan und Vietnam lebendige *Bhikṣuṇī Saṅghas* gedeihen. Viele würden die Bedingungen für ordinierte Frauen in ihren eigenen Ländern gerne verbessern. *Bhikkhunīs* kommen in den Nachrichten vor und sie werden nicht mehr verschwinden.

All diese Faktoren verändern das Gesicht des Buddhismus in Süd- und Südostasien. Mit den sich erweiternden Bildungsmöglichkeiten, dem größeren Wissen über den Buddhismus und den zunehmenden Gelegenheiten für intensive Meditationspraxis werden viele der Beschränkungen, denen Frauen früher ausgesetzt waren, immer unbedeutender. Viele Frauen in traditionell buddhistischen Gemeinschaften betrachten das Almosengeben an Mönche immer noch als das höchste Mittel zur Erlangung von Verdienst. Allmählich jedoch beginnen sie aber auch, die Anwesenheit von Nonnen zu schätzen und deren bemerkenswerte Disziplin und Hingabe zu würdigen. In einer Zeit der öffentlichkeitswirksamen Skandale, in die Mönche verwickelt sind, verlieren einige Haushalterpraktizierende den Glauben an die klösterlichen Institutionen, während andere erkennen, dass Nonnen ein versteckter Schatz sind.

Mit den leichteren Kommunikations- und Reisemöglichkeiten, die jetzt zur Verfügung stehen, fallen die Vorurteile, die Theravāda-Frauen einst gegenüber anderen buddhistischen Traditionen hatten, weg und es entstehen neue Freundschaftsbande, über alle Unterschiede hinweg. Die internationale buddhistische Frauenbewegung, die von der Internationalen Vereinigung buddhistischer Frauen Sakyadhita gefördert wird, wirkt in viele Richtungen, baut Stereotype ab und fördert Arbeitsbeziehungen zwischen Frauen aus verschiedenen Kulturen. Diese sich ausweitenden Verbindungen und Interaktionen zwischen buddhistischen Frauen – Haushalterinnen und ordinierten – schaffen ein neues Gefühl von Gemeinschaft, Solidarität, Einsicht und sozialem Aktivismus, das über bisher vorgestellten Grenzen hinausgeht.

Buddhistische Frauen als Haushalterinnen und Entsagende

Viele Jahrhunderte lang hatten Frauen in den Theravāda-Traditionen keinen Zugang zur vollen Ordination als *Bhikkhunīs*. Denn seit dem elften Jahrhundert n. Chr. verschwand die Linie der *Bhikkhunī*-Ordination in Indien und Sri Lanka und wurde nie nach Burma, Kambodscha, Laos oder Thailand übertragen. Glücklicherweise wurde die *Bhikkhunī*-Linie, wie in den chinesischen Quellen dokumentiert, von Indien nach Sri Lanka (im dritten Jahrhundert v. Chr.) und von dort nach China (im fünften Jahrhundert v. Chr.) übertragen, von wo aus sie sich nach Ostasien verbreitete. In jüngster Zeit haben Nonnen der Theravāda-Traditionen allmählich begonnen, die Ordination in einer der in China, Korea, Taiwan und Vietnam erhaltenen Linien zu erlangen, indem sie in diese Länder reisen oder in Sri Lanka oder Indien ordiniert werden. Seit 1996 wurde die Übertragungslinie durch Nonnen wiederhergestellt, die im Ausland ordiniert worden und nach Sri Lanka zurückgekehrt waren, um die Tradition wiederzubeleben. Doch wie bereits erwähnt, wird diese Wiederbelebung der *Bhikkhunī*-Ordination in den Theravāda-Traditionen nicht von allen begrüßt.

Bei dieser scheinbar einfachen Angelegenheit der Wiederherstellung einer verlorengegangenen Linie sind noch eine Reihe wichtiger Themen zu berücksichtigen. Beispielsweise haben einige Nonnen nicht die Mittel, nach Sri Lanka oder in ein anderes Land zu reisen. Außerdem hat die sri-lankische *Bhikkhunī Saṅgha* nur die Kapazität, jedes Jahr eine bestimmte Anzahl von Nonnen zu ordinieren. Denn eine *Bhikkhunī*-Ordination ist eine ziemlich aufwendige Angelegenheit, die sowohl weibliche als auch männliche Lehrmeister (*Ubato Saṅgha*) erfordert. Eine Mindestanzahl von zehn Lehrmeistern ist für die Verleihung einer *Bhikkhu*-Ordination vorgeschrieben, während zwanzig (zehn weibliche und zehn männliche) für eine *Bhikkhunī*-Ordination erforderlich sind.

Das heißt: Während ein männlicher Kandidat von einem Quorum von zehn *Bhikkhus* als *Bhikkhu* ordiniert werden kann, wird für eine weibliche Kandidatin, die als *Bhikkhunī* ordiniert werden soll, eine Mindestanzahl von zehn *Bhikkhunīs* und zehn *Bhikkhus* verlangt. Darüber hinaus fühlen sich einige Nonnen nicht wohl dabei, die *Bhikkhunī*-Gelübde ohne die Erlaubnis ihrer Lehrer zu empfangen, die entweder Mönche oder Nonnen mit Zehn-Gelübden (*Dasasilmātā*) sein können. Falls eine jüngere Nonne die Erlaubnis ihrer Lehrerin, einer Zehn-Gelübde-Nonne, erhält, könnte sie zögern, die *Bhikkhunī*-Ordination anzunehmen. Denn sie würde dann in der traditionellen klösterlichen Hierarchie einen höheren Rang als ihre eigene Lehrerin einnehmen, was eine unangenehme Situation schafft. Ein weiterer wichtiger Punkt ist, dass viele Nonnen einfach nicht an einer höheren Ordination interessiert sind.

Einige orthodoxe Interpreten verwenden das englische Wort »Nonne« nur für voll ordinierte *Bhikkhunīs*. Doch wenn wir den Begriff benutzen, um eine weibliche Entsagende oder zölibatäre Klosterfrau zu meinen, würde er auch auf die Novizinnen (Sanskrit: *Śrāmaṇerika;* Tibetisch: *Getsülma*) der tibetischen Tradition, die sechsunddreißig Gelübde einhalten, zutreffen, sowie auf die Nonnen mit zehn Gelübden (*Dasasilmātās*) aus Sri Lanka als auch jene mit acht, neun oder zehn Gelübden (*Thila Shin*) in Burma, die *Mae Chee* in Thailand, *Don Chee* in Kambodscha und *Mae Khao* in Laos. Dies gälte ebenso für die Nonnen in Japan, die ein zölibatäres Leben der Entsagung führen und die *Bodhisattva*-Vorschriften des *Brahmājala Sūtra* einhalten.

Obwohl diese breite Anwendung des Begriffs »Nonne« die Unterschiede zwischen diesen Kategorien zu sehr vereinfacht, scheint es sinnvoll alle buddhistischen entsagenden Frauen als Nonnen zu bezeichnen und gleichzeitig die Unterschiede zwischen ihrer Geschichte, ihren Gelübden und ihrem Lebensstil weiter anzuerkennen. Auch wenn eine vollständige und genaue Darstellung der Chronik der Frauenordination in vielen buddhistischen Ländern noch aussteht und es zweifelhaft ist, ob diese jemals geschrieben wird, rechtfertigt das gegenwärtige Interesse an der Ordination von Frauen eine Diskussion über die verschiedenen Arten ihrer Ordination.

Frauen in Theravāda-Gemeinschaften werden im Allgemeinen nicht dazu ermutigt, Nonnen zu werden und möglicherweise sogar aktiv von ihren Familien und ihrem sozialen Umfeld davon abgehalten. Während Mönche verehrt und Jungen und junge Männer gelobt und belohnt werden, falls sie – wenn auch nur vorübergehend – die Ordination erhalten, wird davon ausgegangen, dass die richtige Rolle für eine junge Frau darin besteht, zu heiraten und Kinder – vorzugsweise Söhne – zu gebären. Infolgedessen entscheiden sich die meisten Frauen in buddhistischen Gesellschaften für ein Familienleben. Als Haushalterinnen übernehmen sie die wichtige Aufgabe, die Großfamilie zu versorgen, und tragen mitunter zum Familieneinkommen bei, indem sie in verschiedenen Berufen außerhalb des Hauses arbeiten.

Hingebungsvolle buddhistische Frauen betrachten ihre Rolle als Unterstützerinnen der Mönche und ihrer Institutionen oft als ihre primäre religiöse Praxis. Als weibliche Praktizierende sind sie stolz darauf, den Mönchen Almosen zu geben und zu sehen, wie ihre Söhne Mönche werden, selbst wenn sie dies nur für eine kurze Zeit sind. Viele ältere Frauen, die oft großes Leid erfahren haben, nehmen die monastischen Roben, nachdem ihre Ehemänner gestorben und ihre Kinder erwachsen sind. In Vietnam zum Beispiel gewannen viele Frauen Einsicht in die Lehren des Buddha über das Leiden, als sie die Schrecken des Krieges miterlebten und in Kambodscha suchten viele Frauen Zuflucht im Klosterleben, nachdem sie während des unvorstellbaren Leids in der Zeit der Roten Khmer (1975 – 1979) ihre gesamte Familie verloren hatten.[81] Einige Frauen wurden ordiniert, nachdem sie jahrelang unter häuslicher Gewalt gelitten hatten.

Heute erhalten Nonnen in Gemeinschaften, in denen es keine *Bhikkhunīs* gibt, ihre Gelübde üblicherweise von einem *Bhikkhu* in einem einfachen Ritual, das dem der Ordination der Mahāprajāpatī durch den Buddha ähnelt, und setzen so symbolisch die Linie des

Buddha fort.[82] Diese Nonnen tragen weiße Roben (in Burma rosa), rasieren sich den Kopf und halten sich an fünfundsiebzig Verhaltensregeln, die auf achtsame Entsagung ausgerichtet sind. Obwohl sie sich bemühen, die strengen Richtlinien einer *Bhikkhunī* zu befolgen, werden sie nicht als solche anerkannt, weil sie nicht die *Upasampadā* oder volle Ordination bekommen haben. Halterinnen von acht- bis zehn Gelübden werden ebenfalls nicht als Mitglieder der Saṅgha angesehen und haben daher keinen Anspruch auf die Vorteile einer vollen Klostermitgliedschaft. Einige Haushalterpraktizierende bestreiten, dass weibliche Entsagende Nonnen sind, und behalten diese Bezeichnung nur voll ordinierten *Bhikkhunīs* vor; einige betrachten sie sogar als Haushalterinnen mit kahlgeschorenem Kopf.

Mönche werden aufgrund ihres höheren religiösen und sozialen Status als Quelle oder »Feld« des Verdienstes für Spenden von Haushalterpraktizierenden an sie betrachtet. Da *Bhikkhus* viel mehr Regeln und Richtlinien einhalten, wird angenommen, dass Spenden an sie eine karmisch lohnende Handlung sind, die zu Wohlstand in diesem und zukünftigen Leben führt. Die soziale Identität von Nonnen mit acht bis zehn Gelübden ist weniger klar definiert. Es wird anerkannt, dass sie dem häuslichen Leben entsagt haben, und dennoch nehmen sie ohne volle Ordination eine mittlere Position – irgendwo zwischen den Haushalterpraktizierenden und der monastischen *Saṅgha* – ein.

Obwohl Nonnen freiwillig viele der gleichen Regeln wie Mönche befolgen und ein sehr asketisches Leben führen, werden Opfergaben an Nonnen nicht als ebenso verdienstvoll angesehen und ihr Zugang zu buddhistischer Bildung ist begrenzt oder nicht vorhanden. Wenn Haushalterpraktizierende Klöstern und monastisch Ordinierten Spenden zukommen lassen, unterstützen sie lieber Mönche als Nonnen; anekdotischen Belegen zufolge in einem Verhältnis von etwa fünf zu eins. Dennoch zeigt eine neuere Studie über die Beziehungen zwischen Nonnen, Mönchen und Haushalterpraktizierenden – insbesondere in Bezug auf Almosen – komplementäre Netzwerke, die einander begünstigen[83], was einige als »Ökonomie des Verdienstes«[84] bezeichnet haben. Wenn Nonnen auf die bevorzugte Behandlung von Mönchen hingewiesen werden, neigen sie dazu, dies zu verharmlosen und zu beteuern, dass ihr Beweggrund für die religiöse Praxis die Befreiung sei und nicht sozialer Status oder materieller Gewinn. Tatsache ist, dass Theravāda-Nonnen oft nicht in der Lage sind ihrer Gemeinschaft in vollem Umfang Nutzen zu bringen, da sie bezüglich Bildung und Wirtschaft benachteiligt sind.

Buddhisten in Südostasien neigen dazu, die Errungenschaften von Mönchen zu loben. Daher haben nur wenige entsagende Frauen öffentliche Anerkennung für ihre spirituellen Errungenschaften erfahren. Viele buddhistische Haushalterpraktizierende – sowohl Frauen als auch Männer – gehen davon aus, dass eine echte religiöse Berufung den Mönchen, nicht aber den Nonnen vorbehalten ist. Die Unterschiede im Bildungs- und Ausbildungsniveau von Mönchen und Nonnen sind sowohl Ursache als auch Ergebnis dieser Annahme. Nur wenige junge Frauen haben das nötige Selbstvertrauen und die Entschlossenheit, eine klösterliche Berufung anzustreben, da es ihnen an Bildungsmöglichkeiten und gesellschaftlicher Anerkennung mangelt.

Die wenigen, die in ihrem Streben beharrlich sind, führen ein ruhiges Leben mit spärlichen Ressourcen, wenigen Lehrern, fehlender offizieller Anerkennung und geringer Unterstützung. In Kambodscha und Laos hatten bis vor kurzem nur Mönche Zugang zu religiöser Bildung und auch Meditationsunterricht für weibliche Praktizierende war schwer zu bekommen.[85] Obwohl Nonnen auf weltliche Bindungen verzichten, werden sie dennoch nur selten eingeladen, Segnungen zu erteilen oder Beerdigungen und andere religiöse Dienste zu leisten. Entsagende Frauen können sich wohl glücklich schätzen, in einer Ecke des Klosters leben zu dürfen, um im Gegenzug für die Mönche zu kochen und zu putzen. Der Dienst an den Mönchen ist für viele Nonnen erfüllend, aber oft auch erschöpfend. Die volle Ordination ist jedoch keine praktikable Option gewesen, da es in ihren Traditionen hierzu keine Übertragungslinie für Frauen gibt.

In den letzten Jahren haben sowohl Haushalter als auch Nonnen neue Wege des sozialen Wandels eingeschlagen. Es gab Versuche, Nonnen aktiver in Gemeindedienst und soziale Arbeit einzubinden. Nonnen in Sri Lanka sind heute beispielsweise in der Krankenbegleitung tätig und geben Kindern häufig Unterricht in Dhamma (Sanskrit: *Dharma*; der Lehre und Praxis des Buddha). In Burma und Thailand werden Graswurzel-Initiativen zur Schulung von Führungskräften und zur Beratung von Überlebenden geschlechtsspezifischer Traumata entwickelt.[86] In Thailand haben sich Nonnen an Programmen in Tempeln beteiligt, um Jugendliche über die schädlichen Auswirkungen des Rauchens und von Drogen aufzuklären. In Kambodscha wurden einige Nonnen in kommunaler Gesundheitspflege, HIV/AIDS-Aufklärung und der Beratung von Überlebenden von Folter und anderen Traumata ausgebildet. Es gab sogar Bemühungen, die Dienste älterer Nonnen zur Förderung des Stillens zu mobilisieren.[87]

Diese Bemühungen, Entsagende in den Sozialdienst einzubinden, hatten beträchtlichen Erfolg. Jedoch tun Frauen, die ins Klosterleben eintreten, dies im Allgemeinen, weil sie daran interessiert sind, den Buddhismus zu studieren und zu praktizieren und nicht, weil sie soziale Arbeit leisten wollen. Tatsächlich wird der Buddhismus oft mit sozialem Rückzug und der Ablehnung weltlicher Verstrickungen in Verbindung gebracht; eine Kritik, die nicht ganz unberechtigt ist. Viele Nonnen erleben eine ständige Spannung zwischen zwei widersprüchlichen Idealen: dem kontemplativen Leben und jenem im altruistischen Dienst an der Gesellschaft. Manche verstehen gemeinnützige Arbeit nicht als Widerspruch zum kontemplativen Leben, sondern als natürlichen Ausdruck der in der Meditation entwickelten Qualitäten und Ideale. Schließlich gehören mitfühlende Ratschläge und meditative Fähigkeiten schon seit frühester Zeit zum Aufgabenbereich buddhistischer monastisch Ordinierter.

Andere lehnen es ab, sich an derartigen sozialen Aktivitäten zu beteiligen und sagen: »Wir sind nicht Nonnen geworden, um soziale Arbeit zu leisten. Wir wurden Nonnen, um Befreiung zu erlangen. Wenn wir Sozialarbeiterinnen sein wollten, hätten wir diese Richtung einschlagen können. Aber wir sind Nonnen geworden, damit wir den Dhamma praktizieren, die Verunreinigungen des Geistes beseitigen und Befreiung von *Saṃsāra* erlangen können.« Die meisten Nonnen rezitieren gerne *Paritta* (Schutz- und Segensverse) zum Nutzen der Haushaltergemeinschaft und viele üben sich aktiv in Meditation. Andere wiederum sind mit all diesen Aktivitäten befasst und nutzen auch die Gelegenheit, Texte zu studieren, wann immer sich die Möglichkeit hierzu ergibt.

Frauen im burmesischen Theravāda-Buddhismus

In Myanmar, dem früheren Burma, wo sich rund 75 Prozent der Bevölkerung als Theravāda-Buddhisten bezeichnen, genießen Frauen ein recht hohes gesellschaftliches Ansehen. Sie sind in der Regel gebildet, verfügen über kaufmännische Fähigkeiten und sind mit der Verwaltung der Familienfinanzen betraut. Als Anhängerinnen des Buddhismus führen sie tägliche religiöse Übungen aus, bringen den Mönchen und Tempeln häufig Opfergaben dar und bemühen sich, die fünf buddhistischen Regeln für Haushalter zu befolgen. Heutzutage nehmen viele Frauen auch an intensiven Meditations-Retreats teil, die in zahlreichen Meditationszentren im ganzen Land stattfinden. Mit Ausnahme einiger hoch angesehener Meditationslehrer, die sich großer Beliebtheit erfreuen, wie Mahasi Sayadaw und S. N. Goenka, war Burma in der zweiten Hälfte des zwanzigsten Jahrhunderts durch die Militärdiktatur praktisch von der internationalen Gemeinschaft abgeschottet. In der Zwischenzeit blühten die Meditationszentren auf, und Frauen waren ihre aktivsten Förderer. Sowohl Frauen als auch Männer können vorübergehend ordiniert werden – oft während des dreimonatigen Regenzeit-Retreats (*Vassa*) –, um Verdienst zu erwerben, die Güte ihrer Eltern zu vergelten und verstorbenen Verwandten Respekt zu erweisen.

Von jedem burmesischen Mann wird erwartet, dass er mindestens einmal in seinem Leben die Ordination erhält und dadurch unmittelbaren Zugang zu kostenloser religiöser Bildung und anderen Privilegien erhält. Männern wird *Bhun* (Pāli: *bhaga*) zugeschrieben, eine besondere Kraft oder ein besonderes Geschick, das bei Frauen schwächer ausgeprägt sein soll. Diese geschlechtsspezifische kulturelle Ungleichheit in Bezug auf spirituelle Energie spiegelt sich in männlichen Privilegien und einer höheren Stellung im religiösen Bereich wider. Mönche werden verehrt und ihre vermeintliche Tugend wird großzügig mit materiellen Zuwendungen belohnt. Der Status von Mönchen und Haushalterpraktizierenden als Spendern ist miteinander verknüpft, da einflussreiche Menschen darum wetteifern, hochrangigen Mönchen großzügige Zuwendungen zukommen zu lassen.[88]

Burmesische Buddhistinnen können als Haushalterinnen praktizieren oder auch acht, neun oder zehn buddhistische Gelübde ablegen und als *Thila Shin* (»Besitzerinnen von Tugend«) leben, entweder auf Zeit oder als lebenslange Verpflichtung. Bei der Teilnahme an Meditationskursen tragen Haushalterpraktizierende (*Yogis*) im Allgemeinen ein weißes Hemd, einen braunen *Longyi* (Sarong) und ein braunes Tuch unter dem rechten Arm und über der linken Schulter. Nonnen tragen rosafarbene Gewänder mit einem orangefarbenen *Longyi* und einem rostroten Tuch, vielleicht symbolhaft für die äußere Robe eines *Bhikkhu* über die linke Schulter gelegt.

Thila shin legen im Allgemeinen acht, manchmal auch zehn Gelübde ab, um für ihre Eltern und sich selbst Verdienst zu erwerben. »Jungfräulichen Nonnen« (*Ngebyu*), d.h. Frauen, die weder verheiratet noch sexuell aktiv waren, bevor sie die Nonnengelübde ablegten, werden bevorzugt.[89] Dies soll eine Art symbolischer Reinheit darstellen. *Thila Shin* werden als Trägerinnen einer religiösen Identität anerkannt, die jener der Mönche entspricht. Obwohl der Status Letzterer unbestreitbar höher ist, kann jede unterscheidbare Identität der Entsagenden für sich genommen als gleichwertig angesehen werden. Einige behaupten, dass der Ausschluss der Nonnen aus der traditionell anerkannten

Saṅgha die entsagenden Frauen an den Rand drängt und sie benachteiligt. Andere wiederum wenden ein, dass der zweideutige Status der Nonnen ihnen eine größere Bewegungsfreiheit und institutionelle Autonomie erlaubt, ohne die Zwänge der 227 Regeln der Ordensdisziplin und ohne der Autorität der *Bhikkhus* zu unterliegen.

Laut der Sozialanthropologin Hiroko Kawanami »gab es 2010 insgesamt 3.165 unabhängige Nonnenklöster, die beim Ministerium für religiöse Angelegenheiten in Myanmar registriert waren«.[90] Darunter befinden sich mehrere hundert Nonnenklöster (*Kyaung*) mit 5.746 Nonnen in den Sagaing-Bergen, einem regelrechten »Königreich der Klöster«. Es wird geschätzt, dass es heute bis zu 60.000 *Thila Shin* in Burma gibt, obwohl es möglicherweise mehr sein könnten, die nicht bei der Regierung registriert sind. Die Nonnen sind seit den frühen 1990er Jahren und in enger Zusammenarbeit mit lokalen Regierungsbeamten in zehn Tilashin-Räten auf Ebene der Bundesstaaten/Abteilungen und 206 auf Gemeindeebene organisiert, letztlich unter der Aufsicht des Obersten Saṅgha-Rates (der Mönche).[91] Alle Nonnen über zwölf Jahren müssen sich beim Ministerium für religiöse Angelegenheiten registrieren lassen.

Von burmesischen Mönchen wird erwartet, dass sie jeden Morgen Almosen sammeln gehen und in Übereinstimmung mit dem *Vinaya* gekochte Speisen erhalten. Für Frauen ist das Almosengeben eine Möglichkeit, ihre Hingabe an die *Saṅgha* auszudrücken, Verdienst anzusammeln und mit der klösterlichen Gemeinschaft zu interagieren. Die Praxis des Almosenganges sichert den Haushaltern die Möglichkeit, Verdienst zu erwerben. Der Verzicht auf gewöhnliche Begierden wird durch das Leben von Almosen symbolisiert und trennt die Mönche von der säkularen Welt der Sinnesbegierden. Im Gegensatz dazu dürfen Nonnen nur an bestimmten Tagen einzeln oder in organisierten Gruppen um Almosen gehen und auch keine gekochten Speisen erhalten. Stattdessen sammeln sie ungekochten Reis und Geld.[92]

Diese Umkehrung der Symbolik der Entsagung zwingt die Nonnen dazu, ihr eigenes Essen zu kaufen und zu kochen, was dem zu erwartenden Verhalten von monastisch Ordinierten zuwiderläuft und die Vorstellung, dass Frauen in Verbindung mit der säkularen Welt der Anhaftungen stehen weiter verstärkt.[93] Außerdem können in Burma Mönche auch von den Nonnen Almosen sammeln.

Der Theravāda-Buddhismus verbreitete sich in Burma während der Pagan-Dynastie (849 – 1287), wie aus Steininschriften hervorgeht. In diesen werden viele Frauen aus verschiedenen Gesellschaftsschichten als Spenderinnen genannt, darunter auch viele, die sehr wohlhabend waren. In Südburma wurden Inschriften gefunden, die *Bhikkhunīs* erwähnen, aber ihr Status, ihre Geschichte und was mit ihnen geschah, sind ungewiss. Laut G. H. Luce, einem bedeutenden Gelehrten zur burmesischen Kultur, wurden Frauen in Burma schon in frühen Zeiten ordiniert, bis zum fünfzehnten Jahrhundert.

Barbara Watson Andaya, Professorin für Südostasienstudien, zitiert den Bericht eines britischen Gesandten, in dem es heißt, dass »burmesische Nonnen einst die gelben Roben der *Bhikkhunī* trugen, der Orden aber abgeschafft worden war, um das Bevölkerungswachstum zu fördern.«[94]

In den 1930er Jahren setzte sich ein burmesischer Mönch namens Shin Adicca für die volle Ordination von Nonnen ein, konnte aber keine ausreichende Akzeptanz für diese Idee erzielen. In den 1950er Jahren befürwortete ein Lehrer der *Vipassanā*-Meditation (Sanskrit: *Vipaśyanā*; Einsicht) namens Jetavana Sayadaw (1868 – 1955), der ein Lehrer von Mahasi Sayadaw war, in seinem Kommentar zum *Milindapañha* nachdrücklich die Wiedereinführung der *Bhikkhunī*-Ordination. Er konnte aber keine Unterstützung für diese Idee gewinnen. Im Jahr 1970 beantragte eine burmesische Frau bei der Regierung die volle Ordination, aber ihr Antrag war nicht erfolgreich. In einem beunruhigenden Fall wurde Saccavadi (geb. 1965), eine burmesische Nonne mit einem *Dhammācariya*-Abschluss (»Lehrerin des Dhamma«), die 2003 in Sri Lanka als *Bhikkhunī* ordiniert worden war, 2005 in Burma inhaftiert, weil sie sich weigerte, ihre Entscheidung für ihre volle Nonnenordination zu widerrufen.[95] Nach 76 Tagen Haft kehrte sie nach Sri

Lanka zurück und lebte dort bis 2008, als sie – aufgrund des in Burma erlebten Traumas –, die Roben ablegte. Mittlerweile lebt sie in den Vereinigten Staaten.[96]

Die meisten Nonnen in Burma begnügen sich heute damit, als *Thila Shin* zu praktizieren und ihre Identität als Entsagende im Alltag zum Ausdruck zu bringen. Nur wenige sind daran interessiert, die Entscheidung der klösterlichen Behörden anzufechten, die sie aus der *Saṅgha* aussperren. Als *Thila Shin* haben Nonnen in Burma heute viele Chancen für intensive Meditationspraxis und religiöse Bildung. Es gibt eine Reihe von Instituten, an denen Nonnen Pāli und *Abhidhamma* studieren können. Sie spielen eine wichtige Rolle bei der Vermittlung des Buddhismus oder »Verbreitung der *Sāsana* (Lehre)«. Jedes Jahr zeichnet die Regierung die besten Gelehrten, sowohl unter den Nonnen als auch unter den Mönchen, aus. Frauen wird jedoch davon abgeraten, öffentliche Aufgaben zu übernehmen, und Nonnen halten sich in der Regel vom Rampenlicht fern, um öffentliche Aufmerksamkeit zu vermeiden.

Obwohl einige von ihnen sehr gute Gelehrte sind und viele die gleichen Prüfungen wie die Mönche abgelegt haben, geben sie für gewöhnlich keine öffentlichen Unterweisungen. Sie werden selten eingeladen, religiöse Rituale zu leiten, selbst wenn sie dazu in der Lage sind. *Thila Shin* können einen dreijährigen Kurs besuchen, der zum *Dhammācariya*-Grad führt. Dieser befähigt sie, in Nonnenklöstern zu unterrichten, allerdings besteht derzeit die einzige akademische Möglichkeit dafür in der 1994 in Sagaing gegründeten Sitagu International Buddhist Academy. Jedoch gibt es Pläne für den Bau eines Instituts für Höhere buddhistische Bildung mit Standorten in Sagaing und Rangun, das möglicherweise auch Nonnen offenstehen wird.

In der Zwischenzeit haben einige außergewöhnliche Frauen in Burma die ihnen auferlegten Beschränkungen überwunden und sich in den Bereichen Schriftstudium, Lehre, Meditation, soziale Dienste und seit kurzem auch in der Politik hervorgetan. Hiroko Kawanami erzählt die Geschichten mehrerer prominenter Nonnen, die Wegbereiterinnen des buddhistischen Studiums in Burma waren.[97] Eine Reihe von Nonnen gründete Nonnenschulen (*Sathin Daik*), die beispielhafte Programme in *Pariyatti* (Studium) und *Paṭipatti* (Praxis) anbieten. Andere wurden fähige Lehrende. So begann Daw Yusanda nach Abschluss ihrer *Dhammācariya*-Studien 1976 regelmäßig an der Shwedagon-Pagode in Yangon Dhamma zu lehren und erlangte landesweites Ansehen als wortgewandte, fesselnde Rednerin.[98]

Ein Beispiel für soziales Engagement ist eine Nonne namens Daw Aggañānī, die 2010 die Sasana Ramsi Dhamma School gründete. Anfangs mit nur neun jungen Mädchen in einer Bambushütte, hat die Schule nun mehr als siebzig Schülerinnen, von denen die meisten Waisen oder Halbwaisen sind und aus sehr armen Familien stammen. Diese Bildungsstätte bietet ihnen eine Internatsausbildung bis hin zur High School, um ihnen eine bessere Chance im Leben zu geben.

Die heute vielleicht weltweit bekannteste buddhistische Frau ist Aung San Suu Kyi (geb. 1945), eine *Vipassanā*-Meditation Praktizierende, die vor allem für ihr politisches Engagement bekannt ist und die eigentlich in den letzten Jahren, wenn demokratische Regeln gegolten hätten, an der Spitze des Staates Myanmar gestanden wäre.

KAPITEL 3

Buddhistische Frauen in Ostasien

In den ersten Jahrhunderten nach Christus wurde der Buddhismus zu einem bedeutenden Bestandteil der religiösen Landschaft in China, von wo aus die Lehren auch nach Korea, Japan, Taiwan und Vietnam gelangten. Als die Lehre des Buddha von Indien aus über Land und auf dem Seeweg nach China kam, beeinflussten sie die konfuzianischen, daoistischen und althergebrachten Traditionen und verschmolzen und konkurrierten mit ihnen. Buddhisten in diesen Ländern folgen im Allgemeinen dem Mahāyāna-Zweig, der auf Texten basiert, die mehrere hundert Jahre nach dem Tod des Buddha aufkamen. Schriften wie die *Prajñāpāramitā-* (»Vollkommenheit der Weisheit«) Literatur erläutern den *Bodhisattva*-Pfad, dessen Ziel ist, ein vollständig erwachter Buddha zu werden; im Gegensatz zum *Śrāvaka-* (»Hörer«) Weg, der zum Ziel hat, ein *Arhat* zu werden und im Pāli-Kanon überliefert ist. Unter den frühen Wegbereitern, die von Indien nach China kamen, finden wir keinen Hinweis auf Nonnen, aber wir erfahren, dass viele Frauen in China treue Anhängerinnen und einige schließlich auch Nonnen wurden.

Insgesamt wurden die Texte von sechs Schulen der monastischen Disziplin (*Vinaya*) ins Chinesische übersetzt. Innerhalb dieser basierten die frühesten Ordinationen in China auf der Dharmaguptaka-Schule, die sich aus der früheren Mahīśāsaka-Schule entwickelte. Von der Tang-Dynastie an wurde die Dharmaguptaka-Linie die vorherrschende (und schließlich einzige) *Vinaya*-Schule, der in China gefolgt wurde.[99] Diese Tradition hat 250 Gelübde für *Bhikṣus* und 348 für *Bhikṣuṇīs* und wird noch heute in China, Korea, Taiwan und Vietnam praktiziert. Sie ist die einzige erhaltene Linie mit voller Ordination für Frauen und daher besonders wichtig für die gegenwärtige Bewegung zur Herstellung der *Bhikṣuṇī*-Linie in Ländern, in denen es diese früher nicht gab.

Die Verantwortung von Frauen und Entsagung im frühen chinesischen Buddhismus

Die ersten Nonnen, die in China belegt sind, gründeten in der Anfangszeit Gemeinschaften für die Praxis, ohne den Vorzug der Regeln, die zu halten von ihnen erwartet wurde.[100] Es gibt keine schlüssigen Beweise dafür, dass indische Nonnen China besucht haben oder chinesische Frauen ihrerseits nach Indien gereist wären. Der *Bhikṣuṇī Prātimokṣa* (der monastische Verhaltenskodex für voll ordinierte Nonnen) erschien in China Berichten zufolge um die Mitte des dritten Jahrhunderts n. Chr. Unklar bleibt allerdings, zu welcher Schule des *Vinaya* er gehörte. Zu Beginn des vierten Jahrhunderts legte eine Frau namens Jingjian Zhu (ca. 292 – 361) zusammen mit vierundzwanzig anderen die zehn Gelübde einer Novizin (*Śrāmaṇerī*) vor einem Mönch ab.[101]

Später, in der Mitte des vierten Jahrhunderts, nahmen Jingjian Zhu und vier Gefährtinnen die *Bhikṣuṇī*-Ordination von *Bhikṣus* in Übereinstimmung mit dem Mahāsāṃghika-*Vinaya* und wurden so die ersten *Bhikṣuṇīs* in China. Diese Ordination wurde jedoch nur von *Bhikṣus* durchgeführt, da es zu dieser Zeit in China noch keine *Bhikṣuṇīs* gab, welche die erforderliche Mindestanzahl von zehn *Bhikṣuṇīs* hätten bilden können, um die Kandidatinnen auszubilden und ihnen die vierundzwanzig persönlichen Fragen zu stellen. Zu diesen gehörte zum Beispiel die Frage, ob die Frauen frei von familiären Hindernissen und körperlichen Gebrechen seien.[102] Die Tatsache, dass es den Nonnen unangenehm war, diese persönlichen Fragen in Anwesenheit von *Bhikṣus* zu beantworten, ist der Grund dafür, dass zusätzlich zu den Vorstehern der *Bhikṣus* auch Vorsteherinnen der *Bhikṣuṇīs* für diese sogenannte Doppelordination erforderlich waren.

So wurden die Nonnen, die im vierten Jahrhundert in China in die *Saṅgha* aufgenommen wurden, nicht in voller Übereinstimmung mit dem *Vinaya* ordiniert. Erst im fünften Jahrhundert wurden die vollständigen Texte der vier *Vinaya*-Schulen in chinesischer Sprache verfügbar und damit klar, dass Jingjian und ihre vier Gefährtinnen nicht alle Anforderungen erfüllt hatten, da es keine Anzahl von zehn voll ordinierten Nonnen gegeben hatte, um die formellen Handlungen der monastischen Gemeinschaft, wie z. B. Ordinationen, durchzuführen.

Im Jahr 429 n. Chr. kam eine Gruppe von Nonnen mit dem Schiff aus Lanka nach Südchina, aber ihre Zahl reichte nicht aus, um Ordinationen vorzunehmen.[103] Erst als eine zweite Gruppe von Nonnen im Jahr 434 n. Chr. aus Lanka eintraf, konnte ein nun vollzähliges Quorum die erste bekannte, ordnungsgemäß genehmigte Ordination für mehr als dreihundert chinesische Nonnen im Nanlin-Kloster im heutigen Nanjing durchführen. Auf diese Weise wurde in China offiziell eine Traditionslinie der *Bhikṣuṇī*-Ordination etabliert, die bis heute Bestand hat. Zu Beginn des achten Jahrhunderts war der Dharmaguptaka-*Vinaya* durch den Einfluss des chinesischen Mönchs Dao'an (312–385) im ganzen Land zum Standard geworden.

Die *Biographien buddhistischer Nonnen*, zusammengestellt im frühen sechsten Jahrhundert von dem Mönch Baochang (Pao-ch'ang), enthalten fünfundsechzig Lebensgeschichten chinesischer Nonnen, die vom vierten bis zum frühen sechsten Jahrhundert lebten.[104] Er pries die Tugenden dieser entsagenden Frauen mit bemerkenswerter Begeisterung:

> *»Diese Nonnen also, die ich als Beispiele anführe, sind Frauen von ausgezeichnetem Ruf, Vorbilder von glühender Moral, deren Tugenden ein Strom von Wohlgeruch sind, der ohne Ende fließt... Solche Tugend, wie die ihre, sind wie der tiefe Ozean oder der hohe Gipfel, wie die harmonische Musik von Bronze- und Jadeglocken. In der Tat sind sie wie Vorbilder der Tugend in einem herbstlichen Zeitalter, zuverlässige Führerinnen in einer Zeit des Verfalls.«*[105]

Der Text beschreibt kurz ihre familiären Hintergründe, ihre inneren Antriebe für den Verzicht auf das weltliche Leben, die spirituellen Praktiken, die sie ausübten, ihre Errungenschaften und andere Aspekte ihres Lebens und Todes. Die Erzählungen in *Lebenswege bedeutender buddhistischer Nonnen* rühmen die Nonnen sowohl für ihre außergewöhnliche Frömmigkeit als auch für asketische Praktiken wie die Selbstverbrennung (Opferung des eigenen Körpers) oder den Verzicht auf Nahrung. Entbehrungen wie Fasten und das Opfern des eigenen Körpers an den Buddha durch Selbstverbrennung wurden als verdienstvoll angesehen; das Loslassen des Körpers wurde als Loslassen des Selbst interpretiert.[106]

Keine dieser Verhaltensweisen wird in den frühen buddhistischen Texten, die extreme Askese ablehnen, sanktioniert, sondern scheinen in den ersten Jahrhunderten der buddhistischen Übertragung nach China als Zeichen der Heiligkeit gegolten zu haben, vielleicht aufgrund daoistischen Einflusses. Aus heutiger Sicht wirft dies ernste Fragen auf. Dennoch sind diese Biografien bemerkenswert, da sie von den Errungenschaften der Nonnen in den Bereichen Meditation, Lehre und Wunderkräfte berichten.

Ungefähr ein Jahrhundert nach der Zusammenstellung dieser Biografien zeichneten einige hoch angesehene männliche *Vinaya*-Meister in ihren Schriften wenig schmeichelhafte Porträts von Nonnen, was die Einstellung gegenüber weiblichen Entsagenden über Generationen hinweg beeinflusste.[107] Laut Daoxuan, einem einflussreichen Mönch und *Vinaya*-Gelehrten aus dem siebten Jahrhundert, sind sich zum Beispiel alle vergangenen und zukünftigen Buddhas einig, dass Frauen genauso gut zu Hause praktizieren können und deshalb nicht Nonnen werden müssen. Er bezog sich auf einen dubiosen *Vinaya*-Text, in dem zehn Gründe aufgeführt sind, Ānanda dafür Vorwürfe zu machen, dass er für Mahāprajāpatī, die erste Frau, die um die Ordination und die Aufnahme in die *Saṅgha* bat, eintrat. Weiterhin behauptete Daoxuan, dass die Mönche mehr Respekt und Spenden erhalten hätten und der Dharma viel länger Bestand gehabt hätte, wenn die Frauen im Haushalt geblieben wären. Die Geschichte widerlegt diese Behauptung, denn der Dharma hat die kanonische Vorhersage seines Untergangs längst überlebt.[108]

In der konfuzianischen Vorstellung von Familie und Gesellschaft waren die Rollen von Frauen klar definiert und aus heutiger, feministischer Sicht restriktiv. Der Buddhismus musste sich der chinesischen Kultur anpassen, um akzeptiert zu werden, und das bedeutete, sich mit den konfuzianischen Glaubensvorstellungen und gesellschaftlichen Sitten auseinanderzusetzen. Die kindliche Pflichttreue (*xiào*), die der Historiker Bret Hinsch als »die herausragende Tugend des vorbuddhistischen China und das grundlegendste Organisationsprinzip der chinesischen Gesellschaft«[109] bezeichnet, erfordert Treue zur Familie, soziale Harmonie, Ehe und Fortpflanzung.

Diese Anforderungen standen in starkem Widerspruch zu den buddhistischen Idealen der *Saṅgha* (monastischen Gemeinschaft), der individuellen Befreiung, der Entsagung und des Zölibats. Die neue Religion war China nicht nur fremd, sondern sie befürwortete auch das Scheren des Kopfes und die Einäscherung des Körpers nach dem Tod – beides

Beleidigungen für die Ahnen. Um akzeptiert zu werden, mussten die Buddhisten Wege finden, diese offensichtlichen Widersprüche aufzulösen. Frauen waren besonders herausgefordert, Lösungen für dieses ethische und soziale Dilemma zu finden, da ihre gesellschaftliche Identität eng mit Heim und Familie verbunden war.

Schließlich sahen hingebungsvolle buddhistische Frauen in der buddhistischen Praxis eine Möglichkeit, spirituell für ihre Großfamilien zu sorgen. Durch Riten des Bereuens, von Großzügigkeit und sittlicher Reinheit sammelten sie Verdienst an, das sie dann ihren Vorfahren widmen konnten. Auf diese Weise schützten sie nicht nur die Gesundheit und das Wohlergehen ihrer Familien und Sippen, sondern schufen auch neue spirituelle Identitäten und dehnten den Rahmen ihrer Güte über die Familie hinaus auf alle Lebewesen aus. Eine Nonne namens Ling-shou (frühes viertes Jahrhundert) widersprach den Vorwürfen ihres Vaters, dass sie nicht familienorientiert sei, mit folgender Antwort:

> *»Mein Geist ist auf religiöses Wirken ausgerichtet, und meine Gedanken drehen sich ausschließlich um geistige Dinge. Weder Tadel noch Lob bewegen mich; Reinheit und Rechtschaffenheit genügen mir selbst. Warum muss ich mich dreifach [dem Vater, dem Ehemann und dem Sohn] unterwerfen, bevor ich als eine anständige Frau angesehen werde?«*

Ihr Vater warf ihr daraufhin vor nur an sich selbst zu denken, worauf sie ihm antwortete:

> *»Ich nehme mir vor den Weg zu praktizieren, gerade weil ich alle Wesen vom Leiden befreien will. Wie viel mehr wünsche ich dann, meine beiden Eltern zu befreien!«* [110]

Mit dem allmählichen Eindringen buddhistischer Texte und Lehren in die chinesische Literatur und das chinesische Bewusstsein wandelten sich buddhistisches Denken und buddhistische Kultur auf eine Art und Weise, die weitgehend mit der indischen buddhistischen Tradition übereinstimmten, aber dennoch einen unverwechselbar chinesischen Geschmack aufwiesen. In der Literatur werden Frauen als besonders religiös geschildert. Im Laufe der Jahrhunderte und insbesondere während der Tang-Dynastie (618 – 905) wurden das Darstellen von Bildern und das Kopieren buddhistischer Texte zu beliebten Methoden für Frauen, um sich Verdienst zu erwerben.

Auf dem Lanfeng Shan (Misty Peak Mountain) in der Provinz Henan gibt es eine besonders reiche Sammlung von in Stein gehauenen Denkmälern für engagierte weibliche Praktizierende.[111] Aber auch nach der Einführung des Buddhismus hatte die konfuzianische Ideologie weiterhin einen starken Einfluss auf die chinesische Gesellschaft und beeinflusste Familienleben, Ethik, Politik und soziale Beziehungen, einschließlich jener zwischen den Geschlechtern. In Anlehnung an den Kaiser, der das Mandat des Himmels – die göttlich legitimierte Herrschaft – ausübte, verfügte das männliche Familienoberhaupt über umfassende Macht über die anderen Mitglieder der Familie. Mit Ausnahme der Bäuerinnen, die arbeiten mussten, waren Frauen weitgehend auf den häuslichen Bereich beschränkt und wurden für ihr Dienen und Gehorchen belohnt. Ihre Autonomie wurde durch gesellschaftliche Bräuche wie das Füßebinden und Witwenkeuschheit eingeschränkt. Der Eintritt in ein buddhistisches Kloster war einer der wenigen anderen Wege, die eine Frau einschlagen konnte.

Wie feministische Gelehrte zumindest seit den 1980er Jahren festgestellt haben, gibt es Spannungen und Widersprüche zwischen dem philosophisch-egalitären Versprechen des Buddhismus, dass alle fühlenden Wesen das Potenzial zum Erwachen haben, und den patriarchalischen Konventionen, die sich in den buddhistischen Texten widerspiegeln, sowie dem untergeordneten Status von Frauen sowohl in der indischen als auch in der chinesischen Gesellschaft. Einerseits boten buddhistische Klöster Frauen eine Alternative zu Ehe und dem Gebären von Kindern und dienten auch als Zufluchtsort für misshandelte Ehefrauen und Witwen.

Andererseits wurde nicht jeder Frau, die dies wollte, erlaubt ihren Wunsch zu erfüllen, eine ganzzeitig praktizierende Entsagende zu werden. Viele Eltern – auch solche, die sich zum Buddhismus bekannten – hielten ihre Töchter aktiv davon ab in ein Kloster einzutreten, weil sie glaubten, Frauen hätten ihren Schwiegereltern gegenüber die Pflicht Nachwuchs zu gebären. Selbst heute ist es nicht ungewöhnlich Nonnen zu treffen, die bis nach dem Tod ihrer Eltern warten mussten, um die Ordination zu erhalten. Auch wenn Eltern in der chinesischen Gesellschaft ähnlich zögerlich sein mögen, einem Sohn zu erlauben, Mönch zu werden, ist das Vorurteil, dass Frauen eine natürliche Vorliebe und Verantwortung für Schwangerschaft und Geburt haben, schwer zu zerstreuen.

Erleuchtung in weiblicher Gestalt in China

Eine Frage, die immer wieder für Diskussionen sorgt ist, ob Frauen erleuchtet werden können und wenn ja, unter welchen Umständen und durch welche Methoden. Ebenso provokant ist die Frage, ob Frauen in weiblicher Form erleuchtet werden können. In den Mahāyāna-Traditionen wird die Frage aufgeworfen, ob Frauen in einem Reinen Land (*Kṣetra-Śuddhi*) geboren werden können. In diesen Traditionen manifestiert ein *Buddha* nach dem Erwachen drei Formen, die als die drei Körper eines Buddha (*Trikāya*) bekannt sind: einen formlosen Körper des erwachten Bewusstseins (*Dharmakāya*), einen Freudenkörper (*Saṃbhogakāya*) in einem Reinen Land und einen Emanationskörper (*Nirmāṇakāya*), der in der Welt erscheint.

Die Reinen Länder sind die Aufenthaltsorte von Buddhas in *Saṃbhogakāya*-Form, die durch das Verdienst ihres Erwachens entstanden sind. In einer solch günstigen Umgebung können *Bodhisattvas* Belehrungen vom *Buddha* dieses Reinen Landes erhalten und dadurch schnell auf dem Pfad zum vollen Erwachen voranschreiten. Allerdings gibt es Unstimmigkeiten in den Texten darüber, ob es möglich ist, in einem Reinen Land in einem weiblichen oder nur in einem männlichen Körper geboren zu werden.[112] Diese Fragen sind umstritten und die Texte liefern unterschiedliche Aussagen dazu.

Der Buddhismus in China entwickelte eine lebendige Tradition des Reinen Landes, in der die Anhänger danach streben, in Sukhāvatī (»voll von Glückseligkeit«), dem Reinen Land von Amitābha Buddha, dem Buddha des grenzenlosen Lichts und unendlichen Lebens, wiedergeboren zu werden. Gemäß dem *Größeren Sukhāvatī-vyūha-sūtra* besagt das fünfunddreißigste Gelübde von Amitābha Buddha indirekt, dass eine Frau, die Vertrauen zu Amitābha hat, das Erwachen anstrebt und ihren weiblichen Körper ablehnt, nie wieder als Frau geboren werden wird.

Paul Harrison, ein Gelehrter des chinesischen Buddhismus, stellt fest, dass in der frühesten Überlieferung des *Größeren Sukhāvatī-vyūha-sūtra* eine Frau, die Buddha Amitābha vertraut, nach Erwachen strebt und einen weiblichen Körper verschmäht, die Wiedergeburt als Frau vermeiden kann, *wenn sie es wünscht.*[113]

Darüber hinaus scheint es in den Reinen Ländern keine geschlechtsspezifischen Unterschiede zu geben, was bedeutet, dass die dort ansässigen Wesen (allesamt *Buddhas* und *Bodhisattvas*) geschlechtsneutral und vermutlich asexuell sind. Allerdings haben der Gelehrte für buddhistische Studien Gregory Schopen und andere darauf hingewiesen, dass es in bestimmten Texten ausdrücklich heißt, dass es in den Buddha-Bereichen (Reinen Ländern) keine Frauen gibt und nicht einmal das Wort »Frau« zu hören ist.[114] Beeinflusst von solch geschlechtsspezifischen Vorurteilen, die sowohl in den Texten als auch in ihrer sozialen Prägung zum Ausdruck kommt, ist es in buddhistischen Gesellschaften durchaus üblich, dass Frauen danach streben, in ihrem nächsten Leben ein Mann zu werden. Man geht davon aus, dass es für das Erreichen der Erleuchtung von Vorteil ist, in einem männlichen Körper geboren zu werden.

Aus soziologischer Sicht werden in patriarchalischen Gesellschaften Männer bevorzugt, erhalten alle möglichen Privilegien, einschließlich der Bevorzugung von Mönchen gegenüber Nonnen, und es ist daher naheliegend, dass einige Frauen eine männliche Wiedergeburt anstreben. Harrison vertritt die Auffassung, dass die Voreingenommenheit gegenüber Frauen, die in vielen frühen Mahāyāna-Texten zu finden ist, im Laufe der Zeit abgeschwächt worden zu sein scheint, aber dennoch eindeutig die Einstellung gegenüber Frauen und ihrem spirituellen Potenzial beeinflusste. Die Buddhismusforscherin Serinity Young erinnert uns daran, dass in den Texten des »äußerst populären Kultes um Buddha Amitabha« diejenigen, die eine Wiedergeburt im Reinen Land Sukhāvatī anstreben, angehalten werden, ihre weibliche Form zu verschmähen, um so sicherzustellen, dass sie nie in weiblicher Form wiedergeboren werden.[115]

Obwohl die Mahāyāna-Tradition oft als egalitär und frauenfreundlich angesehen wird, scheint es, dass die beste Hoffnung für Frauen in der Tradition des Reinen Landes darin besteht eine männliche Wiedergeburt anzunehmen, dann in männlicher Form auf das Erwachen hinzuarbeiten und dieses endgültige Ziel in männlicher Form zu verkörpern. Bestimmte andere Mahāyāna-Texte, wie das *Bodhisattvabhūmi* des indischen Mönchs und Philosophen Asaṅga aus dem vierten Jahrhundert, drücken ebenfalls unmissverständlich eine ablehnende Sichtweise auf Frauen als von schwacher Intelligenz und voll von Verunreinigungen aus. Einige Schriften, wie der nicht-kanonische Text *Die verdienstvolle Tugend des Bildermachens*, besagen ausdrücklich, dass nichtheilsame Handlungen zu einer weiblichen und heilsame zu einer männlichen Wiedergeburt führen können.[116] James Dobbins, ein Gelehrter des japanischen Buddhismus, nennt dies die »Trennung zwischen idealer und praktizierter Religion«.[117]

In China nahm Avalokiteśvara, der als *Bodhisattva* des Mitgefühls bekannt ist, nach und nach die weibliche Form der Guanyin an, die »die Schreie der Welt hört«. Der symbolische Wert einer Verkörperung der vollkommenen Erleuchtung in weiblicher Form, deren wunscherfüllendes Mitgefühl alle Teile der Gesellschaft erreicht, kann nicht hoch genug eingeschätzt werden. Obwohl Bilder von Avalokiteśvara in männlicher Gestalt überlebten, insbesondere die Form mit den tausend Händen und tausend Augen, um die Leiden der fühlenden Wesen zu sehen, wurde Guanyin in ihrer eindeutig weiblichen Form im zwölften Jahrhundert allgegenwärtig.[118]

Der Übergang von einer männlichen Verkörperung des Mitgefühls als Avalokiteśvara in Indien zu einer weiblichen als Guanyin in China vollzog sich allmählich über einen Zeitraum von hunderten von Jahren, und über die Gründe für diesen Wandel kann nur spekuliert werden. Vielleicht waren die aus Indien importierten Erleuchtungssymbole einfach zu ausschließlich männlich, im Gegensatz zu den heimischen Muttergöttinnen, die es in China im Überfluss gab. Vielleicht assoziierten die Menschen die Tugend des Mitgefühls ganz natürlich mit Frauen, insbesondere als Mutterbild. Was auch immer die Gründe für Guanyins wundersame Verwandlung waren, sie bleibt auch heute noch für Millionen von Menschen in Ostasien – unabhängig davon, ob sie sich als Buddhisten bezeichnen oder nicht – das am leichtesten zugängliche Symbol für Erleuchtung: Zur Schau gestellt und bereit Beistand zu leisten, in Wohnungen und Restaurants sowie in Tempeln jeder Art.

Buddhistische Frauen in Korea

Der Buddhismus wurde im vierten Jahrhundert n. Chr. während der Zeit der Drei Reiche von Mönchen nach Korea gebracht, die in China studiert hatten. Obwohl die einheimischen schamanischen Traditionen in Korea stark blieben, wurde die buddhistische Kultur von den herrschenden Klassen übernommen und hatte bald bedeutenden Einfluss auf die Literatur, Kunst, Medizin und das religiöse Leben des Volkes. Die Praxis und Leistungen der Frauen wurden nur selten dokumentiert, aber es ist bekannt, dass neben einem Orden von voll ordinierten Mönchen auch einer von voll ordinierten Nonnen gegründet wurde. Später, während der Koryŏ-Epoche (982 – 1392), strömten koreanische Königinnen und wohlhabende Frauen zu den Tempeln und unterstützten die Übersetzung und Veröffentlichung buddhistischer Texte.[119]

Während der Chosŏn-Epoche (1392 – 1897) hatten die neokonfuzianische Unterdrückung des Buddhismus und die patriarchalischen sozialen Normen weitreichende Auswirkungen auf die öffentliche Teilnahme von Frauen an Tempelritualen. Allerdings blieb ihre Hingabe an die *Buddhas* und *Bodhisattvas* für ihre religiöse Identität und spirituelle Entwicklung von zentraler Bedeutung.[120] Während des zwanzigsten Jahrhunderts und danach haben Frauen aktiv zu Tempeln, Meditationshallen, Bildungseinrichtungen und verschiedenen sozialen Wohlfahrtsprojekten beigetragen.[121] Die als Sŏn (chinesisch: Chan; japanisch: Zen) bekannte Meditationstradition wird in Südkorea gut gepflegt, und Nonnen sind starke Praktizierende.

Als ich 1982 im Bŏmŏnsa-Tempel in der südkoreanischen Stadt Pusan die volle Ordination als *Bhikṣuṇī* erhielt, war eine prominente Sŏn-Praktizierende namens Hye Chun Sunim unter den zehn *Bhikṣuṇīs*, die diese bahnbrechenden Doppel-Ordinationszeremonie vollzogen, an der zum ersten Mal seit vielen Jahren sowohl zehn *Bhikṣu* als auch zehn *Bhikṣuṇī*-Ordinationsmeisterinnen und -meister teilnahmen. Die 1918 im Norden Koreas in einer privilegierten Familie geborene Hye Chun Sunim hatte ihr Leben durch den Koreakrieg Anfang der 1950er Jahre auf den Kopf gestellt gefunden. Als sie als Geflüchtete in den Süden reiste, fand sie Trost in einem buddhistischen Kloster und entschied sich, Nonne zu werden. Entschlossen, die Erleuchtung zu erlangen, durchlief sie unvorstellbare Entbehrungen, um als Schülerin des Mönchs Seong Cheol Sunim (1912 – 1993), eines der berühmtesten Sŏn-Meister ihrer Tage, aufgenommen zu werden – etwas, das zu jener Zeit für Nonnen unerhört war.

Als ich Hye Chun Sunim eines Nachmittags im Oktober 1982 in einem kargen Raum mit gewebten Strohmatten (*Tatami*) im Kloster traf, fragte sie mich sehr förmlich nach meinem Namen. Ich antwortete, dass mein Name Hye Gong (»Weisheit der Leere«) sei, ein koreanischer Name, der mir gerade von Pangjang Kusan Sunim (1908 – 1983), einem anderen berühmten Sŏn-Meister, gegeben worden war. Plötzlich hörte ich meinen Namen durch den Raum schallen: »Hye Gong!« Erschrocken antwortete ich: »Ja?« Dann fragte sie: »Wer hat geantwortet, als ich deinen Namen rief?« Dieses beliebte koreanische Huadu (ähnlich dem japanischen Zen *Kōan*) »Was ist das? (*i mwŏ kko*)«, ruft uns auf, zu erwachen und auf die Erfahrung des Augenblicks zu achten. Letztlich erweckt diese Frage die Weisheit von Selbst und Selbstlosigkeit und fordert uns auf, die wahre Natur unserer Identität zu hinterfragen. Die selbstlose Weisheit von Hye Chun Sunim ist ein Beispiel für die gelebte Praxis koreanischer Buddhistinnen.[122]

Buddhistische Frauen in Japan

Die buddhistischen Lehren wurden Mitte des sechsten Jahrhunderts n. Chr. offiziell in Japan angenommen und erlebten ihre Blütezeit während der Herrschaft von Prinz Shōtoku (574 – 622), der persönlich die *Bodhisattva*-Gelübde empfing, viele Tempel und Nonnenklöster bauen ließ und Kommentare zu verschiedenen buddhistischen Schriften verfasste. Es heißt, dass die ersten japanischen Ordensleute drei Nonnen waren, die nach Korea reisten und im Jahr 590 die *Bhikṣuṇī*-Gelübde empfingen.[123] Sie kehrten nach Japan zurück. Allerdings wurde die Linie der vollen Ordination für Frauen nicht fortgesetzt, da es nicht genug Nonnen gab, um diese Zeremonie durchzuführen. Außerdem gibt es Aufzeichnungen über Nonnenklöster in Japan, die zu »Scheidungstempeln« wurden, sicheren Zufluchtsorten für Frauen, die vor häuslicher Gewalt und Unglück flüchteten.

Eine Vielzahl Schulen buddhistischen Denkens und Praxis wurde nach Japan übertragen, und die meisten von ihnen werden bis heute weiter praktiziert. Bis zum Ende des achten Jahrhunderts waren Frauen von öffentlichen monastischen Ordinationen ausgeschlossen, aber wie die Wissenschaftlerin für ostasiatische Religionen Lori Meeks dokumentiert hat, konnten aristokratische Frauen während der Heian- (794 – 1186) und Kamakura-Periode (1186 – 1336) »Haushalter-Novizinnen«-Ordinationen erhalten, anstatt die traditionellen *Vinaya*-Gebote einer *Bhikṣuṇī* zu empfangen.[124]

So wurde zum Beispiel im Jahr 1026 die Ordination der Kaiserin Shōshi (988 – 1074) mit großem Tamtam und in Anwesenheit einer Schar bedeutender Mönche durchgeführt. Meeks führt aus: »Frauen der Elite nutzten ihren Reichtum und Status, um ihre eigenen komplexen Ordinationstraditionen in Auftrag zu geben und aufrechtzuerhalten, die es ihnen ermöglichten, die Gelübde der Haushalterin, Bodhisattva oder sogar Novizinnenordination in der Geborgenheit ihrer eigenen Räumlichkeiten abzulegen«.[125] Mehrere neuartige Interpretationen der Ordination (bekannt als *jukai*, »Empfangen der Richtlinien«) ermöglichten Frauen ein flexibleres religiöses Leben, ohne dass sie sich den Kopf scheren, klösterliche Roben tragen oder sich den Einschränkungen des monastischen Lebensstils unterwerfen mussten.

Heute sind viele japanische Frauen überzeugte Buddhistinnen, und haben eine Vielfalt von Wegen zur Auswahl. Im Jahr 1872 erließ die Meiji-Regierung ein Edikt, das buddhistische Mönche von einer zölibatären, vegetarischen Lebensweise abbrachte;[126] die meisten Mönche heirateten daraufhin, die meisten Nonnen aber lebten weiterhin zölibatär.[127] Obwohl mehr Frauen als früher als Tempelpriesterinnen tätig sind, ist die Zahl der zölibatären Nonnen in Japan derzeit rückläufig. Dennoch gibt es immer noch mehr als tausend von ihnen, die traditionelle Tempel erhalten, alte buddhistische Rituale bewahren und ihren Gemeinden dienen. Nonnen in der Sōtō-Zen-Schule üben sich sehr strikt in Meditation und den traditionellen kontemplativen Künsten, wie der Teezeremonie und dem Blumenstecken, die sich in der japanischen buddhistischen Kultur über viele Jahrhunderte entwickelt haben.[128]

Japanische Nonnen und viele Haushalterinnen bemühen sich die zehn wichtigsten Gelübde eines *Bodhisattva* einzuhalten, wie sie im *Brahmajāla Sūtra* beschrieben sind: nicht zu töten, nicht zu stehlen, nicht zu lügen, sich nicht zu berauschen, kein sexuelles Fehlverhalten zu begehen, nicht schlecht über andere zu reden, sich selbst nicht zu loben, nicht zornig zu werden, nicht geizig zu sein bzw. die Drei Juwelen (den Buddha, den Dharma und den Saṅgha) nicht zu verunglimpfen.[129] In Japan sind heute die Hälfte der als Lehrende des Buddhismus (*Kyōshi*) registrierten Personen Frauen.[130] Zu den bemerkenswerten buddhistischen weiblichen Praktizierenden im heutigen Japan gehören die Zen-Meisterin Shundo Aoyama Roshi (geb. 1933), die Aichi Senmon Nisodo, ein Ausbildungsinstitut für Nonnen in Nagoya, gründete,[131] Seigyoku Takatsukasa (geb. 1929),[132] die Äbtissin des berühmten Zenkōji-Tempels und Jakucho Setouchi (1922–2021), eine bekannte Schriftstellerin, die Nonne wurde.

Aufgrund einzigartiger historischer Umstände sind die meisten buddhistischen Priester im heutigen Japan verheiratet, haben Kinderund ihre Tempel sind vererbbar geworden. In diesem religiösen Umfeld kann eine Frau wählen, ob sie als Nonne, Priesterin oder Tempelgattin praktiziert. Gelegentlich übernimmt die Tochter eines Priesters die Leitung des Tempels ihrer Familie oder sie heiratet einen Mann, der dann der Priester dieses Tempels wird. Die Ehefrauen des Tempels spielen viele wichtige Rollen: Sie verwalten ihn, bereiten Opfergaben vor, planen Tempelaktivitäten und pflegen den Kontakt zu den Gemeindemitgliedern, zusätzlich zu ihren häuslichen Aufgaben und ihrer Pflicht, Kinder zu Priestern und Ehefrauen für den Tempel zu erziehen. Heutzutage können sie auch religiöse Zeremonien abhalten.

Es gibt jedoch diesbezüglich viele Unterschiede zwischen den verschiedenen Richtungen. In den Rinzai-Zen- und Tendai-Gemeinschaften ist die Bezeichnung für die Ehefrau eines Priesters *Jiteifujin*; in der Jōdo Shinshū- (Wahres Reines Land) Tradition ist der Begriff *Bōmori* (wörtlich: Tempelwächterin) gebräuchlicher. Seit Shinran (1173–1263), der Begründer der Jōdo Shinshū-Schule des Buddhismus in Japan, die Entscheidung traf zu heiraten, sind die meisten Priester in dieser Tradition verheiratet und haben Kinder. In den 1990er Jahren begannen die *Bōmori*, offiziell anerkannt zu werden, indem sie an einem Initiationsritus teilnahmen.[133] Heute gibt es in dieser Richtung mehrere Tausend Priesterinnen, darunter auch einige in Nordamerika. Haushalterinnen sind im japanischen Tempelleben aktiv und beginnen auch, für ihre Beiträge Anerkennung zu finden.

Ostasiatische Frauen im 21. Jahrhundert

In einer Zeit größerer Freiheit und Möglichkeiten für Frauen erleben die Buddhistinnen Ostasiens derzeit eine Wiederbelebung ihrer Traditionen. In Taiwan stehen Frauen im Mittelpunkt des wiederauflebenden Interesses an buddhistischer Kultur und Praxis. Die dortigen religiösen Gemeinschaften neigen dazu, aus verschiedenen Quellen zu schöpfen, mit einer breiten Beteiligung an rituellen Aktivitäten unterschiedlicher religiöser Traditionen, die die Verehrung der *Buddhas* und *Bodhisattvas* mit einem Pantheon chinesischer und lokaler Götter verbindet. In den 1950er Jahren, als eine Reihe führender buddhistischer Gelehrter und erfahrener Praktizierender vom chinesischen Festland auf die Insel umsiedelten, spielten Frauen eine zentrale Rolle bei ihrer erfolgreichen Wiedereingliederung, so dass sie sich in Zusammenarbeit mit ihnen gut entwickeln konnten.

In dieser lebendigen religiösen Landschaft haben zahllose Anhänger die Haushalter- und Bodhisattva-Gelübde abgelegt und Tausende haben sich als Mönche und Nonnen ordinieren lassen. Heute übersteigt die Zahl der Nonnen jene der Mönche um mehr als das Dreifache. Da die buddhistischen Institutionen gestärkt wurden, hat die Anzahl der Buddhistinnen und Buddhisten in Taiwan zugenommen, ebenso wie die Möglichkeiten für buddhistische Bildung und verdienstvolle Aktivitäten. Buddhistische Frauen sind führend an dieser Wiederbelebung beteiligt, und mehrere Nonnen sind zu prominenten Persönlichkeiten in Bildung und sozialem Engagement geworden.[134]

Die frühe Geschichte der buddhistischen Frauen in Taiwan ist nicht gut dokumentiert, aber es ist bekannt, dass viele Frauen, die vor 1950 der »vegetarischen Religion« (*zaizhao*) anhingen, nach und nach zu buddhistischen Nonnen ordiniert wurden.[135] In den letzten Jahren ist Taiwan zu einem Modell für Gemeinschaften überzeugter, gut ausgebildeter und unabhängiger buddhistischer Frauen geworden, mit vielen hoch angesehenen buddhistischen Nonnen als Lehrerinnen. Herausragende Persönlichkeiten wie Bhikṣuṇī Cheng Yen (geb. 1937), [136] Bhikṣuṇī Chao Hwei (geb. 1957),[137] Bhikṣuṇī Shig Hiu Wan (1913 – 2004),[138] und Bhikṣuṇī Wuyin (geb. 1940)[139] trugen durch die Ausbildung und Schulung aufeinanderfolgender Generationen von Schülern und Studenten wesentlich dazu bei sicherzustellen, dass der Buddhismus in Taiwan auch in Zukunft florieren wird.

Wie andere religiöse Traditionen erlebte auch der Buddhismus in Festlandchina in den letzten Jahrzehnten verschiedene Wellen des Wiederauflebens und der Unterdrückung. Wie die Soziologin Lizhu Fan und der Religionshistoriker James D. Whitehead anmerken, lehnen moderne Chinesinnen zwar organisierte Religionen ab, erkennen aber buddhistische Konzepte, wie karmische Verbindungen (*Yuanfen*) und die wechselseitige Abhängigkeit von Ursache und Wirkung an.[140] Viele sind misstrauisch gegenüber Querverbindungen zwischen Religion und Regierung und Viele zögern auch, überhaupt irgendein Interesse an religiösen Angelegenheiten zu bekunden. Allerdings erkundigen einige als Reaktion auf eine wahrgenommene spirituelle Leere nach der Kulturrevolution religiöse Alternativen.

Zahlreiche chinesische Frauen sind mit der Legende von Miaoshan aufgewachsen, einem jungen Mädchen, das sich für ein Leben der Entsagung statt für einen angesehenen Freier entscheidet und – nachdem es von seinem Vater schwer bestraft wird – zu einer Göttin wird. Die meisten kennen auch die im *Lotus-Sūtra* beschriebene Geschlechtertransformation der Tochter des Drachenkönigs, die ihren weiblichen Körper in den eines männlichen *Buddha* verwandelte und damit die Wandelbarkeit und scheinbare Bedeutungslosigkeit von Geschlechtsunterschieden im erwachten Zustand verdeutlichte. Diese Legenden trugen dazu bei, die spirituellen Bestrebungen der chinesischen Frauen bis heute lebendig zu halten.

In den buddhistischen Traditionen Ostasiens engagieren sich Tausende hoch gebildeter, voll ordinierter Nonnen und Millionen von Haushalterinnen aufrichtig im Dienst am Nächsten.[141] Anders als Mönche und Haushalter können sich Nonnen ungehindert unter die Scharen von Frauen mischen, die die Tempel besuchen und sie bei persönlichen Schwierigkeiten, die jene Frauen erleben, beraten. Die Nonnen arbeiten unermüdlich daran, den Buddhismus hochzuhalten und zu bewahren, indem sie die Tempel reinigen, vegetarisches Essen kochen, *Sūtra*-Rezitationen und andere Dharma-Aktivitäten organisieren, buddhistische Bildung für Kinder und Erwachsene anbieten und buddhistische Kunst und Kultur fördern. In den letzten Jahrzehnten haben viele von ihnen ein hohes Bildungsniveau erreicht und das nötige Selbstvertrauen entwickelt, um sich auf vielfältige Weise durch praktische Maßnahmen für Benachteiligte einzusetzen und die Gesellschaft zu verändern. Durch ihre selbstlose Praxis setzen sie einen hohen Standard für diejenigen, die sich bemühen, die Lehren des Buddha zu verkörpern.

KAPITEL 4

Buddhistische Frauen in Innerasien

Buddhistische Texte und Lehren wurden von Indien in die zentralasiatischen Länder und nach Tibet überliefert. Dieser Prozess begann bereits im zweiten Jahrhundert nach Christus, zur Zeit von König Kaniṣka, der über ein Gebiet herrschte, das sich von der Ganges-Ebene über Gandhāra (heute Teil von Afghanistan und Pakistan) bis nach Turfan (heute in der Volksrepublik China) erstreckte. Ab dem siebten Jahrhundert gelangte der Buddhismus über den Himalaya nach Tibet und wanderte ab dem dreizehnten Jahrhundert von dort nach Norden in die Mongolei und dann nach Sibirien. Diese aufeinanderfolgenden Überlieferungen, die auf den aus Indien stammenden authentischen buddhistischen Lehren beruhen, entwickelten im Laufe ihrer Einführung charakteristische Merkmale und Traditionen, die in den weit entfernten Regionen des Himalaya und darüber hinaus fest verwurzelt wurden.

Während dieses jahrhundertelangen Prozesses der Weitergabe und Anpassung praktizierten Frauen hingebungsvoll den Buddhismus und unterstützten seine kulturelle Entwicklung. Der Vajrayāna-Zweig des

Mahāyāna-Buddhismus umfasst fortgeschrittene Meditationspraktiken, die in den tantrischen Texten beschrieben werden, welche bereits im sechsten Jahrhundert in Indien in Erscheinung traten. Die buddhistischen *Tantras* wurden bis zum zwölften Jahrhundert in Indien in Sanskrit verfasst und viele Texte ins Tibetische und Chinesische übersetzt, nachdem die tantrischen Lehren in diese Gebiete weitergegeben worden waren. Die tantrischen Texte sind voll von zahlreichen »Meditationsgottheiten« (*Yidam*) – erleuchteten Gestalten, die als Objekte der Visualisierungspraxis verwendet werden –, darunter *Ḍākinīs* (tibetisch: *Khandroma*, »Himmelsgängerinnen«) als weibliche Verkörperungen der Weisheit sowie *Buddhas* und *Bodhisattvas* in weiblicher und männlicher Form. Für die oder den Praktizierenden dienen diese *Yidams* als stets gegenwärtige Erinnerung daran, dass fühlende Wesen – unabhängig von ihrem Geschlecht – in der Lage sind, das höchste Ziel des vollkommenen Erwachens zu erreichen. Wenn wir die Beiträge von Frauen zu diesen einzigartigen kulturellen Umgestaltungen nachzeichnen, werden wir auch viele Berührungspunkte entdecken.

Buddhistische Frauen in Tibet

Bilder tibetischer Mönche sind ein vertrauter Anblick in den Medien, allerdings haben erst in jüngster Zeit tibetische Nonnen die Aufmerksamkeit der Öffentlichkeit auf sich gezogen. Sie tragen dieselben Gewänder und führen denselben Lebensstil wie die Mönche, waren aber nie so zahlreich und sichtbar wie Letztere. Heute vollzieht sich ein seismischer Wandel mit bedeutenden Veränderungen für Frauen überall, auch in den tibetisch-buddhistischen Kulturen. In dem Maße, wie Frauen neue Bildungsmöglichkeiten und Selbstvertrauen gewinnen, treten sie in Rekordzahlen in Klöster ein und nehmen ihren Platz in der religiösen Vorstellungswelt ein. In den letzten Jahrzehnten haben Wissenschaftlerinnen und Wissenschaftler die Lebenswege bemerkenswerter Frauen in der tibetischen Tradition beleuchtet und neue Einblicke in die Praktiken, Perspektiven und Errungenschaften verwirklichter weiblicher Praktizierender – über die Jahrhunderte bis heute – gewährt. Vieles ging verloren, da die Praxis von Frauen oft ignoriert oder abgewertet wurde.

Das Leben einer Reihe von außergewöhnlichen Praktizierenden jedoch gibt uns einen Einblick in die Herausforderungen, denen sich Frauen beim Zugang zu den Lehren gegenübersahen, und wirft ein Licht auf ihre außergewöhnlichen Errungenschaften. Frauen, die heute den tibetischen Buddhismus praktizieren, sind die Erbinnen einer inspirierenden Linie herausragender weiblicher Praktizierender, die auf Mahāprajāpatī[142] und Gelongma Palmo (elftes bis zwölftes Jahrhundert) in Indien zurückgeht,[143] auf Mandāravā (achtes Jahrhundert)[144] in Indien und Nepal, Orgyan Chökyi (1675 – 1729)[145] in Nepal sowie Yeshe Tsogyal (757 – 817),[146] Machig Labdrön (1055 – 1153),[147] Samding Dorje Phagmo (1422 – 1455),[148] Sera Khandro (1892 – 1940),[149] und Tāre Lhamo (1938 – 2003)[150] in Tibet. Deutschsprachige Lesende sind den Übersetzerinnen und Übersetzern ihrer Biographien zu großem Dank verpflichtet.

Die Errungenschaften dieser außergewöhnlichen Praktizierenden zeigen, dass Frauen in der Lage sind große spirituelle Leistungen zu vollbringen und ihren Platz als Lehrende, Übersetzerinnen und spirituelle Mentorinnen einzunehmen. Ihre Biografien enthüllen aber auch, dass weibliche Praktizierende auf dem Weg zur spirituellen Verwirklichung auf große Herausforderungen stießen. Die Lektüre ihrer Geschichten erinnert uns an die zahlreichen Vorteile, die moderne privilegierte Frauen genießen, wie Alphabetisierung, Freizeit, Selbstvertrauen, Unabhängigkeit, materielle Ressourcen und Zugang zu Lehrenden. Sie bringen uns auch die vielen Hindernisse in Erinnerung, die frühere Generationen von Frauen in ihrem Streben nach Erwachen hemmten. Es ist inspirierend zu erfahren, wie viel Widerstandsfähigkeit und Entschlossenheit sie im Laufe der Geschichte bei ihren Bemühungen, die Früchte buddhistischer Praxis zu verwirklichen, bewiesen haben. Zwar ist es entmutigend, von den vielen Hindernissen zu erfahren, die ihnen begegneten, aber ebenso ermutigend, dass so viele Frauen für ihre spirituellen Leistungen anerkannt wurden.

Schon früh in der Geschichte Tibets tauchen prominente Frauengestalten auf. In seinem Schöpfungsmythos wird das tibetische Volk als Nachkommen einer in einer Höhle lebenden Menschenfresserin und des Bodhisattva des Mitgefühls, Avalokiteśvara, beschrieben, der sich in Form eines Affen manifestierte.[151] Das Land Tibet selbst wird mit einer liegenden Dämonin verglichen, die sich der Einführung der buddhistischen Lehren vehement widersetzte. Damit der Buddhismus in dieser Wildnis Wurzeln schlagen und der heilsame Dharma gedeihen konnte, musste sie von dem *Mahāsiddha* (großen Meister) aus Indien, Guru Padmāsambhāva, buchstäblich festgenagelt und durch den Bau von dreizehn buddhistischen Tempeln beherrscht werden.[152]

Sobald sie unterworfen war und der Buddhismus im achten Jahrhundert Wurzeln schlug, begannen berühmte weibliche Praktizierende in Erscheinung zu treten. Mindestens zwei der sechs Ehefrauen des buddhistischen Königs Songtsen Gampo aus dem siebten Jahrhundert waren überzeugte Buddhistinnen: Bhṛkutī Devī aus Nepal wird mit dem weiblichen *Bodhisattva* der Gesundheit, Langlebigkeit und Weisheit, der Weißen Tārā,[153] und Wencheng aus China mit dem weiblichen Bodhisattva der tugendhaften Aktivität, der Grünen Tārā, gleichgesetzt. Im achten Jahrhundert wurde Yeshe Tsogyal zu einer anerkannten praktizierenden Gelehrten sowie zur Gefährtin und Biografin von Padmāsambhāva, dem tantrischen Meister aus dem Königreich Oddiyāna, dem die Durchsetzung des Buddhismus in Tibet zugeschrieben wird.[154] Viele Vajrayāna-Praktiken konzentrieren sich auf erleuchtete Wesen und *Bodhisattvas* in weiblicher Form, die von Frauen und Männern gleichermaßen visualisiert, angerufen und verehrt werden. Weibliche Schutzgottheiten, wie Palden Lhamo, werden fortdauernd bis heute verehrt. In tibetisch beeinflussten Kulturen gibt es auch eine starke Tradition von weiblichen Orakeln, die als Medium – oft für Göttinnen – dienen.[155]

Zwei Frauen sind die Begründerinnen einzigartiger Praxislinien, die im tibetischen Kulturkreis und darüber hinaus äußerst beliebt sind. Die Praxis des *Tschöd* (»Durchschneiden der Ichbezogenheit«) wurde von Machig Labdrön entwickelt, einer bereits in jungen Jahren reifen weiblichen Praktizierenden, die im elften und zwölften Jahrhundert in Tibet lebte. Nachdem sie die Lehren zu *Prajñāpāramitā* (Vollkommenheit der Weisheit) gemeistert hatte, durchlebte sie viele Härten, bemühte sich aber beharrlich im Üben verschiedener tantrischer Praktiken, bis sie Verwirklichung erlangte. Bei der *Tschöd*-Praxis stellt man sich vor, wie man seine abgetrennten Körperteile opfert, um die Bedürfnisse fühlender Wesen zu befriedigen, ihre Begierden zu stillen und die eigene Anhaftung und Selbstsucht zu durchbrechen. *Tschöd* kann zwar von jedem praktiziert werden, aber da die Praxis von Machig Labdrön, einer Frau, entwickelt wurde, sind einige der Ansicht, dass diese Übung eine besondere Bedeutung für Frauen haben könnte.

Die *Nyung-Ne*-Fastenpraxis geht auf eine indische Prinzessin zurück, die ebenfalls im elften und zwölften Jahrhundert lebte. Bhikṣuṇī Kamalā (tibetisch: Gelongma Palmo) lehnte die Ehe ab und wurde Nonne und Äbtissin eines großen Klosters. Nach einigen Jahren erkrankte sie an Lepra und wurde in den Wald verbannt, wo sie eine Vision des tausendarmigen Avalokiteśvara, des *Bodhisattva* des Mitgefühls, hatte, der ihr die *Nyung-Ne*-Praxis zur Heilung ihrer Krankheit gab. Diese zweitägige Praxis beinhaltet das Einhalten von acht Gelübden, Gesänge und Niederwerfungen sowie Fasten und Schweigen an abwechselnden Tagen.

Obwohl *Nyung Ne* von jedermann praktiziert werden kann, sind Frauen zu besonders versierten und begeisterten Teilnehmerinnen geworden. In Städten und Dörfern im gesamten Himalaya-Raum und in den Steppen der Mongolei sowie in Russland versammeln sie sich an besonderen Tagen und Monaten des Mondkalenders, um hingebungsvoll *Nyung Ne* zu praktizieren. *Tschöd* und *Nyung Ne* sind überall dort, wo der tibetisch-buddhistische Einfluss hingelangt ist – vom indischen

Himalaya bis nach Sibirien und auf der ganzen Welt – zu tragenden Säulen der buddhistischen Praxis geworden. Ein Grund für die Beliebtheit dieser Praktiken bei Frauen ist, dass *Tschöd* und *Nyung Ne* individuell und in kleinen Gruppen, in Häusern und Dorftempeln praktiziert werden können, außerhalb der von Männern dominierten religiösen Hierarchien und Institutionen, welche die großen tibetisch-buddhistischen Traditionslinien kennzeichnen.

Doch trotz der Existenz berühmter weiblicher Praktizierender, erleuchteter Vorbilder, Schutzgottheiten und Orakel in den tibetischsprachigen Gesellschaften sind die Ungleichheiten zwischen den Geschlechtern sehr offensichtlich. Frauen werden jedes Mal an ihre angebliche Minderwertigkeit erinnert, wenn sie das Wort »Frau« (*skye dman*) hören, was »niedere Geburt« bedeutet. Frauen empfinden oft ein Gefühl der Unzulänglichkeit, das in der sozialen Sphäre, einschließlich der religiösen Hierarchien, noch verstärkt wird. Ob ignoriert oder ausgegrenzt: Frauen fehlen weitgehend in den historischen Aufzeichnungen nach dem elften und zwölften Jahrhundert.[156]

Im Laufe der Geschichte wurden sie in allen vier bestehenden Schulen des tibetischen Buddhismus – Nyingma, Kagyü, Sakya und Gelug – auch systematisch von den Bildungseinrichtungen und oberen Rängen der Macht ausgeschlossen. Frauen dürfen an großen öffentlichen buddhistischen Belehrungen teilnehmen, allerdings hatten bis vor kurzem nur wenige Zugang zu formaler buddhistischer Ausbildung, und folglich verstehen die meisten nur die groben Umrisse der Lehren des Buddha.

Frauen hatten keinen einfachen Zugang zu buddhistischen Praxislinien oder Möglichkeiten für Retreats. Sofern eine Frau nicht in eine Familie von Gelehrten oder erfahrenen Praktizierenden hineingeboren wurde oder einheiratete, gab es nur wenige Gelegenheiten mündliche Übertragungen und eingehende Unterweisungen in buddhistischen Lehren und Praktiken zu erhalten. Und selbst wenn derartige Voraussetzungen gegeben waren, war dies kein Garant für den Zugang zu buddhistischer Bildung oder tiefgreifenden Möglichkeiten für Praxis. Wie aus den Biographien verwirklichter Praktizierender hervorgeht, sah sich eine Frau, die außerhalb der Ehe eine intime Beziehung mit einem männlichen Tantra-Praktizierenden einging, oft mit Hindernissen, Risiken und Verachtung konfrontiert.

Weibliche Entsagende begegneten ähnlichen Schwierigkeiten und Entmutigungen seitens ihrer Familie und der Gesellschaft, die Frauen lieber in häuslichen Rollen sahen. Klöster für Frauen gab es nur wenige, sie waren abgelegen und wurden nur unzureichend unterstützt. Der tibetische Begriff Lama, der Guru oder Lehrer bedeutet, wurde lediglich für Männer verwendet. Dies ist im Allgemeinen – mit Ausnahme von manchen westlichen Gemeinschaften – auch heute noch der Fall.

Die gute Nachricht ist, dass Frauen ihre Hingabe an den Dharma durch schiere Entschlossenheit bewiesen haben. In den letzten Jahrzehnten haben mehr Frauen in Tibet, Nepal, Indien und anderswo intensive Retreats abgeschlossen als je zuvor. Weil sich Bildungsmöglichkeiten eröffnet haben, haben sich Frauen fleißig mit dem Meistern der buddhistischen Philosophie gewidmet und sind daraus als Siegerinnen hervorgegangen. Im Dezember 2016 fand im Kloster Drepung in Südindien in Anwesenheit Seiner Heiligkeit des Vierzehnten Dalai Lama, Tenzin Gyatso (geb. 1935), eine Feier statt, bei der Tausende von Menschen den ersten zwanzig Frauen in der Geschichte des Buddhismus applaudierten, die den *Geshe*-Grad erlangt hatten, die höchste wissenschaftliche Leistung in der buddhistischen Philosophie der tibetischen Tradition – eine Leistung, die noch vor dreißig Jahren undenkbar war.

Zehn weiteren Nonnen wurde 2018 bei einer Zeremonie im Kopan-Nonnenkloster außerhalb von Kathmandu der *Geshe*-Grad verliehen, in Verbindung mit dem jährlichen interklösterlichen Debattierturnier, an dem über 600 Nonnen aus neun Klöstern in Indien und Nepal teilnahmen. Überall in der buddhistischen Welt werden Frauen zu geachteten Lehrenden, Übersetzerinnen, Beraterinnen und spirituellen Mentorinnen. Dank der Ermutigung und Großzügigkeit von freundlichen Unterrichtenden und Wohltätern auf der ganzen Welt beginnen Frauen, die in der Tradition des Vajrayāna-Buddhismus praktizieren, ihren Platz im Pantheon der buddhistischen Meister einzunehmen.

In der tibetischen Tradition legen die meisten Nonnen die sechsunddreißig Gelübde einer Novizin ab, genau wie die Mönchsnovizen. Diese Gelübde sind die gleichen wie die zehn Novizengelübde der Theravāda-Tradition, mit der Ausnahme, dass einige davon unterteilt wurden. Eine Linie voll ordinierter Mönche (*Bhikṣus*) wurde im achten Jahrhundert in Tibet gegründet und gedeiht bis heute, allerdings gibt es keine gleichwertige von voll ordinierten Nonnen (*Bhikṣuṇīs*) und auch keinen geschichtlichen Beweis dafür, dass jemals eine solche gegründet wurde.

In Ermangelung von *Bhikṣuṇīs*, die Ordinationen vornehmen, übernehmen Mönche die Novizinnen-Ordinationen, spielen aber im Allgemeinen keine aktive Rolle bei der Unterstützung oder Ausbildung der Nonnen; außerdem führen die Mönche keine *Bhikṣuṇī*-Ordinationen durch. Möglicherweise aufgrund ihres Novizinnenstatus oder ihres Mangels an Ausbildung und Schulung hielten sich die tibetischen Nonnen bis vor kurzem still im Hintergrund, indem sie Retreats machten, Gebete rezitierten, Rituale durchführten und den Dharma mit jenen teilten, die sie um Rat baten. In den letzten Jahren übernehmen tibetische Nonnen jedoch neuartige Rollen und suchen nach neuen Möglichkeiten, die sie ins Rampenlicht rücken lassen. Dabei sind einige auch aktiv an politischen Aktivitäten und im Widerstand gegen die chinesische kommunistische Herrschaft in Tibet beteiligt.[157]

Lichtgestalten

Um Biografien und fragmentarische Informationen über Frauen aus allen Epochen der tibetischen Geschichte aufzuspüren und zu übersetzen, bleibt noch viel zu erforschen. In der Zwischenzeit werden ausgewählte Erzählungen über bedeutende weibliche Persönlichkeiten in der tibetisch-buddhistischen Geschichte den Hintergrund für das Verständnis des Lebens von Frauen in der tibetischen Diaspora in der Moderne bilden, die mit der Übernahme Tibets durch die Volksrepublik China in der zweiten Hälfte des 20. Jahrhunderts begann. Zu den bekanntesten Nonnen früherer Jahrhunderte gehört Samding Dorje Phagmo, die nicht nur eine Person war, sondern eine Reinkarnationslinie von Lehrerinnen bezeichnet, die sich vom fünfzehnten Jahrhundert bis zum heutigen Tag erstreckt.

Im Gegensatz zu illustren Persönlichkeiten wie Machig Labdrön, Orgyan Chökyi und Djetsün Lochen Rinpoche (1865–1951), die einzigartige Personen waren, erstreckt sich die Linie von Samding Dorje Phagmo über viele Lebenszeiten, da eine Frau nach der anderen als Wiedergeburt ihrer Vorgängerin anerkannt wird. Dies ist eine der wenigen dokumentierten Linien weiblicher *Tulkus*. Teil der Dorje Phagmo Linie berühmter Meisterinnen war auch Chökyi Dronma (1422–1455/65). Wenn wir ihr Leben aus einer feministischen Perspektive näher betrachten, finden wir viele bemerkenswerte Aspekte darin. Als Prinzessin in der Region Nyemo in Zentraltibet geboren, wollte sie schon in jungen Jahren Nonne werden, stieß aber auf erheblichen Widerstand, sowohl bei ihrer leiblichen Familie als auch bei ihren zukünftigen Schwiegereltern. Schließlich wurde ihr erlaubt, Nonne zu werden, allerdings erst, nachdem sie geheiratet und eine Tochter geboren hatte. Bei ihrer Entscheidung, die Novizinnengelübde zu empfangen, wurde sie von ihrem Lehrer, dem berühmten *Lama* Bodong Chogle Namgyal (1376–1461), unterstützt, der – Berichten zufolge – Frauen gegenüber sehr wohlwollend war. Es heißt: »Er führte neue Rituale für Nonnen ein, die buddhistische Traditionen aus Indien wiederbelebten« und »ermutigte Chökyi Dronma, die Aufführung ritueller Tänze zu einer Zeit zu veranlassen, in der die weiblichen Rollen üblicherweise von Mönchen übernommen wurden«.[158]

Ihrer Biografie und Informationen aus anderen Texten zufolge reiste Chökyi Dronma während ihres kurzen Lebens frei in Tibet umher. In Begleitung einer engen weiblichen Gefährtin wurde sie überall, wo sie hinkam, von der lokalen Bevölkerung verehrt. Ihrer Lebensgeschichte nach sah sie sich mit gewissen »sozialen und kulturellen Herausforderungen« konfrontiert, die sie jedoch geschickt zu meistern wusste.[159] In der Biographie wird erwähnt, dass sie als Bhikṣuṇī voll ordiniert war, aber es gibt keine Unterlagen, die eine lebendige Linie der vollen Ordination für Frauen in Tibet zu dieser Zeit belegen. Es heißt, sie habe sich »der Anwerbung und Ausbildung von Nonnen gewidmet« und sich besonders um deren Bildung gekümmert, trotz des patriarchalischen Charakters der männlichen monastischen Führungsschicht zu dieser Zeit, das auch heute noch existiert.

Nach dem Tod ihres Lamas vermittelte Chökyi Dronma bei Streitigkeiten über die Verteilung seiner Reliquien.[160] Sie war auch für die Herausgabe und Vervielfältigung des gesamten Korpus seiner Lehren verantwortlich, sodass wir annehmen können, dass sie sehr belesen war. Dies war – angesichts der Schwierigkeit der tibetischen Schriftsprache – keine geringe Leistung und war für eine Frau damals oder ist es sogar heute noch so, ziemlich ungewöhnlich. Indem sie dieses Projekt förderte, schuf sie einige der frühesten Beispiele für Drucke, die in Tibet hergestellt wurden«.[161]

Chökyi Dronma war sehr erfolgreich bei der Beschaffung von Geldern zur Vollendung dieses Projekts und auch für das berühmte Vorhaben eines gewissen Chung Rinpoche, einen *Stūpa* (Reliquienschrein) in Nord-Lato zu bauen. Sie war sehr daran interessiert, Wasserkanäle in Palmo Chöding zu errichten, um ein Ausbildungszentrum zu unterstützen. Obwohl dieses Projekt nie vollständig verwirklicht wurde, zeigt es doch die Größe ihrer Vision und ihre tiefe Entschlossenheit, die für eine Frau ihrer Zeit bemerkenswert war. In ihrer spirituellen Praxis und ihrem Lehrstil war Chökyi Dronma Berichten zufolge »eine Meisterin der Tradition der ›verrückten Heiligen‹«, die sich nicht um ihr körperliches Wohlbefinden oder ihr Aussehen kümmerte. Es heißt, dass sie »regelüberschreitendes Verhalten nutzte, um wesentliche spirituelle Botschaften zu vermitteln« und lehrte, dass »Äußerlichkeiten und Konventionen« unzuverlässige Indikatoren für die »Beurteilung des spirituellen Wertes« sind.[162] In einer Zeit, in der von Frauen, insbesondere Prinzessinnen, erwartet wurde, dass sie ausgefeilte, gesellschaftlich akzeptierte Schönheitsstandards einhielten, war diese völlige Missachtung von Äußerlichkeiten ein Hinweis auf spirituelle Verwirklichung.

Eine weitere Informationsquelle über Chökyi Dronma ist die Biografie ihres Lehrers, Bodong Chogle Namgyal. Die Sichtbarkeit von Frauen in dieser Lebensgeschichte lässt vermuten, dass sie auch bei ihrer Erstellung mitgewirkt haben. Die Sozialanthropologin Hildegard Diemberger stellt fest, dass Frauen »namentlich genannt werden, während es in tibetischen Quellen viel üblicher ist, Nonnen und Nonnenklöster, wenn überhaupt, nur allgemein erwähnt zu finden«.[163]

Die Biografie scheint das Gemeinschaftswerk mehrerer Autoren zu sein, in einer Zeit, in der Werke von Mönchen als Einzelautoren die Norm waren, was darauf hindeutet, dass sich Chökyi Dronmas regelüberschreitende Neigungen auch auf ihre Gelehrsamkeit erstreckten. Ihr gemeinschaftlicher Ansatz beim Schreiben mag ein konkretes Beispiel für die »soteriologische Nichtausgrenzung« der buddhistischen Befreiung sein, was bedeutet, dass Frauen als fähig angesehen wurden, Erleuchtung zu erlangen.[164] Im tibetischen Kulturkreis wird ein solches Desinteresse an persönlichem Ruhm als Zeichen von Größe angesehen. Schließlich wurde angenommen, dass sie kein gewöhnlicher Mensch war, sondern eine anerkannte Verkörperung eines erwachten Wesens, und zwar von Dorje Phagmo (Sanskrit: Vajrayoginī).

Freiheit im Exil

Im Jahr 1950 erlebte die tibetisch-buddhistische Welt einen katastrophalen Wandel, als die Volksbefreiungsarmee der Volksrepublik China von Osten her in Tibet einmarschierte. In den folgenden neun Jahren versuchten Seine Heiligkeit der Vierzehnte Dalai Lama und seine Regierung, einen Dialog mit der chinesischen Führung zu führen, um die Sicherheit Tibets und seines einzigartigen kulturellen Erbes zu gewährleisten, doch letztlich blieben alle Versuche ohne Erfolg. Im Jahr 1959 kam es zu einem tibetischen Aufstand, nach dem Seine Heiligkeit der Dalai Lama und schätzungsweise einhunderttausend Tibeter nach Nepal und Indien flohen. In dem weitverbreiteten Volkswiderstand gegen die kommunistische Besetzung Tibets durch die Chinesen traten einige Nonnen als angesehene Anführerinnen auf. Viele wurden verhaftet und gefoltert, während viele andere auf der Suche nach religiöser Freiheit nach Indien und Nepal flohen.

Der Dokumentarfilm *Satya: A Prayer for the Enemy* (1992) der Filmemacherin Ellen Bruno schildert die Härten, die tibetisch-buddhistische Nonnen unter der kommunistischen Herrschaft Chinas erdulden mussten, während der Film *Windhorse* (1998) des Filmemachers Paul Wagner die Nachwirkungen dieser tragischen Ereignisse zu einem Drama verarbeitet. Da die Nonnen keine eigenen Familien zu versorgen und zu beschützen haben, haben sie sich mutig gegen die religiöse Unterdrückung durch die Volksrepublik China ausgesprochen und sind für ihre Bemühungen häufig inhaftiert und gefoltert worden. Aufgrund der politischen und religiösen Beschränkungen haben viele Nonnen die lange und gefährliche Reise von Tibet nach Nepal unternommen und häufig von Nepal weiter nach Indien, insbesondere um Seine Heiligkeit den Dalai Lama in Dharamsala zu besuchen. Die herzzerreißenden Geschichten, die sie erzählen, sind ein Zeugnis ihres Heldentums und ihrer Hingabe an ihre buddhistischen Überzeugungen. Viele leiden unter anhaltenden posttraumatischen Belastungsstörungen als Folge von Vergewaltigung, Inhaftierung, Schikanen, Folter und Überwachung in der Volksrepublik China.

Seit den 1980er Jahren haben tibetische Frauen sowohl im weltlichen als auch im religiösen Bereich in Tibet und der Diaspora erhebliche Fortschritte bei der Gleichstellung der Geschlechter im Bildungsbereich gemacht.[165] Die zunehmende Verfügbarkeit von allgemeinem Unterricht für Mädchen in Nepal und Indien geht einher mit einem weltweiten Trend zu größeren Bildungsmöglichkeiten für Nonnen. Diese neuen Chancen haben die Bildungsstandards für Mädchen und Frauen in einem breiten Spektrum der Gesellschaft angehoben.

Gemischtgeschlechtliche Einrichtungen wie die tibetischen zentralen Schulen, die tibetischen Kinderdörfer und Wohnheime in Indien und Nepal, haben Zehntausenden von tibetischen Mädchen und jungen Frauen den Zugang zu Bildung ermöglicht, doch hat es auf dem Weg dorthin auch Hindernisse für Haushalterinnen und Nonnen gegeben. Noch in den 1980er Jahren ließ das hoch angesehene Zentrale Institut für Höhere Tibetische Studien in Sarnath, Varanasi, Indien, keine weiblichen Studenten zu und sogar heute noch begrenzt eine verhängte Quote die Zahl der jährlich aufgenommenen Studentinnen. Da es sich dabei um eine anerkannte Hochschule handelt, die auf die Ausbildung von Lehrerinnen und Lehrern vorbereitet, ist es dennoch von Bedeutung, dass sich für mehr Haushalterinnen und Nonnen die Möglichkeit eröffnet hat, dort zu studieren. Viele weitere Studentinnen, von denen die meisten die Aufnahmeprüfung nicht bestehen können, weil sie nie eine weiterführende Schule besucht haben, leben in der Nähe des Zentralinstituts und lernen privat.

Seit 1976 sind in Indien und Nepal trotz bitterer Armut und physischer und psychischer Entwurzelung einige Klöster für Tibeterinnen und Frauen aus dem Himalaya gegründet worden. Die Schwierigkeiten, sich an ein neues Klima und eine neue kulturelle Umgebung anzupassen, sind durch die Möglichkeit ausgeglichen worden, Seine Heiligkeit den Vierzehnten Dalai Lama und andere berühmte tibetisch-buddhistische Lehrende zu treffen und Unterweisungen von ihnen zu erhalten. Im Exil haben die tibetischen Nonnen nicht nur die Möglichkeit, ihre Religion frei und ohne Angst zu praktizieren, sondern auch Zugang zu Bildungsmöglichkeiten, die zuvor in Tibet selten oder gar nicht vorhanden waren. Seit den 1980er Jahren kommen, wenn sich die Sicherheitslage an der Grenze zwischen Tibet und Nepal entspannt, tibetische Flüchtlinge auf Pilgerfahrt nach Indien. Dort angekommen, suchen sie öffentliche Belehrungen, wie die von Seiner Heiligkeit gegebene Kalachakra-Ermächtigung und auch Unterweisungen von anderen Lamas.

Neben den Nonnen, die in Tibet die Novizinnenordination erhalten hatten, wurden auch viele junge Frauen Nonnen, nachdem sie im Exil angekommen und dem Dalai Lama begegnet waren. Für viele von ihnen ist die Entscheidung für eine religiöse Berufung eine natürliche Reaktion auf ihre neu gefundene Freiheit und die Erfahrungen, die sie durch Leiden und Entbehrungen gemacht haben. Nachdem sie Einsicht in die Vergänglichkeit des menschlichen Lebens gewinnen, erkennen sie, dass die buddhistischen Lehren eine zutiefst sinnvolle Lebensweise darstellen. Andere junge Frauen aus Tibet und dem Himalaya, die in Indien aufwachsen, kommen durch ihre Begegnungen mit dem modernen säkularen Leben, das zwar Glück verspricht, aber nicht immer zur Selbstverwirklichung führt, zur gleichen Erkenntnis.

Für die meisten von ihnen ist die Entscheidung ins Klosterleben einzutreten nicht das Ergebnis der Ermutigung durch ihre Familien oder die Gesellschaft. Stattdessen ist der Entschluss, ihr Leben der Dharma-Praxis zu widmen, ein persönlicher, um die menschliche Möglichkeit Erwachen zu erlangen so sinnvoll wie möglich zu gestalten. Die Entscheidung, Nonne zu werden, kann auch den Wunsch widerspiegeln, potenzielle Probleme des häuslichen Lebens zu vermeiden. Viele Nonnen fühlen sich auch dem Erhalt der tibetisch-buddhistischen Kultur verpflichtet, die in ihrem Heimatland vom Aussterben bedroht ist. Ihr Engagement wird durch die traurige Tatsache beflügelt, dass Tibets wertvolles buddhistisches Kulturerbe am besten außerhalb des besetzten Tibet bewahrt werden mag.

Mehr als 1.290 tibetische Nonnen leben heute im Exil in Indien und Nepal. Einige, die aus Tibet geflohen sind, leiden noch immer unter den langfristigen psychischen und physischen Auswirkungen von sexuellem Missbrauch, Vergewaltigung, Folter, Inhaftierung und Überwachung, die sie unter der kommunistischen Herrschaft Chinas erlebt haben.[166] Seit 1987 haben das Tibetan Nun's Project, die Jamyang Foundation und andere Organisationen mit internationaler Unterstützung daran gearbeitet, Klöster für Frauen zu errichten und den Zustrom von geflüchteten Nonnen aus Tibet nach Nepal und Indien mit medizinischen Dienstleistungen, Lebensmitteln, Unterkunft und Bildung zu versorgen. Zu ihnen gesellten sich viele junge Frauen aus den Grenzregionen des indischen Himalaya (Arunachal Pradesh, Kinnaur, Ladakh, Lahaul, Spiti und Zanskar), aus Bhutan, der Mongolei, Nepal und anderen Ländern.[167] Der Dokumentarfilm *Becoming a Woman in Zanskar* (2007) des Regisseurs Jean-Michel Corillion schildert die Ungewissheiten, die mit der mutigen Entscheidung verbunden sind, im Himalaya Nonne zu werden. Obwohl ethnografische Studien über das Leben von Nonnen im Himalaya selten sind, veröffentlichte Kim Gutschow ein Buch über Nonnen in Zanskar und Linda LaMacchia schrieb über Nonnen in Kinnaur.[168]

Buddhistische Studien und volle Ordination von Frauen

In den Kulturen und Gesellschaften des Himalaya, wo Ordensleute in erster Linie Mönche waren, ist der Weg zur Ordination für Frauen mühsam gewesen. So bestehen nach wie vor viele grundlegende Unterschiede zwischen den Lebensumständen von Nonnen und Mönchen, vor allem in Bezug auf Bildung, Zugang und finanzielle Unterstützung. Allerdings werden weiterhin Anstrengungen unternommen, diese Ungleichheit zu verringern. Während viele junge Nonnen, die in Nepal und Indien geboren wurden, in den Genuss einer gewissen öffentlichen Bildung gekommen sind, hatten die meisten in Tibet geborenen Nonnen vor der Flucht aus ihrem Heimatland nur wenig oder gar keinen formalen Unterricht und mussten dann die verlorene Zeit mühsam aufarbeiten. In den letzten dreißig Jahren machten Nonnen in der tibetischen Tradition bedeutende akademische Fortschritte, insbesondere im Studium der Philosophie, einem Bereich, der ihnen früher nicht offenstand.

Mehrere Nonnenklöster in Nepal und Indien bieten inzwischen intensive Ausbildungsprogramme mit Schwerpunkt auf philosophischen Studien an. Andere bieten buddhistische Programme an, die grundlegende buddhistische Studien, rituelle Praktiken und intensive Meditationsretreats umfassen. Nonnen in Indien und Nepal haben nun die Möglichkeit, ihre intellektuellen Fähigkeiten im logischen Schlussfolgern zu verbessern, indem sie an den seit 1990 jährlich stattfindenden innerklösterlichen philosophischen Debattenwettbewerben für Nonnen teilnehmen, nach dem Vorbild der berühmten Jang-Kunchö-Debattierwettstreiten, die jeden Winter in Lhasa für Mönche der renommiertesten Klosteruniversitäten Tibets organisiert wurden.

Der Zugang zu philosophischen Studien ist ein Schlüsselfaktor, der bei der Bewertung der Geschlechtergleichheit zwischen Nonnen und Mönchen in der tibetischen Kultur zu berücksichtigen ist. In Tibet waren Nonnen traditionell von den buddhistischen Studiengängen an den wichtigsten Klosteruniversitäten Drepung, Ganden und Sera ausgeschlossen, die ausschließlich Mönchen vorbehalten waren. Da dies die Institutionen waren, die das beste buddhistische Studienprogramm anboten und den prestigeträchtigen *Geshe*-Grad verliehen, war dies ein Titel, der früher nur von Männern erworben werden konnte. Seit 1987 hat sich diese Situation radikal geändert und neue Wege für das systematische Studium der Philosophie und Debatte haben sich für Frauen eröffnet. Obwohl die Zahl der Einrichtungen begrenzt ist, haben Nonnen in Indien und Nepal nun Zugang zu Bildungsmöglichkeiten, die es ihnen ermöglichen, den *Geshe*-Grad zu erlangen.

Im Dezember 2017 legten zwanzig Nonnen nach jahrzehntelangen intensiven Studien erfolgreich ihre Prüfungen ab und erhielten den *Geshe*-Grad von Seiner Heiligkeit dem Vierzehnten Dalai Lama im Drepung-Kloster im Exil im indischen Karnataka. Diese historische Errungenschaft war ein wichtiger Schritt auf dem Weg zur Geschlechtergleichstellung in der tibetisch-buddhistischen Tradition. Frauen haben nun die Chance zu zeigen, dass sie durchaus in der Lage sind, sich in buddhistischen Studien auszuzeichnen, und das in einem Umfeld, in dem sie bisher nur selten als *Lamas* (religiöse Lehrer) oder *Tulkus* (anerkannte Wiedergeburten vollendeter Wesen) anerkannt wurden. Einige wenige Frauen sind als *Lamas* und *Tulkus* anerkannt worden. Zeitgenössische Beispiele für anerkannte weibliche Tulkus sind Khandro Tsering Chodrön (1929 – 2011), die Frau von Jamyang Khyentse Chökyi Lodrö (1893 – 1959), und Khandro Rinpoche (geb. 1967), die Tochter von Mindrolling Trichen Gyurme Kunzang Wangyal (1930 – 2008), die international lehrt.[169]

Buddhistische Ausbildung muss keine formale Angelegenheit sein. Viele tibetische Nonnen widmen sich dem Ritualstudium in kleinen Schreinen, Retreatzentren und Klöstern im gesamten tibetischen Kulturkreis. Viele Nonnen praktizieren Meditation und Rituale auch in der Einsamkeit, in Höhlen und an abgelegenen Orten in der Himalaya-Region. Obwohl jene, die im Stillen in den Bergen praktizieren, wenig Beachtung finden, leisten sie mit ihrer religiösen Praxis einen wichtigen Beitrag zur Stärkung der Frauen und, wie sie glauben, zum Frieden in der Welt. Dem religiösen Leben von Frauen wird heute mehr Aufmerksamkeit geschenkt, und die Biografien außergewöhnlicher weiblicher Praktizierender in der tibetischen Tradition werden zunehmend erforscht, übersetzt und veröffentlicht.[170]

Nonnen können nun an Zeremonien und Veranstaltungen teilnehmen, die zuvor nur den Mönchen vorbehalten waren, wie z. B. dem Bau von Sand-*Maṇḍalas*, der Aufführung heiliger Tänze, philosophischen Debatten und am Großen Gebetsfest (Mönlam). Die volle Ordination für Frauen ist im tibetischen Buddhismus jedoch nach wie vor umstritten. Hierbei dreht sich die Kontroverse um Fragen zur Übertragung der *Bhikṣuṇī*-Linie (tibetisch: *Gelongma*). Es gibt keinen Beweis dafür, dass diese *Gelongma*-Linie jemals auf offiziell anerkannte Weise von Indien nach Tibet übertragen wurde, und so besteht derzeit in der tibetischen Tradition keine Linie von voll ordinierten Nonnen. Tibetische Nonnen erhalten die sechsunddreißig Gelübde einer Novizin (Sanskrit: *Śrāmaṇerika*; Tibetisch: *Getsülma*) und werden als Teil der *Saṅgha* betrachtet, aber ihr Status ist deutlich niedriger als der eines voll ordinierten Mönchs (Sanskrit: *Bhikṣu*; Tibetisch: *Gelong*).

Strategien zur Einführung der *Bhikṣuṇī*-Linie werden nun ernsthaft in Erwägung gezogen. Eine Möglichkeit besteht darin, dass tibetische Nonnen die volle Ordination durch die ungebrochene Überlieferungslinie von Indien und Sri Lanka nach China, Korea und Vietnam erhalten. Viele tibetische Gelehrte verstehen die *Vinaya*-Texte so, dass eine Mindestanzahl von zehn *Bhikṣus* bzw. zwölf *Bhikṣuṇīs*, unter Einbeziehung zweier zusätzlicher Zeugen, erforderlich ist, um die Gelübde der *Bhikṣuṇī* zu verleihen, und dass *Bhikṣus* alleine keine vollständige Ordinationszeremonie für Nonnen durchführen können. Trifft das zu, besteht die Möglichkeit, dass die erste Gruppe tibetischer Nonnen die Ordination von voll ordinierten Nonnen und Mönchen aus Korea, Taiwan oder Vietnam erhalten könnte.

Eine andere Möglichkeit wäre, dass tibetische Nonnen nur von tibetischen Mönchen ordiniert werden, ein Verfahren, das in Korea, Taiwan und Vietnam ohne große Debatten angewandt worden ist. Eine dritte Lösung wäre ein kombinierter Ansatz, bei dem Nonnen aus Korea, Taiwan, Vietnam oder vielleicht auch gemeinsam die *Bhikṣuṇī*-Ordination Seite an Seite mit tibetischen Mönchen durchführen könnten. Mit der Unterstützung Seiner Heiligkeit des Vierzehnten Dalai Lama und hochrangiger *Bhikṣus* könnte jede dieser Lösungen gerechtfertigt werden. Aus jüngsten enthusiastischen Diskussionen zu diesem Thema geht hervor, dass die Unterstützung für die Einrichtung einer Linie von *Bhikṣuṇīs* in der tibetischen buddhistischen Tradition wächst.

Die tibetische Exilregierung mit Sitz in Dharamsala, Indien, hat bisher noch keine dieser möglichen Problemlösungen offiziell gebilligt. Seine Heiligkeit der Vierzehnte Dalai Lama hat seinen persönlichen Wunsch zum Ausdruck gebracht, die *Bhikṣuṇī*-Linie innerhalb der tibetischen Tradition etabliert zu sehen. Er erklärt jedoch, dass die Frage einem hochrangigen *Saṅgha*-Rat vorgelegt werden muss und er nicht befugt ist, diese Entscheidung allein zu treffen. Um zur Lösung des Problems beizutragen, hat Seine Heiligkeit der Dalai Lama wiederholt zu einer internationalen Konferenz mit Vertreterinnen und Vertretern aller wichtigen buddhistischen Traditionen aufgerufen, um die Feinheiten des buddhistischen Ordensrechts zu untersuchen und auf einen Konsens in dieser Angelegenheit hinzuarbeiten. Er hat das Thema auch bei mehreren Treffen hochrangiger Lamas zur Sprache gebracht.

Eingehende Studien der monastischen Texte wurden unternommen, um die *Bhikṣuṇī*-Gelübde und die Verfahren zum Erhalt der *Bhikṣuṇī*-Ordination in den chinesischen und tibetischen buddhistischen monastischen Traditionen zu vergleichen. Gelehrte untersuchen auch, ob die bestehenden *Bhikṣuṇī*-Linien in einer ungebrochenen Abstammungslinie von der Zeit Buddha Śākyamunis bis heute weitergegeben wurden, was eine gewaltige Aufgabe ist. In der Zwischenzeit sind die Meinungen geteilt.

Auf der einen Seite wird von den Gegnern behauptet, dass die volle Ordination von Nonnen in der tibetischen Tradition nicht erteilt werden kann, da die erforderliche Mindestanzahl an voll ordinierten tibetischen Nonnen nicht vorhanden ist. Diese Behauptung ignoriert die Tatsache, dass eine mehr als ausreichende Anzahl von in der tibetischen Tradition praktizierenden Nonnen bereits die volle Ordination in der chinesischen, koreanischen oder vietnamesischen Tradition erhalten haben. Auf der anderen Seite vertreten Befürworter die Ansicht, dass die *Bhikṣuṇī*-Ordination mit der Begründung erfolgen kann, dass Buddha Śākyamuni zunächst Nonnen ordinierte, ohne dass eine Mindestanzahl voll ordinierter Nonnen anwesend war, und er somit einen Präzedenzfall für dieses Verfahren schuf.

Während diese Kontroverse auf eine Lösung harrt, gründen tibetische und himalayische Nonnen weiterhin neue Nonnenklöster und Retreatzentren in Indien und Nepal. Diese Nonnenklöster arbeiten weitgehend selbstständig, wobei die weiblichen Ordinierten für ihre eigene Leitung, Instandhaltung und Unterstützung verantwortlich sind. Finanzielle Hilfe in Form von Spenden aus der örtlichen Gemeinschaft oder dem Ausland ist von entscheidender Bedeutung, um den Nonnen zu helfen, ihre Klöster und Retreatzentren aufzubauen und zu erhalten. Dies ist eine enorme Herausforderung, denn selbst im Bereich der finanziellen Unterstützung werden die Nonnen im Allgemeinen diskriminiert, weil die Haushalter lieber Mönche unterstützen. Trotz dieser Hindernisse widmen sich diese Frauen weiterhin der Dharma-Praxis und der Bewahrung ihres wertvollen buddhistischen Kulturerbes. Indem tibetische Nonnen ihre Praxis und ihr Studium fortsetzen, bauen sie frühere Vorbehalte und überholte Vorstellungen von der Minderwertigkeit von Frauen ab. Sie sind zu Vorbildern für ihre Geschlechtsgenossinnen in Tibet und der gesamten Himalaya-Region geworden, indem sie die egalitäre Philosophie des Buddha durch soziales Engagement aktiv fördern, z. B., indem sie Frauen dem Dharma gemäß beraten und bei der Entwicklung ihrer Gemeinschaften helfen.

Die intensive scholastische Herangehensweise an das Textstudium mit der Methode der philosophischen Debatte oder Dialektik ist nicht der einzige Weg, den Buddhismus in der tibetischen Tradition zu erlernen. Eine Alternative, die in vielen Kagyü- und Nyingma-Studienzentren (tibetisch: *Shedra*) angewandt wird, verlangt von den Schülern die Lektion des Vortages vor ihren Lehrern und Mitschülern zu wiederholen.

Dieser Ansatz, bei dem die Lernenden nach dem Zufallsprinzip ausgewählt werden, um die Bedeutung des Textes öffentlich zu erläutern, hat den Vorteil, dass die Schüler ermutigt werden, ihre Hausaufgaben zu machen und auch Lehrerfahrung sammeln können. Erklären die Schüler den Text nicht gut, werden sie öffentlich bloßgestellt, was die weniger Intelligenten davon abhalten mag, ihr Studium fortzusetzen. Die Kulturanthropologin Yasmin Cho hat darauf hingewiesen, dass die Lehrmethode der »direkten Übertragung« des Dzogchen (der Großen Vollkommenheit), die für die tantrische Unterweisung im tibetischen Buddhismus typisch sei, eine intime Beziehung zwischen Meister und Schüler voraussetzt. Frauen können beim Aufbau solcher Beziehungen aufgrund ihres Geschlechts benachteiligt sein. Da die in tantrischen

Texten vorkommende Sexualsymbolik fehlinterpretiert werden kann, werden diese Lehren im Allgemeinen nur im Geheimen weitergegeben. Folglich kann es für Frauen schwieriger sein, Zugang zu großen Meistern und fortgeschrittenen Belehrungen zu erlangen.

Auf den Spuren von Frauen in Bhutan

Der Buddhismus ist in Bhutan seit dem siebten Jahrhundert einflussreich, als er durch den tibetischen König Songtsen Gampo (reg. 627 – 649) in dieser abgelegenen Bergregion eingeführt wurde. Seit der Einigung durch *Lama* Ngawang Namgyal (1594 – 1651) im 17. Jahrhundert ist Bhutan ein buddhistisches Königreich, das offiziell der Drukpa-Kagyü-Schule angehört, aber mit starkem Nyingma-Einfluss und einigen Inseln vorbuddhistischer Bön-Praxis. Heute gibt es in dem Land über zweitausend Klöster, darunter sechsundzwanzig für Nonnen.

Obwohl die Geschichte des bhutanischen Buddhismus von männlichen Figuren dominiert wird, lassen sich Frauen sowohl von weiblichen als auch von männlichen *Buddhas, Bodhisattvas*, Meditationsgottheiten (*Yidams*), verwirklichten Wesen und engagierten Praktizierenden inspirieren. Trotz der Erklärung des Buddha, dass Frauen das Potenzial haben die Befreiung zu erlangen, stoßen die meisten bei ihrem religiösen Streben an Grenzen, und viele beten immer noch darum, in einem männlichen Körper wiedergeboren zu werden, weil sie glauben, dass es dann leichter sein wird, die Verwirklichung zu erreichen. Nonnen verweisen häufig auf Frauen, die als große Praktizierende anerkannt sind, darunter historische Persönlichkeiten wie Gelongma Palmo und jüngere, wie die verehrte Nonne Loponma Paldon (geb. 1926), die als Äbtissin von Jachung Karmo diente, einem Nonnenkloster, das nur wenige Stunden von Punakha entfernt liegt. Leider sind die Geschichten berühmter weiblicher Praktizierender in Bhutan nur selten dokumentiert worden.

Manche behaupten, spirituelles Erwachen liege jenseits von Geschlechterunterschieden. Sobald ein Wesen die Verwirklichung erlangt hat, spiele es keine Rolle mehr, ob es weiblich oder männlich sei. Im Bereich der alltäglichen Realität sind jedoch die Bedingungen für das religiöse Lernen und die Kultivierung des Pfades für Frauen und Männer sehr unterschiedlich. Der Weg zum hauptberuflichen, im Kloster Praktizierenden wird für Männer immer noch begrüßt. Frauen hingegen wird oft davon abgeraten, da man annimmt, dass sie sich eher für das häusliche Leben eignen und für die Härten von Entsagung und Zurückziehung nicht geeignet sind. Beharrt eine Frau auf ihrer Suche nach spiritueller Verwirklichung, wird es ihr schwerer fallen als einem Mann, die materiellen Voraussetzungen dafür zu erhalten.

Die Bildungschancen für Frauen in Bhutan haben sich seit den 1980er Jahren zweifellos verbessert. Allerdings haben die Verbesserungen hauptsächlich die weltliche Bildung betroffen, die von der Regierung unterstützt und in englischer Sprache angeboten wird. Zwar gibt es mehr Studienprogramme für Nonnen als früher, doch die meisten sind informell und werden durch den Mangel an qualifizierten Lehrenden, Hilfsmitteln und staatlicher Unterstützung eingeschränkt.

Es heißt, dass es in Bhutan keinem aufrichtig Praktizierenden an ausreichender Nahrung fehlen wird, aber dennoch mangelt es an systematischer Ausbildung für Nonnen, und deshalb sind viele Nonnen nach Indien gegangen, um den Dharma zu studieren. In den letzten Jahrzehnten hat sich jedoch ein deutlicher Wandel vollzogen. Die Nonnen in den sechsundzwanzig Klöstern in Bhutan erhalten jetzt mehr Bildung und werden viel häufiger als früher eingeladen, Rituale durchzuführen, Texte zu rezitieren und die Lehren des Buddha zum Nutzen der Haushaltergemeinschaft zu erklären. Nonnen dienen den Letzteren in bescheidener Weise, ohne Anerkennung oder Vergütung zu erwarten und werden für ihren Fleiß und ihre Hingabe geschätzt.

Nonnen nehmen in der bhutanischen Gesellschaft eine zunehmend sichtbarere Rolle ein. In früheren Jahren war es für sie üblich, einfach ihr Haar kurz zu halten, die fünf Haushalter-Gelübde zu befolgten und eine gelbe *Kira*, die traditionelle Kleidung Bhutans, zu tragen. Seit den 1980er Jahren ist es jedoch üblich geworden, dass Nonnen ihren Kopf scheren, die Novizinnengelübde ablegen und kastanienbraune Mönchsroben tragen. Im Jahr 2014 organisierte die Bhutan Nuns Foundation[171] die erste große Zeremonie der Novizinnenordination in Bhutan. Sie fand im Nonnenkloster Sangchhen Dorji Lhendrup in Punakha statt, von einigen der hochrangigsten Mönche des Landes geleitet und von 140 Nonnen aus sieben Nonnenklöstern besucht. In Anerkennung der Notwendigkeit und ermutigt durch Ihre Majestät Tshering Yangdon Wangchuck (geb. 1959), die Königinmutter, gibt es derzeit Initiativen, um buddhistische Bildung bhutanischen buddhistischen Frauen, insbesondere Nonnen, breiter zugänglich zu machen.

Frauen und die Neubelebung des Buddhismus in der Mongolei

In den buddhistischen Überlieferungen der Mongolei werden Frauen kaum erwähnt. Gelegentlich finden wir Hinweise auf fromme Adelige, die buddhistische Aktivitäten förderten, wie Sain Uzesgelent, die Gemahlin von Kublai Khan (1215 – 1294), die ihn ermutigte, dem Sakya-Lama Drogön Chögyal Phagpa (1235 – 1280) als seinem spirituellen Lehrer zu folgen, und Tsogt Dari, die im 19. Jahrhundert half, einen als Duinkhor Datsan bekannten Tempel im heutigen Ulaanbaatar zu gründen.

Die mächtige mongolische Königin Jönggen (1551 – 1612) spielte eine Schlüsselrolle bei der Rückführung der sterblichen Überreste des Dritten Dalai Lama zur Einäscherung nach Tibet, der Auswahl des Vierten Dalai Lama und der Beauftragung der Übersetzung des Bka' 'gyur (Kangyur), des tibetisch-buddhistischen Kanons, ins Mongolische.[172] Obwohl alle großen Klöster in der Mongolei männlichen *Lamas* vorbehalten waren, waren Frauen seit Jahrhunderten deren treue Anhängerinnen und großzügige Unterstützerinnen.

Während der jahrzehntelangen Verfolgung und Unterdrückung des Buddhismus durch die Sowjets, die in den 1930er Jahren begann, bewahrten die praktizierenden Frauen in der Mongolei privat ihre spirituellen Werte, und viele von ihnen hielten sich an die fünf buddhistischen Gebote für Haushalter: nicht zu töten, nicht zu stehlen, kein sexuelles Fehlverhalten zu begehen und nicht zu lügen oder Rauschmittel zu nehmen. Die politische und wirtschaftliche Liberalisierung nach dem Zusammenbruch der UdSSR in den frühen 1990er Jahren und die Unabhängigkeit der Mongolei von der Sowjetunion leitete eine kulturelle Renaissance ein, zu der auch ein neues Interesse am Buddhismus gehörte. Diese größeren Freiheiten haben jedoch auch die Tür für einen Zustrom konkurrierender Werte und religiöser Gruppen geöffnet, die eine Herausforderung für die traditionellen Institutionen darstellen.

Eine einzigartige Facette der Geschichte der mongolischen buddhistischen Frauen ist die Anerkennung bestimmter weiblicher Praktizierender als Emanationen von Tārā, der Erleuchtung in weiblicher Form, die als »Retterin« bekannt ist.[173] Der Segen dieser verehrten Frauen wird von Anhängern aus nah und fern gesucht, die Opfergaben bringen und Schutz, Heilung und Rat in persönlichen und spirituellen Angelegenheiten suchen. Im späteren Leben, nach dem Tod ihrer Ehemänner, rasieren sich viele mongolische Frauen den Kopf und widmen sich buddhistischen religiösen Praktiken, wie dem Rezitieren von Gebeten und Mantras. Es gibt viele Geschichten über Frauen mit hohen spirituellen Fähigkeiten, darunter einige, die geschickte Heilerinnen und Exorzistinnen sind. Allerdings hat es bis vor kurzem in der Mongolei keine Spur von formell geweihten Nonnen gegeben.

Seit 1990, als die Mongolei mit einer gewaltlosen demokratischen Revolution ihre Unabhängigkeit wiedererlangte, sind über zweihundert *Datsans* (Klöster und Tempel) wiederaufgebaut oder neu errichtet worden. Darunter sind mehrere, die von und für Frauen gegründet wurden, darunter das Tugsbayasgalant-Zentrum mongolischer buddhistischer Frauen, das Narkhajid-Kloster und das Dulmaalin-Kloster.

Tagsüber rezitieren darin Dutzende von Haushaltern und Nonnen eifrig und führen gemeinsam buddhistische Rituale durch, zu denen sich häufig auch Besucher gesellen. Abends kehren die Haushalterinnen zu ihren Familien zurück, während die Nonnen sich ganztägig im Kloster aufhalten. Der Betrieb der *Datsans* wird durch Spenden der Haushaltergemeinschaft unterstützt.

Viele mongolische buddhistische Frauen praktizieren hingebungsvoll *Tschöd,* eine rituelle Praxis der Großzügigkeit, die beinhaltet, in geistiger Vorstellung die eigenen lebenswichtigen Organe zu opfern, um die Leiden fühlender Wesen zu lindern. Wie schon erwähnt, hat diese Praxis ihre Wurzeln in der indischen Tradition und wird im Allgemeinen auf die vollendete tibetische *Yoginī,* Machig Labdrön, zurückgeführt. Obwohl es kaum eine systematische Analyse der mongolischen *Tschöd*-Traditionen gibt, werden zwei populäre Linien des *Tschöd* von Gelugpa-Lehrern vermittelt: die mündliche Ganden- und die mündliche Ḍākinī-Linie. Diese *Tschöd*-Traditionen wurden von Lehrer zu Schüler weitergegeben und oft in relativer Geheimhaltung außerhalb des formellen klösterlichen Rahmens praktiziert. Die Praxis ist lebhaft, weil jede der Praktizierenden im Gleichklang mit den anderen eine Handtrommel (*Damaru*) spielt. In den letzten Jahren wurde im Ganden-Kloster in Ulaanbaatar ein jährliches Treffen von Praktizierenden abgehalten, das als Tschöd Mönlam bekannt ist.

Frauen in den buddhistischen Republiken Russlands

Die Erfahrungen buddhistischer Frauen in der Sowjetunion (1922 – 1991) ähneln in vielerlei Hinsicht denen jener in der Mongolei. Der Buddhismus wurde unter Joseph Stalin (1878 – 1953), der die UdSSR von 1922 bis 1953 regierte, unterdrückt, fast vernichtet und stand jahrzehntelang unter sowjetischer Kontrolle. Heute gibt es in allen drei buddhistischen Republiken der Russischen Föderation – Burjatien, Kalmückien und Tuwa – ein mühsames Wiedererstarken. Die Übertragung des Buddhismus in diese Regionen begann mit mongolischen und tibetischen *Lamas*, die die Lehren bereits im vierzehnten Jahrhundert unter den mongolischen Stämmen in den Steppen verbreiteten. Im Laufe der Zeit entwickelte der Buddhismus in diesen Regionen seinen ganz eigenen Charakter, oft im Dialog und Wettbewerb mit den einheimischen schamanischen Traditionen. Im vergangenen Jahrhundert haben die konkurrierenden Ideologien des Kommunismus und Säkularismus eine noch größere Herausforderung dargestellt, doch die buddhistischen Werte und religiösen Traditionen haben überdauert und sind mit unerwarteter Vitalität wieder aufgetaucht.

Wie in der Mongolei war auch in Burjatien, Kalmückien und Tuwa Frauen die klösterliche Ausbildung verschlossen. Schon ein flüchtiger Blick zeigt, dass sie im religiösen Zusammenhang einen untergeordneten Status hatten. So frei die Nomadinnen auch gewesen sein mögen, so spiegelte sich der untergeordnete Status der Frauen doch in anderen Bereichen der Gesellschaft wider. Doch die sichtbaren, von Männern dominierten buddhistischen Institutionen wurden während der Sowjetära schnell zerschlagen, wohingegen Frauen ihre religiösen Praktiken im Verborgenen fortsetzen konnten.[174]

Trotz aller Ungerechtigkeiten und Einschränkungen bedeuteten die kommunistische Ideologie und die von ihr geschaffenen sozialen Strukturen für Frauen einen Fortschritt in Bezug auf Bildungsmöglichkeiten, politische Teilhabe und wirtschaftliche Unabhängigkeit. Diese egalitären Möglichkeiten galten jedoch nie für religiöse Strukturen, sodass buddhistische Klöster bis heute Bollwerke männlichen Privilegs geblieben sind. Wenn Geschlecht handlungsbezogen ist,[175] dann macht männliche Dominanz in der religiösen Erziehung, den Ritualen und Machtstrukturen deutlich, dass die Weichen für die Erlangung der Erleuchtung für die Männer gestellt sind und die Frauen nur eine unterstützende Rolle einnehmen.

In den letzten Jahren hat ein Umdenken eingesetzt, da eine neue Generation von gut ausgebildeten, gesellschaftlich freien Frauen begonnen hat, sich für die buddhistischen Lehren, insbesondere für Ethik und Psychologie, zu interessieren.[176] Heute haben Buddhistinnen in der Russischen Föderation Zugang zu populärer buddhistischer Literatur, akademischen buddhistischen Studien und vielen öffentlichen Belehrungen und Aktivitäten, so dass die Zukunft vielversprechend aussieht. In dem Maße, in dem diese Frauen sich mehr mit dem Buddhismus beschäftigen, werden sie jedoch möglicherweise beginnen, die Asymmetrie der Geschlechterverhältnisse des religiösen Status quo in Frage zu stellen. Wenn die buddhistischen Lehren Frauen nicht den gleichen Nutzen bieten wie Männern, werden modern denkende weibliche Praktizierende – genauso, wie in anderen Teilen der Welt – natürlich ihren Ausschluss und ihre Unterordnung in Frage stellen, sich überstürzt zurückziehen und das Interesse an einem scheinbar obskuren und manipulierten System verlieren.

Bis heute gibt es in der gesamten Russischen Föderation nur vier buddhistische Nonnen; es gibt keine Klöster, in denen Frauen ein monastisches Leben führen können, und nirgendwo im Lande können sie buddhistische Bildung und Unterweisung erhalten. Dennoch haben Frauen in den buddhistischen Republiken der Russischen Föderation heute mehr Möglichkeiten als je zuvor im weltlichen Leben und fühlen sich zunehmend von der Philosophie und den Methoden ihres eigenen spirituellen Erbes angezogen.

Auch Frauen aus Familien und Gegenden der Föderation, die nicht traditionell buddhistisch sind, zeigen Interesse an buddhistischen Ideen und Übungen, was den Bedarf an qualifizierten Lehrern und mehr Materialien zum Erlernen des Buddhismus auf Russisch erhöht. Es bleibt zu hoffen, dass die russischen Buddhistinnen mit Beharrlichkeit und Einsicht in der Lage sein werden, diese Bedürfnisse zu befriedigen und das Ungleichgewicht zwischen den Geschlechtern im Buddhismus zu beseitigen, bevor Frauen das Interesse verlieren.

Erleuchtete Transformation

Die verschiedenen buddhistischen Traditionen des ausgedehnten kulturellen Einflussbereichs des Vajrayāna entstanden aus gemeinsamen Quellen in Indien, verbreiteten sich über Tibet und darüber hinaus und entwickelten sich entlang einzigartiger kultureller Pfade, die alle vom Mahāyāna-Buddhismus des Weges zum spirituellen Erwachen profitieren. Die Erfahrungen von Frauen in diesen buddhistischen Gesellschaften sind ein Mikrokosmos dieser Vielfalt, allerdings ist diese Analogie unvollkommen. Das buddhistische Ziel des Erwachens wird als konkrete Möglichkeit für alle fühlenden Wesen dargestellt, nicht einfach als Abstraktion. Und dennoch sind Frauen in Vajrayāna-Gemeinschaften in formellen religiösen Institutionen nicht angemessen vertreten.

Die Vajrayāna-Lehre lockt Praktizierende mit dem Versprechen des Erwachens »in diesem Körper, in diesem Leben«, doch ist dieses Versprechen für Frauen ohne angemessene Mittel zur Erfüllung dieses Potenzials schwer zu verwirklichen. Nur wenige Vajrayāna-Einrichtungen halten sich an die vom Buddha gegebene Bestätigung der weiblichen Veranlagung für das Erwachen. So sind zum Beispiel niemals Frauen in den inzwischen von Tibet nach Indien verlegten tantrischen Gyümé- oder Gyütö-Studieninstituten zugelassen worden, die ausschließlich Männern offenstehen. Auch sind einige tantrische Praktiken und gesegnete Räume für Frauen nicht zugänglich. Dieser Widerspruch ist im modernen Zusammenhang noch eklatanter, wenn die Hindernisse für ein religiöses Lebens für Frauen neben den Möglichkeiten stehen, die ihnen in der säkularen Welt geboten werden. Vielleicht – so könnte man argumentieren – sind buddhistische Frauen mit ihrem Leben der Hingabe und moralischen Tugend zufrieden und benötigen nicht die gleichen schwerfälligen Organisationsstrukturen wie männliche Praktizierende. Womöglich können Frauen genauso gut daheim üben, ohne auf ihre Familien und die Annehmlichkeiten des häuslichen Lebens verzichten zu müssen. Es mag auch sein, dass Frauen das höchste spirituelle Ziel erreichen können, ohne eine Bewegung zu gründen, die die fragilen klösterlichen Institutionen, die nach Jahren der Verfolgung durch die Volksrepublik China und die UdSSR so mühsam wieder aufgebaut wurden, umkrempelt.

Dies sind Fragen, die Frauen in den buddhistischen Gemeinschaften des Vajrayāna-Buddhismus unter sich auszumachen haben. Der Forscher kann nur auf die offensichtlichen *De-facto*-Ausgrenzung von Frauen aus den höchsten religiösen Institutionen des Buddhismus in diesen Ländern hinweisen. Dieser Ausschluss ist nicht zufällig, sondern vielmehr Teil eines patriarchalischen Gefüges, das in den meisten Gesellschaften schon seit sehr langer Zeit besteht. Was nach wie vor überrascht, ist der eklatante Widerspruch zwischen der in den egalitären Lehren des Buddha verankerten theoretischen Gleichheit der Frauen einerseits und ihrer anhaltenden Ausgrenzung und Unterordnung auf allen Ebenen der Gesellschaft andererseits. Diese Ungereimtheit ist die Ursache für viel Leid und Ungerechtigkeit und die theoretische Gleichheit der Frauen wird oft dazu benutzt, sehr reale soziale Ungerechtigkeiten und Ausbeutung zu verschleiern. Die Frage ist: Wenn Frauen und Männer im Buddhismus gleich sind, wo liegt dann das Problem?

Die soziale Vision des Buddha brachte unbestreitbar konstruktive Veränderungen für Frauen in den von ihm gegründeten religiösen Gemeinschaften. Er bestätigte nicht nur das gleiche Potenzial von Frauen für die Erleuchtung, sondern bot ihnen auch Alternativen zur Häuslichkeit, indem er einen Nonnenorden, den *Bhikṣuṇī Saṅgha*, gründete. Angesichts der in der südasiatischen Gesellschaft zur Zeit des Buddha vorherrschenden Ungleichheiten zwischen den Geschlechtern waren diese Initiativen eine bedeutende Abweichung vom *Status quo*. Nichtsdestotrotz waren die *Vinaya*-Texte, die die buddhistischen Klostergemeinschaften regeln, selbst von patriarchalischen Einstellungen geprägt und stärkten die Unterordnung der Frauen unter die Mönche.

Aufeinanderfolgende Generationen von buddhistischen weiblichen Praktizierenden wurden von den in diesen Schriften enthaltenen patriarchalischen Annahmen beeinflusst und durch sie zweitrangig. Obwohl die Geschichte der männlichen Dominanz im Buddhismus einige Frauen nicht daran hinderte ein hohes Maß an spiritueller Verwirklichung zu erreichen, hatten viele buddhistische Frauen im Laufe der Geschichte nur wenig oder gar keinen Zugang zu Bildung, Ordination oder den Hilfsmitteln, ihr Potenzial zu entwickeln. Nur wenige von ihnen wurden zu religiösen Führerinnen.

Ein Verständnis der Ungleichheiten, die die Vorschriften, die das klösterliche Leben regeln, beinhalten, ist daher entscheidend für eine feministische Bewertung der Traditionen. In einer Welt, in der traditionelle Annahmen über Frauen auf den Prüfstand gestellt werden, ist eine solche Studie daher längst überfällig. Dabei geht es nicht nur um die Frage, inwieweit die Texte Frauen unterstützen oder behindern, sondern auch um die praktische Frage, wie buddhistische Einrichtungen im Sinne von Geschlechtergerechtigkeit und sozialer Gerechtigkeit umgestaltet werden können.

KAPITEL 5

Buddhistische Frauen im Westen

Der Buddhismus ist keine in sich geschlossene Tradition, sondern eine Sammlung von Überlieferungen, welche die Entwicklung und Anpassung der Lehren des Buddha, die sich seit über zweitausendfünfhundert Jahre in den Ländern Asiens verbreitet haben, widerspiegeln. Als diese Lehren übersetzt und in die Sprachen und Kulturen der neuen Länder integriert wurden, behielten sie einen Kern von zentralen Ansätzen bei, wohingegen sie andere umwandelten. In dem Maße, in dem die eingeführten Ideen übernommen wurden, veränderten sich buddhistische Kunst und Architektur, indem sie von der lokalen Ästhetik beeinflusst wurden. Heute mögen im Westen die Ritualtexte vielleicht auf Englisch gesungen und die Altäre mit Süßigkeiten bestreut werden, wodurch authentisch buddhistische Empfindungen auf einheimischer Weise ausgedrückt werden. Dabei ist die zunehmende Bedeutung der Frauen eine bemerkenswerte Veränderung bei der Anpassung der Traditionen.

Heutzutage spielen Frauen in Ländern außerhalb Asiens – in Nord- und Südamerika, Europa, Australien, Neuseeland und anderswo – eine wichtige Rolle bei der Weitergabe und Verbreitung des Buddhismus. Sie haben sich als Lehrerinnen, Übersetzerinnen und Beraterinnen betätigt, Netzwerke aufgebaut und andere wichtige Aufgaben bei der Verbreitung und Einbindung des Buddhismus in neuen Ländern übernommen. Eine Reihe von Artikeln, Büchern und Videos dokumentieren das Leben und die Erfahrungen westlicher buddhistischer Frauen und internationale Konferenzen dienen ihnen als Orte, an denen sie über ihre eigenen einzigartigen Erfahrungen mit buddhistischer Praxis sprechen können.[177] Das Verständnis der Beteiligung von Frauen rückt einige Schlüsselfragen im komplexen Prozess der Annahme und Angleichung des Buddhismus in nicht-asiatischen Kulturen in den Mittelpunkt.

Der Buddhismus ist bekannt für seine Anpassungsfähigkeit, die es ihm ermöglicht hat, sich an lokale religiöse Vorstellungen und Bräuche anzupassen. Die derzeitige Übertragung des Buddhismus in westliche Länder ist ein fortlaufender Prozess der Angleichung, ähnlich wie die Übermittlung nach China im vierten Jahrhundert. Die Herausforderung bei der Einführung einer hoch entwickelten intellektuellen Tradition in Kulturen, die bereits ihre eigenen intellektuellen Überlieferungen haben, besteht darin, Verbindungen zwischen vergleichbaren oder scheinbar vergleichbaren Konzepten herzustellen und entsprechende Anpassungen vorzunehmen. Manchmal erfordert der Prozess der Kulturangleichung so viel Umstellung in der Auslegung, dass man sich fragen könnte, ob die daraus resultierenden Erweiterungen rechtmäßig als Buddhismus bezeichnet werden können.

Die Übertragung der buddhistischen Traditionen in den Westen hat ein komplexes Terrain geschaffen. Jede Variante buddhistischen Denkens und buddhistischer Praxis überträgt ihre eigenen einzigartigen kulturellen Werte und Sitten, zusammen mit Ritualen und Ikonographien, in neue Länder. Jede Phase der Übermittlung wird durch die Übersetzung von Worten und Ideen durch Menschen vermittelt, deren Bildungsstand und Sprachkenntnisse ebenso variieren wie ihre Kenntnisse und Erfahrungen in buddhistischer Praxis. Dabei wird jede einzelne Übertragung von auch gleichermaßen unterschiedlichen

Schülern empfangen. Die Lehren und Praktiken dieser verschiedenen Traditionen werden von verschiedenen Menschen auf individuelle Weise bewertet und angepasst. So gehörten zum Beispiel Meditation und praktische buddhistische Methoden zur Bewältigung von Ärger, Lösung von Streitigkeiten, zum Erreichen von Glück und zur Entwicklung von Geistesruhe zu den ersten Übungen, die in Nordamerika Verbreitung fanden. Einige andere Aspekte des Buddhismus, wie Rituale und Hingabe, sprechen nur einen Teil der Menschen an und werden von anderen strikt abgelehnt.

Gleichmacherische Empfindlichkeiten werden durch geschlechtsspezifische Diskriminierung und hierarchische Vorstellungen, die behaupten, die Übertragung der Linie, volle Ordination und Buddhaschaft seien ausschließlich männliche Privilegien, gestört. Um für liberale westliche Werte annehmbar zu sein, müssen sich Buddhisten mit diesen diskriminierenden Hierarchien auseinandersetzen. Hierzu gehören auch die Ungleichheit zwischen den Geschlechtern und das Patriarchat, sowie der Autoritätsanspruch und die Geheimhaltung buddhistischer Institutionen bei sexueller Ausbeutung. Viele westliche Schülerinnen und Schüler sind allerdings mehr daran interessiert, die Probleme des täglichen Lebens zu lösen als Erleuchtung zu erlangen. Daher ist der Prozess der Vermittlung des Buddhismus im Westen sowohl faszinierend als auch mit Herausforderungen und Widersprüchen verbunden.

Buddhistische Wegbereiterinnen

Einige der frühesten Vorreiter des Buddhismus im Westen waren Einwanderer aus China und Japan, die sich gegen Ende des neunzehnten Jahrhunderts in Kalifornien und Hawaii ansiedelten. Da die asiatischen bzw. asiatisch-amerikanischen Beiträge, insbesondere der Frauen, kaum Erwähnung finden, werden diese Emigranten in den Darstellungen des amerikanischen Buddhismus oft nicht erwähnt.

Viele frühe buddhistische Einwanderer waren Anhänger des Reinen Land-Buddhismus, die auf die unendliche Weisheit und das Mitgefühl von Amitābha Buddha vertrauten und danach strebten, nach dem Tod in seinem Reinen Land wiedergeboren zu werden. Rennyo (1415–1499), ein japanischer Meister der Reinen Land-Tradition, versichert uns:

> *Frauen, die im Leben als Haushalterinnen verbleiben, sollten erkennen und niemals den geringsten Zweifel hegen, dass all jene, die sich ohne jede Berechnung einsgerichtet und unerschütterlich auf Amida [japanisch für Amitābha] Buddha stützen und sich ihm anvertrauen, um Befreiung im zukünftigen Leben zu erlangen, gerettet werden.*[179]

Heute spielen Frauen – sowohl Haushalterinnen als auch Ordinierte – in den Tempeln der Reinen Land-Tradition im Westen eine zunehmend wichtige Rolle. [180] Im Jahr 2018 wurde Patricia Kanaya Usuki (geb. 1953) zur Vorsitzenden der Buddhist Churches of America Ministers' Association gewählt, einer Vereinigung, welche die Jōdo Shinshū-Tempel in den Vereinigten Staaten leitet. Seit den Anfängen der Vereinigung um die Jahrhundertwende hat den Vorsitz immer ein Mann inngehabt und die Wahl von Patricia Kanaya Usuki bedeutet daher einen Durchbruch bezüglich der geschlechtsspezifischen Unterschiede.

Irene Eshin Matsumoto (geb. 1929) ist ein Beispiel für eine japanisch-amerikanische Frau, die ihr Leben der buddhistischen Praxis gewidmet hat. Ihre Schwiegermutter, Kiyo Myosei Matsumoto (1884–1959), gründete 1935 zusammen mit ihrem Mann den Palolo Kwannon Tempel in Honolulu. Sie wurde 1936 in Japan zur Tendai-Priesterin geweiht und diente nach dem Tod ihres Mannes von 1944 bis 1958 als zweite Äbtissin des Tempels. Nachdem Irene den Sohn von Myosei, Bischof Richard Chiko Tomoyoshi (1927–1995), geheiratet hatte, half sie als Tempelfrau und unterrichtete außerdem in der Grundschule. Als ihr Mann 1986 starb, wurde sie die vierte Äbtissin des Tempels und hat seitdem ihre Gemeinschaft in ihrer Verehrung für Kannon (chinesisch:

Guanyin), den *Bodhisattva* des Mitgefühls in weiblicher Form, geleitet. Die vielen anmutigen Bilder von Kannon auf dem Tempelgelände erinnern die Mitglieder an die befreiende Kraft des Mitgefühls, während Irene Eshin Matsumoto selbst weiterhin Mitgefühl in der Praxis vorlebt.

Eine weitere buddhistische Wegbereiterin war Ruth Fuller Sasaki (1892 – 1967), eine Amerikanerin, die in der Zen-Tradition bei Nanshinken Roshi im Nanzen-Tempel in Kyoto und später bei Daisetsu Teitaro Suzuki (1870 – 1966) und Shigetsu Sasaki (1882 – 1945) studierte, zwei Japanern, die maßgeblich an der frühen Übertragung des Zen nach Nordamerika beteiligt waren.[181] 1932 erlebte sie während ihrer *Kōan*-Praxis[182] ein plötzliches Erwachen (*Satori*) und durfte daraufhin *Zazen* (Sitzmeditation) mit den Mönchen praktizieren.[183] Im Laufe der Zeit wurde sie als erste Westlerin zur Priesterin des Daitoku-ji-Tempels in Kyoto ernannt, war die erste Frau, die in der Rinzai-Zen-Tradition in Japan ordiniert wurde, und wurde Äbtissin des Ryōsen-an (Dragon Springs Hermitage). Sie gründete 1951 das First Zen-Institut of America in New York City und eine ähnliche Bildungsstätte in Japan, wo sie ein Team von Übersetzern zusammenstellte und den Rest ihres Lebens der Übertragung und Veröffentlichung von klassischen Zen-Lehrtexten, Broschüren, Gedichten und *Kōans* widmete.

Ab den 1960er Jahren begannen viele Frauen in Nordamerika und Europa *Zazen* zu praktizieren, und einige von ihnen wurden zu anerkannten Erbinnen und Lehrerinnen des Dharma. Die englische Nonne Jiyu Kennett Roshi (1924 – 1996), die erste in der Sōtō-Zen-Linie ordinierte Westlerin, gründete 1970 die Shasta Abtei in der Nähe von Mount Shasta in Kalifornien.[184] Sie schrieb zahlreiche Bücher über die Zen-Lehre, entwickelte eine Liturgie im Stil der gregorianischen Gesänge und gründete den Order of Buddhist Contemplatives, der international mehrere Niederlassungen hat.

In den 1970er Jahren gründete die gebürtige Kanadierin Maureen Stuart Roshi (1922 – 1990) die Cambridge Buddhist Association in Massachusetts und wurde deren leitende Lehrerin.[185] Etwa zur gleichen Zeit, im Jahr 1977, wurde Zenkei Blanche Hartman (1926 – 2016) zur

Priesterin in der Sōtō-Zen-Linie von Shunryū Suzuki (1904 – 1971), der dazu beitrug, Zen in den Vereinigten Staaten zu verbreiten, ordiniert. Außerdem war sie von 1996 bis 2002 Mitäbtissin des San Francisco Zen Center. Sie lehrte weiterhin *Nyohō-e*, die traditionelle Kunst des Nähens von Mönchsroben, und war eine starke Fürsprecherin für Frauen und Kinder. Die in Deutschland geborene Gesshin Prabhasa Dharma Roshi (1931 – 1999) wurde 1968 als Nonne ordiniert. Ausgebildet in der Rinzai-Zen-Linie, gründete sie 1983 das International Zen Institute in Los Angeles und unterrichtete sowohl in Europa als auch in den Vereinigten Staaten. Roshi Joan Jiko Halifax (geb. 1942), eine medizinische Anthropologin, wurde die Gründerin und Äbtissin des Upāya Institute and Zen Centers in Santa Fe in New Mexico. Sie ist besonders für ihre Arbeit auf dem Gebiet von Tod und Sterben bekannt.[186]

Weitere westliche Frauen, die in Nordamerika zu bekannten Zen-Lehrerinnen wurden, sind Barbara Rhodes (Soeng Hyang Soen, geb. 1948), Jan Chozen Bays (geb. 1945), Charlotte Joko Beck (1917 – 2011), Yvonne Rand (geb. 1935 – 2020), Patricia Dai-En Bennage (geb. 1939), Wendy Egyoku Nakao (geb. 1949), Eijun Linda Cutts (geb. 1947), Roshi Enkyo Pat O'Hara (geb. 1941) und Meian Elbert (geb. 1947). Jede von ihnen hat eine einzigartige Geschichte über die Zen-Praxis von westlichen Frauen zu erzählen.[187]

Frauen waren auch an der Etablierung der Traditionen des Theravāda-Buddhismus im Westen aktiv beteiligt. Eine der ersten Vorreiterinnen der *Vipassanā*-Meditation (Einsichtspraxis) war Ruth Denison (1922 – 2015), eine deutsche Haushalterin, die sich in Kalifornien niederließ und ein *Vipassanā*-Retreat-Zentrum namens Dhamma Dena in Joshua Tree in der Mojave-Wüste gründete.[188] Sie wurde eine Schülerin des burmesischen Haushalter-Meditationslehrers U Ba Khin (1899 – 1971), der sie 1969 autorisierte, *Vipassanā* im Westen zu lehren. Ihr innovativer, informeller Unterrichtsstil legte den Schwerpunkt auf Sinnesgewahrsein und achtsames Bewegen. Sie führte auch reine Frauen-Retreats ein. Bekannt für ihre eigenwillige, einfache Persönlichkeit, inspirierte Ruth viele Schülerinnen und Schüler auf dem Weg des Dhamma, insbesondere Frauen. Ihre Schüler schätzten ihre liebevolle Persönlichkeit und ihre Geduld mit Neurosen.

Ayya Khema (1923 – 1997) wurde in einer jüdischen Familie in Berlin geboren und verbrachte nach ihrer Flucht vor den Nationalsozialisten zwei Jahre in Schottland, bevor sie nach Shanghai umzog, wo die Familie im Shanghaier Ghetto für staatenlose Flüchtlinge in Hongkew (dem heutigen Hongkou-Distrikt) untergebracht wurde. Sie heiratete und bekam ein Kind, war aber gezwungen, vor der 1942 beginnenden japanischen Besatzung zu fliehen und brachte in Kalifornien ein zweites Kind zur Welt. Sie lebte in vielen verschiedenen Ländern, bevor sie in Australien ankam, wo sie 1978 das Wat Buddha Dhamma im thailändischer Stil außerhalb von Sydney gründete. Im Jahr 1979 wurde sie Nonne in Sri Lanka, wo sie die *Jhāna*-Meditation erlernte und erhielt 1988 die volle *Bhikṣuṇī*-Ordination im Hsi Lai-Tempel in Hacienda Heights, Kalifornien.

Sie gründete das International Buddhist Women's Centre für die Ausbildung von Nonnen und die Nonneninsel Parappuduwa für Retreats in Sri Lanka. Sie half auch bei der Gründung der Sakyadhita International Association of Buddhist Women 1987 in Bodhgaya, Indien, gründete in Deutschland 1989 das Buddha Haus in Oy-Mittelberg und 1997 den Metta Vihara. Sie war die Autorin vieler Bücher und die erste buddhistische Nonne, die vor den Vereinten Nationen in New York City sprach.[189]

Heute gibt es viele westliche Frauen, die angesehene Theravāda- und *Vipassanā*-Meditationslehrerinnen geworden sind, darunter: Sharon Salzberg (geb. 1952), eine der Gründerinnen der Insight Meditation Society in Barre, Massachusetts; Michele MacDonald von Vipassana Hawaii; Marcia Rose, Gründerin und führende Lehrende der Mountain Hermitage in Ranchos de Taos, New Mexico; Christina Feldman, Mitbegründerin von Gaia House im Vereinigten Königreich; Ayya Medhanandi, die *Bhikkhunī*-Gründerin und führende Lehrerin von Sati Saraniya Hermitage, einem Waldkloster für Frauen in Kanada;

Ayya Tathaloka (geb. 1968), die *Bhikkhunī*-Gründerin von Dhammadharini Vihara in Kalifornien; die Meditations- und Achtsamkeitslehrerin Sylvia Boorstein (geb. 1936); und Kamala Masters, eine der Gründerinnen und Lehrerinnen der Vipassana Metta Foundation auf Maui.

In der tibetischen Tradition folgten drei westliche Frauen einem bemerkenswert ähnlichen Weg und spielten eine einflussreiche Rolle bei der Weitergabe der buddhistischen Lehren. Khechok Palmo (1911 – 1977) war die erste westliche Frau überhaupt, die als buddhistische Nonne ordiniert wurde. In England geboren und an der Universität Oxford ausgebildet, ließ sie sich 1934 mit ihrem Sikh-Ehemann in Indien nieder und engagierte sich in der indischen Unabhängigkeitsbewegung. Nachdem Seine Heiligkeit der Vierzehnte Dalai Lama und schätzungsweise 100.000 Tibeter 1959 nach Indien und Nepal geflohen waren, gründete sie das Young Lamas' Home in Dalhousie und Karma Drubgyu Thargay Ling in Tilokpur, beide in Himachal Pradesh in Indien, um eine Generation von geflüchteten tibetischen Mönchen und Nonnen in Indien auszubilden.[190] Sie erhielt 1966 die Novizinnenordination vom Sechzehnten Gyalwa Karmapa (1924 – 1981), dann 1972 die zur *Bhikṣuṇī* in Hongkong und lehrte viele westliche Studierende.

Jetsunma Tenzin Palmo (geb. 1943) ist eine weitere, in England geborene Praktizierende, die als Bibliothekarin in London ein starkes Interesse am Buddhismus entwickelte. 1964 reiste sie nach Indien und begann, im Young Lamas' Home in Dalhousie Englisch zu unterrichten, wo sie den Achten Khamtrul Rinpoche (1931 – 1980), einen Drukpa Kagyü-*Lama*, kennenlernte und dessen Schülerin wurde. Bald darauf beschloss sie, Nonne zu werden. Im Jahr 1967 erhielt sie in Rumtek in Sikkim die Novizinnenordination durch den Sechzehnten Gyalwa Karmapa und 1973 die zur *Bhikṣuṇī* in Hongkong. Nach zwölf Jahren einsamer kontemplativer Praxis in einer Höhle in der Himalaya-Region Lahaul in Himachal Pradesh in Indien, von 1976 bis 1988,[191] beschloss sie, eine Umgebung zu schaffen, in der Nonnen sich in der Linie der *Togden* (verwirklichten Praktizierenden) in der Drukpa-Kagyü-Schule üben und diese auch fortführen konnten. Im Jahr 2000 begann sie mit der Gründung des Dongyu Gatsal Ling Nonnenklosters in Tashi Jong, Nordindien. Sie lehrt international und ist seit 2012 Präsidentin der Sakyadhita International Association of Buddhist Women.

Pema Chödrön (geb. 1936) studierte zunächst Englisch am Sarah Lawrence College, erwarb dann einen Master-Abschluss in Pädagogik an der University of California in Berkeley, und gründete eine Familie, bevor sie den Buddhismus studierte. Im Jahr 1974 erhielt sie die Novizinnen-Ordination vom Sechzehnten Gyalwa Karmapa in Rumtek in Sikkim, und im Jahr 1981 die zur *Bhikṣuṇī* in Hongkong. Seit 1984 ist sie die führende Lehrerin und amtierende Leiterin des Gampo-Klosters in Nova Scotia, Kanada. Sie ist die Autorin zahlreicher populärer Bücher über den Buddhismus.[192]

Zu den anderen westlichen Autorinnen und Lehrenden der tibetischen Tradition gehören: Tsültrim Allione (geb. 1947), Lehrerin und Mitbegründerin des Tara-Mandala-Retreat-Zentrums in Colorado; Janice Dean Willis (geb. 1948), Autorin und emeritierte Religionsprofessorin an der Wesleyan University; Chagdud Khadro, spirituelle Leiterin von Chagdud Gonpa in Südbrasilien; Lama Tsering Everest (geb. 1954), ansässige Lama von Chagdud Gonpa Odsal Ling in São Paulo, Brasilien; Anne Carolyn Klein (geb. 1947), Professorin für Religionswissenschaften an der Rice University sowie Mitbegründerin und ansässige Lehrende von Dawn Mountain in Houston, Texas; Thubten Chodron (geb. 1950), Gründerin und ansässige Lehrende der Sravasti Abby im Bundesstaat Washington; Sarah Harding (geb. 1951), Übersetzerin und Lehrende in der Shangpa-Kagyü-Tradition; Rita Gross (1943 – 2015), Autorin und amerikanische buddhistische feministische Religionswissenschaftlerin sowie Elizabeth Mattis Namgyel, Autorin und Lehrende in Longchen Jigme Samten Ling in Colorado. Und es gibt noch viele mehr.

Weitere Beispiele für wegweisende buddhistische Lehrrinnen im Westen sind die Umweltaktivistin, Autorin und Gelehrte Joanna Macy (geb. 1929); Karuna Dharma (1940 – 2014), die erste in den USA geborene Frau, die 1976 vollordinierte buddhistischen Nonne wurde und

Catriona Reed (geb. 1949), eine Trans-Frau, die Thiên-Buddhismus (vietnamesisches Zen) lehrt und einen Hintergrund in *Vipassanā*-Meditation hat. Sie alle haben aus verschiedenen buddhistischen Traditionen geschöpft. Westliche buddhistische Frauen sind in praktisch allen Bereichen vertreten: Künstlerinnen wie Tina Turner (1939 – 2023) und K. D. Lang (geb. 1961); die Schriftstellerinnen Ruth Ozeki (geb. 1956) und Bell Hooks (1952 – 2021); die Schauspielerinnen Uma Thurman (geb. 1970) und Sharon Stone (geb. 1958); die Wissenschaftlerinnen Jan Nattier (geb. 1949) und Janet Gyatso (geb. 1949); die Aktivistinnen Zenju Earthlyn Manuel (geb. 1952) und Angel Kyodo Williams (geb. 1969); die Künstlerinnen Mayumi Oda (geb. 1941) und Tiffani Gyatso (geb. 1981) und die Dichterinnen Jane Hirshfield (geb. 1953) und Anne Waldman (geb. 1945). Sicherlich gibt es in jeder Disziplin buddhistische Frauen, die ebenfalls Anerkennung verdienen.

In den Vereinigten Staaten bezeichnen sich einige bekannte darstellende Künstlerinnen als Buddhistinnen und greifen in ihrer Kunst auf buddhistische Lehren zurück. Meredith Monk (geb. 1942) ist eine Sängerin, die explizit Verbindungen zwischen Buddhismus, Atem, Meditation und der heilenden Qualität von Klang herstellt. Die Tara-Tänzerinnen sind ein Beispiel für buddhistisches feministisches Bewusstsein, das sich in Bewegung ausdrückt. Prema Dasara, eine Amerikanerin, die in Indien in klassischem indischen Tanz ausgebildet wurde, entdeckte buddhistische Tänze, die seit Hunderten von Jahren in Odisha in Ostindien, bewahrt wurden, und gründete eine gemeinnützige Organisation namens Tara Dhatu, um diese zu erhalten. Sie komponierte eine Reihe von Tänzen, die die Qualitäten von *Buddhas* und *Bodhisattvas*, insbesondere jener in weiblicher Form, würdigen und zum Ausdruck bringen.

Seit 1998 organisiert Tara Dhatu Workshops in der ganzen Welt, um Frauen im Tanzen auszubilden, die Tänze zu lehren und so wichtige Aspekte der buddhistischen Lehren zu vermitteln. Ihre jüngste Serie von Tänzen stellt die einundzwanzig Aspekte des weiblichen *Bodhisattva* Tārā dar. Die Tänzerinnen tragen speziell in Bali angefertigte Masken und versuchen, die Qualitäten dieser erwachten Manifestationen zum Wohle aller Wesen zu verkörpern.[193]

Die Debatte über die Rechte buddhistischer Frauen

Einer der größten Beiträge westlicher buddhistischer Frauen besteht darin, die Öffentlichkeit auf geschlechtsspezifische Vorurteile innerhalb der buddhistischen Traditionen aufmerksam zu machen. Das soll nicht heißen, dass asiatische Buddhistinnen sich der männlichen Dominanz und Geschlechterdiskriminierung in ihren Traditionen und Gemeinschaften nicht bewusst sind. Buddhistinnen in ganz Asien, von Korea bis Sri Lanka, sind führend im Einsatz für Frauen und haben Projekte initiiert, die den geschlechtsspezifischen Status quo in Frage stellen und zu korrigieren versuchen.

Auch in westlichen Ländern bestehen nach wie vor geschlechtsspezifische Ungleichheiten, die den Erfolg von Frauen behindern. Die Infragestellung des Patriarchats ist überall eine gewaltige Aufgabe. Wie alle Bewegungen für soziale Rechte erfordert sie viel Vertrauen und Geduld und birgt erhebliche soziale Risiken. Es ist wichtig zu hinterfragen, warum die Chancengleichheit für Frauen in den meisten Kulturen der Welt – einschließlich der westlichen Länder – eingeschränkt und als bedrohlich angesehen wird.

Ein weiterer wichtiger Beitrag westlicher buddhistischer Frauen hat darin bestanden, die internationale Vernetzung zu fördern und das innerbuddhistische Verständnis in Ländern und Gemeinschaften weltweit zu unterstützen. Die internationalen Sakyadhita-Konferenzen zu buddhistischen Frauen sind ein gutes Beispiel für egalitäre buddhistische internationale Zusammenarbeit. Durch die Schaffung von Plattformen, die Frauen aus allen Schichten und nicht nur gebildeten Eliten eine Stimme geben, hat Sakyadhita die feministische Diskussion auf innovative, integrative Weise vorangebracht. In der Zwischenzeit findet ein gesunder Austausch gegenseitiger Einflüsse zwischen Asien und dem Westen statt, der sowohl die kulturelle Bildung als auch ein tieferes Verständnis der buddhistischen Lehren in einem dynamischen, multidimensionalen Prozess fördert. Das buddhistische Ideal der Erleuchtung für alle kann für Frauen und Männer gleichermaßen umformend sein, auch wenn eine solch hehre Wunschvorstellung erst noch in die gesellschaftliche Realität umgesetzt werden muss.

Viele asiatische und westliche buddhistische Praktizierende – sowohl weibliche als auch männliche – vertreten die Ansicht, dass Meditationspraxis geschlechtsneutral ist, der Dharma kein Geschlecht hat und es daher keinen Grund gibt, sich mit der Frage der Frauen im Buddhismus zu beschäftigen. Da sich die buddhistischen Lehren auf die Kultivierung des Gewahrseins und Läuterung des Geistes konzentrieren und Bewusstsein kein Geschlecht hat, so das Argument, sind alle Menschen in der Lage, Befreiung zu erreichen, weshalb die Frage nach Frauen im Buddhismus irrelevant ist. Doch auch wenn es theoretisch stimmt, dass der Dharma geschlechtslos ist, sind die sozialen Auswirkungen der buddhistischen Lehren und Praktiken oft himmelschreiend geschlechtsspezifisch.

Wenn Frauen nicht die gleichen Chancen auf Ordination oder Ausbildung geboten werden, wird ihnen die volle Teilhabe am buddhistischen Erbe verwehrt. Das stigmatisiert Frauen auch als unfähig, die höchsten Ziele von buddhistischer Philosophie und Praxis zu erreichen, was in direktem Widerspruch zu den Ansichten des Buddha selbst steht. Wie viele andere Menschen in der Welt neigen auch Buddhisten dazu, über sexuelle Identitäten außerhalb der männlich-weiblichen Norm zutiefst verwirrt zu sein.

Buddhismus und Sexualität

In den letzten Jahren haben westliche Wissenschaftler wichtige Beiträge zur Erforschung des Buddhismus, der Sexualität und der Geschlechter geleistet.[194] Bis vor kurzem wurde das Thema der sexuellen Ausbeutung jedoch generell vermieden. Eine buddhistische Analyse von sexuellem Fehlverhalten beginnt mit der Erläuterung der ethischen Prinzipien, welche die Grundlage aller Dharma-Praxis bilden. Buddhistische Haushalter – ob männlich (*Upāsaka*) oder weiblich (*Upāsikā*) – halten freiwillig fünf Gelübde ein. Eines davon ist, sexuelles Fehlverhalten zu unterlassen, was im Allgemeinen als Ehebruch, Vergewaltigung oder anderweitige Schädigung von Personen durch das eigene Sexualverhalten interpretiert wird. Buddhistische Mönche halten sich freiwillig an viele weitere Regeln, darunter auch die, auf Geschlechtsverkehr gänzlich zu verzichten. Ein Mönch oder eine Nonne lebt also per definitionem im Zölibat.

Buddhistische Lehrende können entweder Haushalter, ordinierte Mönche oder, wie in einigen japanischen Traditionen, Priester sein, die weder als Haushalter noch als monastisch ordiniert gelten. Nicht jede qualifizierte Lehrperson (Sanskrit: *Guru*, Tibetisch: *Lama*) ist zölibatär und nicht alle zölibatären Mönche sind qualifizierte Lehrer. Buddhistische Lehrkräfte haben eine Autoritätsposition inne. Von ihnen wird erwartet, dass sie ihren Anhängerinnen und Anhängern und der Gesellschaft im Allgemeinen einen hohen moralischen Verhaltensstandard vorleben. Unabhängig davon, ob sie sich für das Zölibat entscheiden oder nicht, wird von ihnen vorausgesetzt, dass sie nichtheilsames Sexualverhalten vermeiden. Es ist verwirrend, wenn ein Lehrender – ob er nun die Robe trägt oder nicht – gegen das Gebot der sexuellen Zurückhaltung verstößt, das er oder sie persönlich zu befolgen gelobt hat.

Der Legende nach war der Buddha mit sexuellem Begehren durchaus vertraut, da er sich als verwöhnter Prinz den Vergnügungen eines beträchtlichen Harems hingab. Tatsächlich wurde der Entschluss, seinem luxuriösen Leben zu entsagen, durch die illusionserschütternde Erfahrung ausgelöst, seine Gefährtinnen durcheinander gewürfelt um sich herum zu sehen.[195] Nach seinem spirituellen Erwachen erklärte er, dass das Attraktivste für einen Mann eine Frau sei und das Attraktivste für eine Frau ein Mann. Trotz dieser heterosexuellen Typologie wusste der Buddha, dass Begehren alle Geschlechter überschreitet. Basierend auf einem Vorfall, der sich zu seiner Lebenszeit ereignete, enthält die erste Regel für Mönche ein Verbot des Geschlechtsverkehrs mit einer Person des anderen oder gleichen Geschlechts; mit anderen Worten: Die Entsagenden lebten freiwillig zölibatär und durften keinerlei sexuellen Aktivitäten ausüben. Allerdings wird in den frühen buddhistischen Texten homosexuelles Verhalten von Haushaltern, die keine Gelübde sexueller Enthaltsamkeit ablegen, nicht diskutiert.[196]

Die Ursachen für sexuelles Fehlverhalten sind nicht schwer zu verstehen. Geschlechtliche Begierde ist ein starkes Gefühl, das durch gewohnheitsmäßige Tendenzen genährt wird. Im Buddhismus wird es zusammen mit Gier, Verliebtheit, Lust und Anhaftung als täuschendes Geistesgift eingestuft. Begehren und Anhaften führen zu Eifersucht und Enttäuschung und verstricken die Wesen in einen ewigen Kreislauf von Unzufriedenheit und Leid. Nur durch ein Verständnis dieser Ursachen und Zusammenhänge können Wesen sich davon befreien.

Eine weitere mögliche Quelle für Verwirrung bezüglich Sexualität und sexuellem Fehlverhalten ist für viele Menschen die männlich/weibliche (*Yab/Yum*) Bildsprache von männlichen und weiblichen Wesen in sexueller Vereinigung, die in bestimmten tantrischen Meditationspraktiken im Vajrayāna-Buddhismus verwendet wird und die Vereinigung von geschickten Mitteln und Weisheit symbolisiert.[197]

Obwohl sexuelle Vereinigung als spirituelle Praxis im buddhistischen Tantra behandelt wird, ist sie hochgradig fortgeschrittenen Yogis, die keine Mönche sind, vorbehalten, und es ist zweifelhaft, dass – wenn überhaupt – heutzutage mehr als ein paar solche vollendeten Wesen in der Welt existieren. Als er über Fälle von sexuellem Missbrauch durch buddhistische Lehrer informiert wurde, erklärte Seine Heiligkeit der Vierzehnte Dalai Lama eindeutig, dass, wenn ein Lehrer gegen die Richtlinien verstößt, der Schüler das Fehlverhalten des Lehrers offen ansprechen muss.[198]

Die Unabhängigkeit, die viele Frauen heute erlangt haben, eröffnet ihnen neue Erfahrungen, stellt sie aber auch vor neue Herausforderungen. Frauen werden selbstbewusster, wenn sie ein höheres Bildungsniveau erreichen, und es bieten sich ihnen neue Möglichkeiten. Allerdings ist Glück nicht garantiert. In buddhistischen Zentren überall erwarten Frauen im Allgemeinen, dass sich Lehrende ethisch korrekt verhalten und tun sexuelle Annäherungsversuche vielleicht naiv als eine Art interkulturelles Missverständnis ab. Mittlerweile kann das Thema jedoch nicht mehr beiseitegeschoben werden, da mehrere schwerwiegende Fälle von sexuellem Fehlverhalten in westlichen buddhistischen Zentren und anderswo bekannt geworden sind.[199]

Natürlich können wir nicht den Buddhismus oder alle Buddhisten für das Verhalten einiger verantwortlich machen, aber es gibt sicherlich ein neues Bewusstsein dafür, dass das Thema von verantwortungsvollem sexuellen Verhalten in westlichen Dharma-Gemeinschaften dringend angesprochen werden muss.

Konflikte und Angleichungen der Kulturen – kulturell und konzeptionell

Die Erfahrungen und Anliegen westlicher buddhistischer Frauen können sich von denen asiatischer buddhistischer deutlich unterscheiden. Frauen im Westen sind im Allgemeinen an der praktischen Anwendung der buddhistischen Lehren im Alltag, in Beziehungen, im Familienleben und Beruf interessiert. Sie finden die Belehrungen hilfreich, um mit der überwältigenden Komplexität des modernen Lebens fertig zu werden und nutzen Meditation als Mittel, um mit Angst, Stress und Verwirrung umzugehen. Diejenigen, die sich mit Fragen der Gleichberechtigung der Geschlechter, der Umwelt und der Gerechtigkeit beschäftigen, versuchen buddhistische Lösungen auf soziale Krisen, wie Rassismus und Armut, anzuwenden. Einige haben die buddhistischen Lehren als Rettungsanker für die Heilung von Suchtverhalten entdeckt.[200]

Viele finden Dharma-Praxis spirituell bereichernd, ja sogar befreiend. Das Ziel ist nicht irgendein transzendentes *Nirvāṇa*, sondern ein heilsamer Weg, um mit Störgefühlen ruhig umzugehen und sich von den Komplikationen des täglichen Lebens zu befreien, indem man auf den gegenwärtigen Moment achtet.

Obwohl viele westliche Frauen nur ein flüchtiges Interesse am Buddhismus haben, engagieren sich einige stark für buddhistische Gelehrsamkeit und Praxis. Viele sind gut ausgebildet, kreativ und zukunftsorientiert. Einige haben ausgedehnte Retreats von drei Jahren oder länger absolviert und manche sind Übersetzerinnen und Dolmetscherinnen geworden. Manche beschließen, buddhistische Nonnen zu werden, auch wenn ihre Entscheidung auf soziale Freiheiten und beruflichen Aufstieg zu verzichten, um einem asiatischen Klosterorden beizutreten, für andere vielleicht nicht nachvollziehbar ist. In den zeitgenössischen westlichen Kulturen wird das Klosterleben oft schlecht verstanden, ja sogar verunglimpft, während in den traditionellen buddhistischen Kulturen die monastische Verpflichtung zu Gelehrsamkeit und Praxis hoch geschätzt wurde; zumindest für Männer. In der Tat waren die Klöster oft die einzige Möglichkeit, eine Ausbildung zu erhalten.

In Zeiten weit verbreiteter Enthüllungen über sexuellen Missbrauch stellen viele Menschen den Wert von Zölibat und klösterlichem Leben in Frage. Aber wie die Geschichte zeigt, waren buddhistische Klöster eine Quelle qualifizierter Lehrer und spiritueller Führer. Ohne die Unterstützung, die das Klosterwesen für tiefgehende Gelehrsamkeit und intensive Dharma-Praxis bietet, müssen im Westen andere, egalitäre Umgebungen für die Ausbildung und Schulung qualifizierter Lehrender geschaffen werden.

Frauen in zeitgenössischen Kulturen stellen auch bestimmte andere Konzepte in Frage, wenn sie dem Buddhismus begegnen. So fragen sie sich vielleicht, ob es noch möglich ist, Liebe und intime Beziehungen zu erleben, wenn sie sich stark für die buddhistische Praxis engagieren. Eine buddhistische Antwort wäre, die Bedeutung der Begriffe zu untersuchen. Wenn das Wort »Liebe« zum Beispiel sexuelle Anziehung oder Anhaften bedeutet, dann ist das etwas ganz anderes als der Begriff »liebende Güte« (*Mettā*), der in den buddhistischen Texten vorkommt. Sexuelle Anziehungskraft ist zwar verführerisch und sinnlich vergnüglich, aber nur vorübergehend und kann letztlich unerfüllend und problematisch werden. Die Bindung an Freunde und Familienmitglieder ist zwar ein verständliches menschliches Bedürfnis, kann aber auch eine Quelle von Problemen und Schmerz sein, wenn wir unweigerlich von ihnen getrennt werden.

Aus buddhistischer Sicht offenbart die Anhaftung an geliebte Menschen eine Voreingenommenheit zugunsten einiger fühlender Wesen im Gegensatz zu anderen. Diese erhält eher die Sorge um sich selbst aufrecht als jene universelle Liebe, die der Buddhismus lehrt. Ein früher Mahāyāna-Text rät davon ab, »übermäßige Zuneigung zu (seinen Kindern) zu empfinden, während man dies bezogen auf andere Wesen nicht tut«, weil der Geist des *Bodhisattva* unvoreingenommen ist und keine derartigen Unterscheidungen trifft.[201]

Im Westen haben Frauen, die sich für den Buddhismus interessieren, im Allgemeinen eine Männern vergleichbare Ausbildung. Dennoch gibt es in westlichen Ländern nach wie vor Ungleichheiten zwischen den Geschlechtern. Wenn westliche Frauen in buddhistischen Texten oder Lehren auf sexistische Elemente stoßen, ergreifen einige von ihnen die Flucht, während andere entscheiden, dass die Vorteile möglicherweise die Mängel überwiegen und es ausprobieren. Schließlich ermahnte der Buddha seine Schüler, auf Kränkungen und Beschimpfungen nicht mit Zorn zu reagieren, sondern konzentriert, ruhig und ungestört zu bleiben.[202]

Die buddhistischen Methoden, auf Verletzung mit Gewaltlosigkeit und auf Hass mit liebender Güte zu reagieren, stehen im Gegensatz zu vielen zeitgenössischen Ansätzen, Traumata und Missbrauch zu bekämpfen. Die Duldung von geschlechtsspezifischer Diskriminierung und Unterdrückung bietet auch keine Abhilfe; es müssen andere Mittel gefunden werden.

Einige zeitgenössische Interpreten des Buddhismus wenden sich gegen die Tradition und plädieren für einen »Buddhismus ohne Glauben,«[203] in der Hoffnung, dass Achtsamkeit und Innenschau für sich alleine ausreichen. Für andere hingegen ist die derzeitige rationale Anpassung des Buddhismus eher eine Verzerrung als eine genaue Darstellung der Lehren. In den Augen dieser Kritiker neigen Westler dazu, zentrale buddhistische Lehren wie Karma, Nicht-Selbst (Pāli: *Anatta*; Sanskrit: *Anātman*) und Tod zu ignorieren und vor der schwierigen Arbeit der inneren Veränderung zurückzuschrecken. Sie »picken« sich eine ehrwürdige Weisheitstradition heraus und machen daraus einen »Buddhismus light«. Andererseits besteht zwar durchaus die Möglichkeit, den Buddhismus zu »entmythologisieren« und so die Gestaltbarkeit der Tradition anzuerkennen, aber es besteht auch die Gefahr, dass die Lehren des Buddha – anstatt zu den tieferen Wahrheiten des menschlichen Daseins zu führen – einfach zu einer Art Wohlfühl- und Selbsthilfetherapie werden, die lediglich eine Illusion durch eine andere ersetzt.[204]

In der Zwischenzeit gehen viele Frauen ihren Weg, finden großen Wert in der buddhistischen Psychologie, entwickeln ihre eigenen Interpretationen der menschlichen Situation und kämpfen tapfer gegen ihre »inneren Dämonen«.[205] Viele von ihnen stellen fest, dass buddhistische Methoden geschickt eingesetzt werden können, um Probleme wie Missbrauch, Verlassenwerden und Vernachlässigung zu lösen. Eine starke Inspirationsquelle ist die Entdeckung der Geschichten und spirituellen Errungenschaften buddhistischer Frauen gewesen, die verloren gegangen oder in den Untiefen der Zeit verborgen worden sind. Schließlich gibt es ja Aufzeichnungen über die wertvollen Beiträge und fortgeschrittenen Errungenschaften buddhistischer Nonnen und Haushalterinnen, seit der Buddha erstmals Belehrungen gab. Eine weitere starke Inspirationsquelle sind Frauen, die andere ermutigen, indem sie ihre eigenen Geschichten über ihre Erfahrungen mit Dharma-Praxis aufschreiben. Weibliche buddhistische Praktizierende im Westen tragen heute nicht nur dazu bei, die

Geschichte der buddhistischen Frauen aufzuarbeiten, sondern schaffen auch ihre eigene Geschichte der Gegenwart.

Hindernisse als Chance

In gewissem Sinne sind die Hindernisse, mit denen sich Frauen, die heute im Westen Buddhismus praktizieren, konfrontiert sehen die gleichen wie für jeden, der versucht, die Lehre des Buddha in der Hektik des Alltags zu praktizieren, der voller Ablenkungen ist wie Beziehungsproblemen, kulturellen Konflikten, miteinander im Konflikt stehenden Prioritäten, usw. Womöglich können wir sagen, dass all die geistigen Leiden, mit denen sich der Buddha vor so langer Zeit auseinandersetzte und über die er sprach – Klammern, Greifen, Anhaftung, Abneigung, Unwissenheit, Verwirrung, Stolz, Eifersucht und all der Rest – heute so ziemlich die gleichen sind wie damals. Die Gegenmittel des Buddha gegen diese geistigen Leiden – Großzügigkeit, ethisches Verhalten, Geduld, freudige Anstrengung, Achtsamkeit, Weisheit, liebende Güte, Mitgefühl und andere heilsame Geisteszustände – sind heute genauso relevant wie früher.

KAPITEL 6

Ordination von Frauen in verschiedenen Kulturen

Nach Texten, die von buddhistischen Mönchen überliefert wurden, nahm der Buddha irgendwann im fünften Jahrhundert v. Chr. Frauen in seinen Orden (Pāli: *Saṅgha*; Sanskrit: *Saṅgha*) auf. In diesen Schriften sind Erzählungen über die Mühen und Freuden der Frauen auf dem Befreiungsweg des Buddha überliefert, und einige werden mit den Worten der befreiten Nonnen (*Arhatī*) selbst beschrieben. Diese Erzählungen, die in den Kodizes der klösterlichen Disziplin (*Vinaya*) und verwandten Texten zu finden sind, wurden nach China, Korea, Tibet und anderen Ländern als Teil eines jahrhundertelangen Prozesses der Übernahme, Anpassung und Neugestaltung der indischen buddhistischen Philosophie, Praxis und institutionellen Strukturen überliefert.

Dieses Kapitel untersucht die klassischen indischen *Vinaya*-Texte für eine voll ordinierte buddhistische Nonne (Pāli: *Bhikkhunī*; Sanskrit: *Bhikṣuṇī*) und die überlieferten Erzählungen über das Leben von entsagenden Frauen als vielfältige Quellen für das Verständnis der Erfahrungen weiblicher buddhistischer Ordinierter von der Anfangszeit bis in die Moderne.[206] Er gibt einen Überblick über die Geschichte der Ordination von Frauen in den buddhistischen Traditionen, untersucht die Gründe, warum Ordinationsmöglichkeiten für Frauen wichtig sind und reflektiert die Aussichten auf Veränderungen in denjenigen Traditionen, in denen Frauen derzeit keine Möglichkeiten zur vollen Ordination haben.

Das Ungleichgewicht zwischen den Geschlechtern, das heute in buddhistischen Gesellschaften besteht, wird durch diese Ungleichheit, die schon in den frühen monastischen Texten gefunden werden kann, verstärkt und aufrechterhalten. Neuere feministische Studien über Frauen in buddhistischen Kulturen beinhalten oft eine Analyse der monastischen Kodizes und Kommentare. Sie sollen zeigen, wie sich geschlechtsspezifische Vorurteile in diesen Texten in den gesellschaftlichen Einstellungen und geschlechtsbezogenen Erwartungen an Frauen über die Jahrhunderte hinweg bis heute widerspiegeln. Die in diesen Schriften enthaltenen Standpunkte und Annahmen über Frauen, die sowohl vorteilhaft als auch potenziell negativ sind, scheinen mit den Möglichkeiten und Hindernissen für Frauen in Bezug auf Bildung, volle Ordination und Führungsmöglichkeiten in buddhistischen Institutionen in Zusammenhang zu stehen.

Bis vor kurzem hat die allgegenwärtige Behauptung, dass Männer und Frauen im Buddhismus gleich seien, den eingeschränkten Zugang von Frauen zu den Wegen der Befreiung verdeckt. Theoretische Aussagen über Gleichheit werden oft eingesetzt, um geschlechtsspezifische Ungleichheiten in buddhistischen Gesellschaften zu verschleiern. Feministische buddhistische Denkerinnen hoffen, dass weitere Studien der frühen Texte und ihrer späteren Interpretationen das verzerrte Denken und die logische Inkonsequenz aufdecken werden, die damit einhergehen, dass einem Pfad, der einen gleichberechtigten Zugang zum Erwachen verspricht, Beschränkungen auferlegt werden.

In den Texten erklärt der Buddha, dass eine Gesellschaft mit vier Säulen – bestehend aus Mönchen (*Bhikkhus*), Nonnen (*Bhikkhunīs*),

Haushaltern (*Upāsakas*) und Haushalterinnen (*Upāsikās*) – stabil und harmonisch sein wird.[207] Leider fehlen heute in einigen buddhistischen Gesellschaften die *Bhikkhunīs*, wodurch das Gleichgewicht dieser vier Säulen gestört wird, was zu Ungerechtigkeiten zwischen den Geschlechtern führt. Die gegenwärtigen Initiativen zur Wiederherstellung des Zugangs zur vollen Ordination für alle Frauen, die diese wünschen, zielen darauf ab, dieses Ungleichgewicht zu beseitigen. Diese Aktionen können sowohl als Reformbewegung zur Umsetzung des egalitären Gesellschaftsideals des Buddha als auch als revolutionäre Bewegung zur Beseitigung von Geschlechterungleichheiten in buddhistischen Gesellschaften verstanden werden. Dem Buddha selbst wird die Gründung der *Bhikkhunī Saṅgha* zugeschrieben und daher kann die Wiederherstellung der vierfachen Gemeinschaft von Aktivisten als Erfüllung seiner eigentlichen Intention angesehen werden.

Wie wir gesehen haben, legen Frauen, die sich in den Theravāda-Traditionen von Myanmar (Burma), Kambodscha, Laos, Nepal und Thailand dafür entscheiden Nonne zu werden, im Allgemeinen acht Gelübde ab. Sie haben keinen Zugang zur vollen Ordination und werden nicht als Mitglieder der *Saṅgha* angesehen. Infolgedessen erhalten sie weniger materielle und moralische Unterstützung als Mönche von der Haushaltergemeinschaft. In den letzten Jahren haben sich Möglichkeiten zur Ordination für Theravāda-Frauen eröffnet, vor allem in Nepal und Sri Lanka, wo Theravāda-Nonnen die zehn Gelübde ablegen und als *Sāmaṇerī* oder *Dasasilmātā* leben oder sich für die volle Ordination als *Bhikkhunī* entscheiden können.

In den Traditionen des Mahāyāna-Buddhismus Chinas, Koreas, Taiwans und Vietnams besteht für Frauen die Möglichkeit die zehn Gelübde einer Novizin ablegen und sich dann später für die volle Ordination zu entscheiden. Voll ordinierte Nonnen werden als Mitglieder der *Saṅgha* betrachtet und erhalten eine gute (wenn auch nicht den Mönchen gleichwertige) Unterstützung durch die Haushaltergemeinschaft.

Die Debatte über die volle Ordination von Frauen

In jüngster Zeit ist die Ordination von Frauen für Buddhisten auf der ganzen Welt zu einem brisanten Thema geworden. Mahāpajāpatīs Beharren darauf, dass Frauen der *Saṅgha* beitreten dürfen, und ihre entschlossene Standhaftigkeit, welches eines der frühesten historischen Beispiele für öffentliches feministisches Eintreten ist, sind ein Tribut an ihren Sinn für soziale Gerechtigkeit. Das berichtete Zögern des Buddha, Frauen in die *Saṅgha* aufzunehmen, scheint rätselhaft, es sei denn, wir berücksichtigen seinen sozio-historischen Zusammenhang. Immerhin stammt der Fall aus einer Zeit, die mehrere hundert Jahre vor der christlichen Zeitrechnung liegt, als Frauen weitgehend als Eigentum der Männer angesehen wurden.

Die Tatsache, dass der Buddha – trotz der gesellschaftlichen Missbilligung und der Gefahr von Missbrauch und Übergriffen, denen ungeschützte Frauen wahrscheinlich ausgesetzt waren – schließlich Mahāpajāpatīs Bitte nachkam, kann als Beweis für seinen Gleichmut und sein Mitgefühl angesehen werden. Wie wir gelernt haben, war seine Zustimmung jedoch von Mahāpajāpatīs Bereitschaft abhängig, acht gewichtige Regeln (Pāli: *Garudhamma*; Sanskrit: *Gurudharma*) zu befolgen, die den dominierenden Status der Mönche sicherstellten.[208] Es gibt aber Ungereimtheiten in dieser Geschichte, wie die Buddhismusforscherin Liz Williams und andere aufgezeigt haben.[209] In einem im Jahr 2000 veröffentlichten Kapitel führt die sri-lankische Gelehrte *Bhikkhunī* Kusuma Devendra Beweise für Ungereimtheiten und Widersprüche in diesen Regeln und der Legende an, dass die Aufnahme von Frauen in die *Saṅgha* die Dauer des Bestehens der Lehren des Buddha verkürzen würde.[210]

Ab dem fünften Jahrhundert v. Chr. wurden die frühen buddhistischen *Vinaya*-Texte zur klösterlichen Disziplin mehrere Jahrhunderte lang von Mönchen mündlich weitergegeben, bevor sie schriftlich niedergelegt wurden. Viele davon wurden später aus dem Pāli und Sanskrit ins Chinesische und Tibetische übersetzt, aber nur ein Bruchteil davon in europäische Sprachen. Die *Vinaya*-Texte sind eine reichhaltige Informationsquelle für das Verständnis der Wechselwirkungen zwischen den Ordensleuten und der sie umgebenden Gemeinschaft, auf die sie für ihre praktischen Bedürfnisse angewiesen waren.

Die Texte beschreiben den idealen Lebensstil von Frauen im Klosterleben mit den gleichen Begriffen wie für Männer, wobei die Regeln für Nonnen denen für Mönche ähneln, mit einigen Zusätzen. Die nach der Schwere der Übertretung in Kategorien eingeteilten Gelübde umfassen mehr als 200 für Mönche und mehr als 300 für Nonnen, je nach *Vinaya*-Linie. Die Übertretung einer Regel der ersten Kategorie, wie Mord oder Geschlechtsverkehr, ist ein Anlass zum Ausschluss.

Als die *Bhikkhunī Saṅgha* einige Jahre nach der *Bhikkhu Saṅgha* gegründet wurde, erbten die *Bhikkhunīs* die meisten der über 200 Vorschriften, von denen gesagt wird, der Buddha habe sie aufgrund des Fehlverhaltens bestimmter Mönche aufgestellt. Nachdem die Nonnen-*Saṅgha* entstanden war, wurden aufgrund von Verfehlungen bestimmter weiblicher Ordinierter etwa achtzig weitere Regeln aufgestellt, von denen aber viele eindeutig dem Schutz der Nonnen dienten. So dürfen sie zum Beispiel nicht allein auf einer Straße gehen, eine Bestimmung, die erlassen wurde, um sie vor sexuellen Übergriffen und Belästigungen zu schützen.

Diese zusätzlichen Vorschriften für Nonnen werden oft als Hinweis darauf gewertet, dass Frauen mehr Verblendungen haben als Männer, obwohl in Wirklichkeit mehr als doppelt so viele Regeln auf der Grundlage des Fehlverhaltens bestimmter Mönche aufgestellt wurden. Wie beispielsweise die koreanische buddhistische Gelehrte Inyoung Chung (Sukhdam Sunim) erklärt, scheinen die vier zusätzlichen *Pārājikas* (»Niederlagen«, die zum Ausschluss aus der *Saṅgha* führen) Schutzmaßnahmen für *Bhikkhunīs* zu sein, um sie vor sexuellen Übergriffen durch Männer zu schützen.[211]

Insgesamt machen die zusätzlichen Vorschriften speziell für *Nonnen* weniger als die Hälfte der für Mönche geschaffenen Bestimmungen aus. Dies widerlegt die in ostasiatischen buddhistischen Gesellschaften häufig vorgebrachte Annahme, dass Nonnen, weil sie doppelt so viele Vorschriften wie Mönche haben, auch doppelt so viele Verblendungen haben müssen.

Argumente für das Zölibat

Die erste Frage, die man sich stellen sollte, ist vielleicht, warum eine Frau, die bei klarem Verstand ist, Nonne werden möchte. Warum sollten jetzt, wo Frauen in vielen Teilen der Welt die Freiheit erlangt haben, über ihr Leben und ihren Körper selbst zu bestimmen, sie diesen Freiraum aufgeben wollen? Der Buddha erfasste die Macht und die Auswirkungen der Sexualität auf Menschen. Er erkannte offen die sexuelle Anziehung an, die Frauen und Männer füreinander empfinden. Außerdem sah er, dass Sexualität eine potenzielle Quelle für emotionale Verstrickung und Anhaftung ist, die beide letztlich zu Unzufriedenheit und Leiden führen. Sex wird als Fessel, als Quelle der Unfreiheit dargestellt. Obwohl sexuelles Verlangen ein sehr grundlegender menschlicher Instinkt ist, sind menschliche Instinkte nicht unbedingt sinnvoll. Beispielsweise ist sexuelles Verlangen nützlich für die Fortpflanzung, kann aber auch Quelle von Konflikten, Besessenheit, Eifersucht und anderen negativen Gefühlen sein. Da sowohl Männer als auch Frauen anfällig für sexuelle Versuchungen sind, empfahl der Buddha das Zölibat und stellte Regeln auf, die den Umgang zwischen Frauen und Männern, die in den Klosterorden eintraten, einschränkten. Nach dem Eintritt enthielten sich die Nonnen und Mönche jeglicher sexuellen Aktivität, sowohl hetero- als auch homosexueller Art.

Der Buddha lehrte einen Weg zum Erwachen, der für alle zugänglich war, aber er sprach vor allem zu einem Publikum von zölibatär lebenden Praktizierenden, dem *Saṅgha*. Das Zölibat (»reine Leben«, *Brahmācarya*) wird in den buddhistischen Texten gepriesen und gilt als ein Weg in der Welt zu leben, welcher der spirituellen Verwirklichung förderlich ist. In einer Zeit nach der »sexuellen Revolution« mag das

Zölibat anachronistisch, irrelevant, repressiv oder noch schlimmer erscheinen, und deshalb bedarf das Thema einer Klärung.[212]

Der Buddha erkannte, dass der Mensch zu sexuellem Verlangen neigt, und bezeichnete es als Ablenkung und Hindernis für die Befreiung. Er gab nützliche Ratschläge, wie man ein glückliches Familienleben ohne konfliktträchtige Handlungen führen kann. Denjenigen, die das Erwachen anstreben, empfahl er eine zölibatäre Lebensweise als beste Grundlage für die Umwandlung des Geistes. Auch heute noch kann eine Betrachtung der psychologischen Grundlagen der Praxis des Zölibats relevant und hilfreich sein.

Im sozialen Umfeld Südasiens im fünften Jahrhundert v. Chr. stieß der Buddha auf breite Kritik, weil er Frauen und Männern jeden Alters empfahl, ihre Familien zu verlassen und den Weg der Befreiung zu gehen. Er wurde beschuldigt, Frauen zu Witwen zu machen, indem er ihre Ehemänner ermutigte ins Klosterleben einzutreten, und die Familie, das Fundament der Gesellschaft, zu zerstören. Dies verdeutlicht ein Paradoxon, das in der indischen Gesellschaft auch heute noch besteht, und zwar zwischen dem Ideal der Entsagung und dem sozialen Stigma, das mit dem Ausstieg aus dem Familienleben verbunden ist. Hiervon ausgenommen sind Männer, die sich dem Ende ihres Lebens nähern und dazu ermutigt werden, Haushaltsangelegenheiten aufzugeben und sich auf spirituelle Ziele zu konzentrieren.

Auch Frauen haben spirituelle Ziele verfolgt, sowohl während als auch gegen Ende ihres Lebens, aber im Allgemeinen zu Hause, während sie sich um ihre Familien kümmern. Der Buddha verlangte das Zölibat nicht für alle, da viele Menschen andere Interessen oder Verpflichtungen haben und sich nicht für ein klösterliches Leben eignen. Allerdings betrachtete er das Zölibat zweifellos als einen äußerst nützlichen Weg, um Begehren und Anhaftung zu durchschneiden. Er unterschied sorgfältig zwischen liebender Güte (Pāli: *Mettā*; Sanskrit: *Maitrī*), dem reinen Wunsch, dass alle Wesen glücklich sein mögen sowie emotionalen Verstrickungen, die mit Liebe verwechselt werden können und oft mit – unweigerlich zu Streit und Enttäuschung führender – Anhaftung und Erwartungshaltungen vermischt sind. Um frei von Leiden zu sein, ist es notwendig, das Verlangen zu beseitigen, da es eine Ursache für Unzufriedenheit und Enttäuschung ist. Es ist nicht realistisch, Begehren zu verherrlichen und gleichzeitig zu hoffen, frei davon zu sein. Dem Verlangen zu folgen, führt nur zu weiteren Wünschen und sich vorzustellen, dass Begierde beseitigt werden kann, indem man ihr nachgibt, ist verblendetes Denken. Deshalb schrieb der Buddha denjenigen, die ernsthaft an der Befreiung interessiert waren, ein Leben im Zölibat vor. Die Religionswissenschaftlerin Kate Blackstone fand in zwei von ihr untersuchten Texten Aussagen, in denen behauptet wird, diejenigen, welche die Vorteile des monastischen Lebensstils nicht zu schätzen wissen, seien »Narren«.[213]

Manche mögen sagen, dass Entsagung ein orthodoxes Konzept des Theravāda-Buddhismus ist, aber auch in den Traditionen des Mahāyāna-Buddhismus ist Entsagung eine der Säulen des Erwachens, bekannt als die drei Grundlagen des Pfades: Entsagung, das selbstlose Streben nach Erwachen (*Bodhicitta*) und direkte Einsicht in Leerheit. Tatsächlich gilt Entsagung als die grundlegendste der drei und als Fundament für die beiden anderen. Ohne sie – insbesondere Verzicht auf sexuelles Begehren – sind Hoffnungen auf Befreiung von *Saṃsāra* reine Träumereien. Sinnliche Begierde ist niemals endgültig erfüllend, sondern führt nur zu weiterem Verlangen. Wir quälen uns mit der Vorstellung von romantischer Liebe, die unweigerlich in Trennung endet. Schlimmer noch, wir finden uns in schalen, langweiligen, formelhaften Beziehungen wieder. Dieser Kompromiss ist der Preis, den wir für Sex zahlen. Auch wenn sexuelle Aktivität für die Fortpflanzung notwendig ist, kann sie doch auch lebensbedrohlich sein. Abgesehen von HIV/AIDS stirbt jede Minute eine Frau an den Komplikationen von Schwangerschaft und Geburt. Somit macht eine durchdachte, realistische Einschätzung menschlicher sexueller Erfahrung die Idee des Verzichts nachvollziehbar.

Das Erreichen vollkommenen Erwachens (Sanskrit: *Samyaksaṃbodhi;* Pāli: *Sammāsaṃbodhi*) mag für gewöhnliche Menschen heute zu hoch gegriffen und zu weit entfernt klingen. Daher ist es vielleicht gut, die Auswirkungen von Sexualität auf einer rein praktischen, realistischen Ebene zu betrachten. Ein Nachteil sexueller Aktivität ist zum Beispiel, dass sie in der Regel mit großer Sorge um das äußere Erscheinungsbild verbunden ist. Auch wenn dies von Kultur zu Kultur unterschiedlich sein mag, beziehen intime Beziehungen die Konzepte von Schönheit und Attraktivität überall mit ein. Die Medien spielen mit diesen Bedenken und wecken unnötigerweise viele persönliche und gesellschaftliche Erwartungen und Frustrationen, die vor allem Frauen betreffen. Doch wie ein beliebtes Plakat uns erinnert: »Drei Milliarden Frauen auf der Welt und nur acht Supermodels«. Die Medien verbreiten unablässig Bilder der sexuell attraktiven Frau, die oft unrealistisch dünn ist und einen bestimmten rassistisch und ethnozentrisch geprägten Schönheitsstandard vorführt, als Prototyp des Glücks. Gemessen an diesem irrealen Standard können die Konsumenten des Glücksmythos, insbesondere junge Frauen, kaum dafür verantwortlich gemacht werden, sich unzulänglich zu fühlen.

Der Buddha erinnert uns daran, dass die Körper fühlender Wesen, egal wie schön oder begehrenswert ihr Aussehen auch ist, immer weiter verfällt. Zeit und Geld, die für den Wunschtraum ausgegeben werden den Alterungsprozess umzukehren, sind nur vergebliche Versuche das Unvermeidliche zu verhindern. Je realistischer Menschen mit der Tatsache der Unvollkommenheit und Vergänglichkeit umgehen, desto wohler fühlen wir uns mit unserer körperlichen Erscheinung, und werden daher umso mehr Energie für sinnvollere Aufgaben aufwenden können, wie die Linderung des Leids in der Welt und spirituelle Übung. Erwachen ist kein Ort, sondern ein Zustand tiefer Klarheit, der Einsicht in Emotionen wie Verlangen, Gier und Anhaftung miteinschließt. Ein tiefgehendes Verständnis von Sexualität bedeutet zum Beispiel nicht, dass man sie unterdrückt oder sogar unbedingt vermeidet. Aus buddhistischer Sicht kann das Verständnis der mit Sexualität verbundenen Emotionen den Menschen jedoch helfen, viel Leid zu vermeiden und gesündere, glücklichere Beziehungen zu pflegen.

Neben den emotionalen und spirituellen Vorteilen, die sich aus dem Erlernen der Beherrschung von sexuellem Verlangen ergeben, gibt es auch soziale und persönliche Vorteile für Nonnen in patriarchalischen Gesellschaften. Durch die Aufrechterhaltung eines zölibatären Lebensstils sind sie in der Lage, ihre eigene sexuelle Fortpflanzung zu kontrollieren und sind frei von den Zwängen und Verpflichtungen von Frauen, die in die Rolle der Ehefrau und Mutter gedrängt werden. Wenn sie aber zuvor Ehefrauen und Mütter waren, können sie sich von diesen Zwängen und Verpflichtungen befreien, indem sie sich ordinieren lassen.

Wie die frühen buddhistischen Nonnen in ihren Versen der Befreiung in den *Therīgāthā* (Verse der Älteren Nonnen) besingen, sind weibliche Ordinierte frei davon, ihren Ehemännern und Schwiegereltern dienen zu müssen, die sich missbräuchlich verhalten können. Entbunden vom Kinderkriegen, deren Erziehung und sozialen Verstrickungen, haben Nonnen freie Zeit, um sich der Meditation und anderen kontemplativen Übungen zu widmen. Sie haben auch mehr Freizeit, um sich auf soziale Aktivitäten zum Wohle anderer, die über ihren Familienkreis hinausgehen, zu konzentrieren. In Gesellschaften, in denen die Bildungsressourcen Jungen und Männern vorbehalten sind, kann eine Nonne zu werden eine der wenigen Möglichkeiten für die intellektuelle Weiterentwicklung von Frauen sein und einer der ganz wenigen Wege, um tieferes Wissen um die religiösen Texte und Übungen zu erlangen. Heute, im Zeitalter weit verbreiteter sozialer Freiheit, kann es gut sein, das einfache Vergnügen zu schätzen, das eigene Kommen und Gehen selbst zu bestimmen.

Ordination für Frauen in der Theravāda-Tradition

Die Linie der *Bhikkhunīs* wurde um das elfte Jahrhundert n. Chr. in Indien und Sri Lanka unterbrochen und ist in anderen Theravāda-Traditionen in Südostasien möglicherweise nie eingeführt worden. Wie die Mönche in diesen Überlieferungen streben auch die Nonnen danach,

Befreiung (Pāli: *Nibbāna;* Sanskrit: *Nirvāṇa*) zu erlangen und frei von den Leiden des Existenzkreislaufs zu sein. In diesen Traditionen wird davon ausgegangen, dass der Verzicht auf das häusliche Leben die effektivste Lebensweise ist, um diese Freiheit zu erlangen. Für die einen kann dies bedeuten, dass sie sich für ein klösterliches Leben entscheiden, für die anderen, dass sie sich in die Einsamkeit zurückziehen.

In jedem Fall stehen Frauen vor besonderen Herausforderungen. Denn in traditionellen patriarchalischen Kulturen werden sie von klein auf mit der gesellschaftlichen Erwartung erzogen, dass sie heiraten und Kinder großziehen werden, auch wenn diese Option ihnen nicht immer Glück oder Sicherheit bringt. Viele Frauen in buddhistischen Gesellschaften verstehen das, aber sie werden in der Regel nicht – wie Männer – ermutigt, den entsagenden Lebensstil zu verfolgen. Frauen, die das Leben einer Nonne anstreben, müssen feststellen, dass es für sie weniger Klöster und qualifizierte Lehrer, seltener Ausbildungsmöglichkeiten und nur geringere moralische und materielle Unterstützung gibt. Diejenigen, die beharrlich das spirituelle Leben verfolgen, müssen entschlossen und mutig sein. Ein Überblick über die Lebensumstände von Nonnen in einer Reihe von Theravāda-Traditionen wird nützlich sein, um ihre Gemeinsamkeiten und Unterschiede zu verstehen.

Entsagung hat große Bedeutung in der buddhistischen Weltanschauung, besonders vielleicht in der Theravāda-Überlieferung. Daher ist es wichtig, den Stellenwert von Entsagung für Theravāda-Frauen zu betrachten. Einerseits kann diese, wie in den *Therīgāthā* belegt, aus dem Erwachen angesichts des Leidens und der Unzufriedenheit (Pāli: *Dukkha*; Sanskrit: *Duḥkha*) ungesunder Beziehungen entstehen und stattdessen zu einer Konzentration auf den Befreiungsweg führen. Sie kann auch Fragen über den ausbeuterischen Aspekt von Sex und die Kommerzialisierung von Menschen als Sexobjekte auslösen. Die Entscheidung, den häuslichen Alltag hinter sich zu lassen, kann sowohl schmerzhaft als auch befreiend sein, insbesondere für Frauen, die sich Mutterschaft wünschen. Es gibt jedoch auch solche, die das klösterliche Leben als idealen Weg sehen, um Ehe und Mutterpflichten zu entgehen. Für diejenigen, die sich für das Leben als Haushalterin entscheiden, kann Entsagung bedeuten, Anhaften aufzugeben und es – durch Einsicht in *Duḥkha* – durch reine Liebe, die frei von Anhaftung ist, zu ersetzen.

Wie wir gesehen haben, ist der Status von entsagenden Frauen in buddhistischen Gesellschaften im Allgemeinen niedriger als der entsagender Männer und obwohl Nonnen respektiert werden, erhalten sie nur wenig Unterstützung. Hierbei ist eine Frau, die beschließt, das Haushalterinnenleben hinter sich zu lassen und den Weg der Entsagung einzuschlagen, eindeutig nicht durch den Wunsch nach materiellen Vorteilen oder hohem Ansehen motiviert, sondern durch das Bestreben, ihr Leben sinnvoller und verdienstvoller zu gestalten. Der Religionswissenschaftler Donald Swearer stellt fest:

> *Die traditionelle Rolle der Frau in der südostasiatischen Gesellschaft spiegelt die Werte einer patriarchalischen Gesellschaft wider. Die Aufgaben von Frauen wurde in erster Linie von Männern im Verhältnis zu Männern definiert. Die ideale Frau wurde als loyale Ehefrau und hingebungsvolle Mutter dargestellt. Überträgt man dieses Bild auf den buddhistischen Klosterkontext, so werden Frauen als Mütter gesehen, die Söhne zur Welt bringen, die Mönche werden, und als Hausfrauen, die das den Mönchen gespendete Essen zubereiten.*[214]

Die Möglichkeit für Frauen, ein entsagendes Leben zu führen, besteht jedoch auch in Theravāda-Gesellschaften, wie das Beispiel der Nonnen in Nepal, Sri Lanka und Thailand zeigt.

Theravāda-Nonnen in Nepal

Die Tradition des Theravāda-Buddhismus besteht in Nepal, dem Geburtsort des Buddha, fort und gedeiht heute in der Newar-Gemeinschaft des Kathmandu-Tals vor allem dank der engagierten Bemühungen von Nonnen. Zwei außergewöhnliche junge Frauen, die in einer Zeit aufwuchsen, in der es Mädchen verboten war, lesen zu lernen und der Buddhismus von der herrschenden Rana-Dynastie (1846 – 1951) unterdrückt wurde, trotzten dem öffentlichen Urteil und zahllosen Hindernissen, um buddhistische Nonnen zu werden.[215]

Dhammachari Guruma (1898 – 1978) und Bhikkhunī Dhammawati (geb. 1934) verzichteten auf ein Familienleben, gründeten klösterliche Gemeinschaften für Frauen, lehrten Dhamma und setzten sich aktiv für Bedürftige ein. Dhammachari Guruma vollbrachte ihr Werk, indem sie die acht Gelübde einer *Anāgārika* einhielt. Trotz des Widerstands der nepalesischen *Bhikkhu Saṅgha* erklärten diese mutigen Nonnen unerschrocken, dass Frauen in der Lage seien, Befreiung zu erlangen und gewannen eine große Zahl von Anhängern. Ihre bahnbrechenden Bemühungen sind heute in der Lebendigkeit der Identität und Praxis des Theravāda-Buddhismus in der Newar-Gemeinschaft sichtbar.

Im Jahr 1950, im Alter von vierzehn Jahren, lief Bhikkhunī Dhammawati von zu Hause weg und fand ihren Weg nach Burma, wo sie im Studienzentrum der Khemarama-Nonnen den *Vinaya*, die *Suttas* und den *Abhidhamma* studierte und schließlich den begehrten *Dhammācariya*-Grad (Lehrer des Dhamma) erwarb. Sie kehrte 1963 ins Kathmandu-Tal zurück, wo sie begann, den Buddhismus vor großem Publikum zu lehren, und gründete Dharmakirti Vihar, ein Nonnenkloster des Theravāda-Buddhismus. Als produktive Autorin veröffentlichte sie Dutzende von Büchern in Newari und Nepali und richtete buddhistische Studienprogramme sowohl für Kinder als auch Erwachsene ein.

Bhikkhunī Dhammawati unternahm den mutigen Schritt, nach Los Angeles in Kalifornien zu reisen, um – trotz heftiger Einwände der *Bhikkhu Saṅgha* in Nepal – 1988 in einer großen Zeremonie im Hsi Lai Tempel die 348 Gelübde einer *Bhikkhunī* zu empfangen. Heute hat sie Tausende von Schülerinnen und Schülern, darunter mehr als vierhundert gut ausgebildete Nonnen.[216] Davon sind zweihundert *Bhikkhunīs*, die in Bodhgaya, China oder Taiwan ordiniert wurden und zurückgekehrt sind, um den Buddhismus in Nepal zu lehren und zu praktizieren.

Theravāda-Nonnen in Sri Lanka

In Sri Lanka sind Nonnen in ihrem Bemühen, voll ordiniert zu werden, ruhig und ausdauernd vorangekommen. Dies trotz institutioneller Voreingenommenheit, Zeitschinderei seitens der Behörden und der Blockade durch konservative Fraktionen der *Bhikkhu Saṅgha*. Zumindest seit dem frühen zwanzigsten Jahrhundert befolgen Frauen in Sri Lanka die zehn Gelübde einer *Dasasilmātā*. Allerdings haben *Dasasilmātās* nicht den Status einer Novizin (*Sāmaṇerī*) und werden daher nicht als Mitglieder der *Saṅgha* anerkannt. Der Grund dafür ist, dass in den klösterlichen Texten und Kommentaren Novizinnen, die Anwärterinnen auf die volle Ordination sind, von *Bhikkhunīs* ausgebildet und ordiniert werden sollten. Allerdings gab es seit etwa dem elften Jahrhundert in Sri Lanka keine *Bhikkhunīs,* um sie zu ordinieren. Dies begann sich in den späten 1990er Jahren zu ändern, als Nonnen aus Sri Lanka begannen, *Bhikkhunīs* außerhalb ihrer eigenen Tradition um Ordination zu bitten.

Der Impuls zur Wiederherstellung der *Bhikkhunī*-Ordinationslinie begann mit Diskussionen auf der ersten internationalen Sakyadhita-Konferenz zu buddhistischen Nonnen, die 1987 in Bodhgaya in Indien stattfand. Trotz lautstarken Widerstands erhielten 1988 fünf Nonnen aus Sri Lanka zusammen mit der Deutschen Ayya Khema (1923 – 1997) und anderen die *Bhikkhunī*-Ordination im Hsi Lai Tempel in Los Angeles in Kalifornien. Obwohl das Ereignis internationale Aufmerksamkeit erregte, wurden die Nonnen aus Sri Lanka nach ihrer Rückkehr in ihr Land nicht als *Bhikkhunīs* anerkannt.

Im Jahr 1996 erhielt dann eine Gruppe von zehn Nonnen aus Sri Lanka unter der Leitung von Bhikkhunī Kusuma Devendra, einer ehemaligen Biologieprofessorin und bekannten Auslegerin des Buddhismus, in der Nähe des Dhamek-Stupas in Sarnath in Indien die *Bhikkhunī*-Ordination von koreanischen *Bhikkhus* und *Bhikkhunīs*. 1998 fand in Bodhgaya eine gleichartige internationale Zeremonie statt, an der zweiunddreißig Nonnen aus Sri Lanka teilnahmen, die meisten von ihnen Äbtissinnen von Klöstern.[217] Seit 1999 wurden *Bhikkhunī*-Ordinationen auch in Sri Lanka selbst abgehalten, zuerst in Dambulla mit einer Zeremonie, die von einem prominenten *Bhikkhu* namens Inamaluwe Sumangala Thera geleitet wurde.

Bis heute haben die *Bhikkhunīs* von Sri Lanka jedoch keine offizielle staatliche Anerkennung oder Unterstützung erhalten. Tatsächlich scheint es, dass die Regierung unter dem Druck bestimmter *Bhikkhus*, die gegen die höhere Ordination von Nonnen sind, stattdessen die *Dasasilmātās* unterstützt und das Vorankommen der *Bhikkhunīs* in verschiedenen Bereichen effektiv behindert; zum Beispiel bei ihren Bemühungen, ihren *Bhikkhunī*-Status in ihre Pässe eintragen zu lassen. Obwohl nicht jeder in Sri Lanka öffentlich die Wiederbelebung der höheren Ordination für Frauen unterstützt und einige sich immer noch stark dagegen aussprechen, sind die Gegner in letzter Zeit in der Minderheit. Die allgemeine Öffentlichkeit scheint die Aufrichtigkeit, Hilfsbereitschaft und das reine Verhalten der *Bhikkhunīs* zu schätzen, zusätzlich zu ihrem Wert als empfängliches Feld für Verdienste.[218]

Theravāda-Nonnen in Thailand

In Thailand soll es etwa zwanzigtausend Theravāda-Nonnen geben, von denen die meisten *Mae Chees* sind, Frauen, welche die acht Gelübde und die Disziplin einer voll ordinierten *Bhikkhunī* einhalten, denen aber nicht der Respekt oder Status einer *Bhikkhunī* zuerkannt wird.[219] Die meisten Theravāda-Nonnen in Bangladesch, Burma, Kambodscha und Laos befolgen ebenfalls acht Gelübde. Einige spekulieren, dass es *Bhikkhunīs* schon vor langer Zeit in Thailand gegeben haben könnte. So gibt es zum Beispiel in Chiang Mai eine *Bhikkhunī-Sima* (eine Grenze, die gezogen wird, um den Bereich für ein Ordinationsritual zu markieren). Andere allerdings glauben, dass die *Sima* dafür errichtet wurde, dass – wenn der nächste Buddha kommt – dieser den *Bhikkhunī*-Orden wieder einführt.

In den letzten Jahrzehnten haben Dutzende von thailändischen Nonnen die *Bhikkhunī*-Ordination in Sri Lanka erhalten und immer mehr Frauen werden in Thailand als *Sāmaṇerīs* ordiniert. Die ehemalige Philosophieprofessorin der Thammasat-Universität, *Bhikkhunī* Dhammananda (geb. 1944), erhielt 2003 in Sri Lanka die *Bhikkhunī*-Ordination und ordiniert seither jährlich *Sāmaṇerīs* in ihrem Tempel außerhalb Bangkoks. Im Jahr 2014 organisierte sie eine Ordination von *Bhikkhunīs* in Songkhla, im südlichen Thailand, was zu einer sofortigen Zensur durch den Obersten Saṅgha-Rat von Thailand führte, der ausschließlich aus *Bhikkhus* besteht.

Statt in einer bestimmten Stelle eines Mönchsklosters zu leben, wie es früher der Fall war, wohnen heute mindestens einhundert *Sāmaṇerīs* in sechs unabhängigen Nonnenklöstern im ganzen Land. Zusätzlich zu den *Mae Chees* und *Sāmaṇerīs* gibt es auch viele Mahāyāna *Bhikṣuṇīs*, meist Thailänderinnen chinesischer Herkunft, die von der chinesischen buddhistischen Gemeinschaft in Thailand sehr unterstützt werden.

Obwohl viele *Mae Chees* die klösterliche Disziplin strenger befolgen als manche Mönche, werden sie offiziell als Haushalterinnen mit kahlgeschorenem Kopf betrachtet. Bemühungen um ihre staatliche Anerkennung sind bisher gescheitert. Die Rechtfertigung dafür, dass diese Frauen keine volle Ordination erhalten können ist, dass es derzeit keine Theravāda-Linie der *Bhikkhunī*-Ordination gibt. Diese Überzeugung ignoriert die Linien der *Bhikṣuṇī*-Ordination, die in den Mahāyāna-Ländern existieren sowie die über zweitausend *Bhikkhunīs*, die – obwohl nicht offiziell anerkannt – jetzt in Sri Lanka und Thailand leben. Eine solche Rechtfertigung verkennt auch die Tatsache, dass die volle Ordination von Frauen vom Buddha eingeführt wurde, der selbst

Mahāpajāpatī ordinierte, wohingegen die *Mae Chee* Ordination keine traditionelle Kategorie der Ordination für Frauen ist.

Nichtsdestotrotz neigen die *Mae Chees* dazu, mit ihrer religiösen Identität zufrieden zu sein; weit weg von den Sorgen des Familienlebens, aber dennoch nicht an die strengen Regeln gebunden, die mit dem Status der *Bhikkhunīs* verbunden sind. Sie halten sich strikt an die acht Gelübde, einschließlich des Zölibats, und dürfen mit Geld umgehen, was es ihnen ermöglicht, zu reisen und frei mit den Menschen in ihren Gemeinschaften Umgang zu pflegen. Wenn *Mae Chees* mit einer gesundheitlichen Krise oder einem familiären Notfall konfrontiert sind oder ihnen die finanziellen Mittel ausgehen, können sie problemlos in den Status einer Haushalterin zurückkehren und, falls sie dies wünschen, später wieder ordiniert werden. Heute haben *Mae Chees* in Thailand Zugang zu buddhistischen Studienprogrammen und viele von ihnen studieren die Pāli-Sprache, um die Schriften zu lesen, insbesondere Texte über *Abhidhamma*-Philosophie und Meditation. Einige von ihnen sind auf die materielle Unterstützung ihrer Familien angewiesen. Ihre Praxis, Hingabe, Aufrichtigkeit und Beiträge zu ihren Gemeinschaften sind jedoch nicht unbemerkt geblieben, und die Mae-Chees werden von der thailändischen buddhistischen Haushaltergemeinschaft zunehmend respektiert und unterstützt.

Die meisten *Mae-Chees* in Thailand leben am Rande der Tempel der Mönche. Wenn die Mönche von ihrer Almosenrunde (*Pindapat*) zurückkommen, teilen sie im Allgemeinen das, was sie erhalten, mit den Nonnen. Diese wärmen es auf, geben Beilagen hinzu und essen die Reste der Mönche. In den letzten Jahren hat sich ein gesteigertes Bewusstsein für die Gleichstellung der Geschlechter merklich positiv auf die Unterstützung der Nonnen durch die Haushaltergemeinschaft ausgewirkt. Einige wenige *Mae-Chees*, wie die des Mahāpajāpatī Buddhist College for Women, gehen auf Almosenrunde. Dabei erhalten sie, vor allem in armen Vierteln, in der Regel Spenden in Form von Klebreis und einfachen Speisen, erzählen aber dennoch, dass sie sich friedvoll und zufrieden fühlen.

Es gibt auch eine Reihe unabhängiger Nonnengemeinschaften, in denen *Bhikkhunīs* leben und *Sāmaṇerīs*, die sich in der Ausbildung zu *Bhikkhunīs* befinden. Die Nonnen werden durch die Ausbildung gestärkt und erlangen sowohl das traditionelle als auch das moderne Wissen, das sie für ihre Entwicklung als Lehrende benötigen. Thailändische Nonnen arbeiten mit engagierten Haushalterinnen zusammen, um sich in Tugend zu üben und Verdienst zu erwerben. Beide Gruppen widmen sich zunehmend der Meditationspraxis und nehmen an Retreats teil, wann immer dies möglich ist.[220]

Das größere Bewusstsein der thailändischen Nonnen für die Geschichte der buddhistischen Frauen und die Existenz von *Bhikkhunīs* in anderen Ländern hat sie dazu befähigt, sich weiterzubilden und Nonnengemeinschaften zu gründen, die unabhängig von den Mönchs-Klöstern sind, während sie gleichzeitig eine für beide Seiten vorteilhafte Beziehung zu den *Bhikkhu Saṅghas* pflegen. Heute leben und praktizieren schätzungsweise 150 Theravāda-*Bhikkhunīs* in zehn verschiedenen Klöstern in ganz Thailand. Darüber hinaus gibt es mehr als hundert voll ordinierte Nonnen, meist chinesischer Abstammung, die in Mahāyāna-Klöstern leben und praktizieren.

Menschen mit Demokratiebewusstsein mögen eine natürliche Neigung verspüren, für gleiche Ordinationsmöglichkeiten für Nonnen einzutreten, doch ist es wichtig, die Eigensicht der thailändischen Nonnen zu verstehen. Trotz der Tatsache, dass thailändische Nonnen keinen Zugang zu einer offiziell anerkannten *Bhikkhunī*-Ordination haben, sehen sich die meisten von ihnen nicht als unterdrückt an. Im Gegenteil: Nonnen in Thailand schätzen sich glücklich, dass sie die Möglichkeit haben, sich dem Streben nach *Nirvāṇa* – in welchem Umfang auch immer möglich – zu widmen.[221]

Frauen in Theravāda-Ländern geben häufig an, dass ihr Ziel die Befreiung von *Saṃsāra* ist – dem Rad von wiederholter Geburt, Tod und Wiedergeburt – und viele sind der Meinung, dass es nicht notwendig ist, vollständig ordiniert zu sein, um dies zu erreichen. Einige Nonnen und Mönche betrachten das Streben nach höherer Ordination sogar als fehlgeleitetes Streben nach weltlichem Status. Viele *Bhikkhunīs* praktizieren hingebungsvoll Meditation und nutzen die zahlreichen Theravāda-Meditationskurse und -Zentren, die ihnen offenstehen, in vollem Umfang, in der Gewissheit sich auf einem stetigen Weg zur Befreiung zu befinden. Einige Nonnen sind hochangesehene Meditationslehrerinnen geworden. Auch die Bildungsmöglichkeiten für thailändische Nonnen, die derzeit Zugang zu Pāli-Studien bis zu einem fortgeschrittenen Niveau haben, bessern sich.[222]

Einige, wie Mae Chee Kritsana Raksachom (geb. 1964) an der Mahachulalongkorn-Universität, haben einen Doktortitel erworben und unterrichten Mönche gleichermaßen wie Haushalter. Eine höhere Ordination ist für diese Errungenschaften nicht erforderlich und kann sogar gewisse Einschränkungen mit sich bringen, wie z.B. die Unterstellung unter die Autorität des *Bhikkhu Saṅgha*. Eine bedeutende Pāli-Gelehrte am Abhidhamma Jotika College namens Supaphan Na Bangehang, die als Mae Chee Vimuttiya (geb. 1949) bekannt wurde, sagte, dass sie es vorzieht, als *Mae Chee* zu leben, anstatt eine *Bhikkhunī* zu werden, da ihr dies mehr Freiheit gewährt.

Trotz der fehlenden offiziellen Anerkennung für *Bhikkhunīs* in den Theravāda-Traditionen, erhalten Theravāda-Nonnen in Indien, Indonesien, Sri Lanka und anderswo ohne viel Aufhebens weiterhin die volle Ordination. Die stärkste Fürsprecherin dafür ist Bhikkhunī Dhammananda, eine ehemalige Philosophieprofessorin aus Bangkok, die die Ablehnung der *Bhikkhunī*-Ordination durch die thailändischen *Bhikkhus* unerbittlich herausfordert.[223] Seit ihrer eigenen vollen Ordination in Sri Lanka im Jahr 2003 hat sie sich trotz des anhaltenden Widerstands konservativer Mönche pflichtbewusst für gleiche religiöse Rechte für Frauen eingesetzt.

Im November 2014 erhielten acht thailändische Nonnen die volle Ordination (*Upasampadā*) im Rahmen einer Theravāda *Bhikkhunī*-Zeremonie in Songkhla, Südthailand. Mahindavamsa Mahathero, der Mahanayaka von Amarapura in Sri Lanka, diente als leitender *Bhikkhu*-Präzeptor und *Bhikkhunī* Dhammananda als leitende

Bhikkhunī-Präzeptorin. Die neu ordinierten *Bhikkhunīs* stammen von der Insel Koh Yoh in Südthailand, wo sie unter Bhikkhunī Dhammadipa ausgebildet werden, einer Nonne, die als weißgewandete Acht-Gelübde-Nonne (*Mae Chee*) begann und 2014 in Songkhla die höhere Ordination erhielt. Diese Zeremonie wurde von den Befürwortern der vollen Ordination für thailändische Frauen weitgehend begrüßt, vom Obersten *Saṅgha*-Rat von Thailand jedoch kritisiert. Ein Sprecher des Ältestenrates erklärte, dass diese Zeremonie die Sicherheit des thailändischen Theravāda-Buddhismus gefährdet und künftig jeder ausländische Mönch, der in Thailand eine solche durchführen möchte, gemäß einem Gesetz aus dem Jahr 1928 die Erlaubnis des Rates dafür einholen muss. Daraufhin gaben drei Mitglieder des Nationalen Rates für Reformen bekannt, dass diese Erklärung des Ältestenrates eine Verletzung des Menschenrechts auf Religionsfreiheit darstellt, und so geht die Debatte weiter. Obwohl *Bhikkhunīs* in Thailand nicht offiziell anerkannt sind, fassen sie unter überzeugten thailändischen Buddhisten Fuß, weil sie – in einer Zeit, in der zahlreiche Mönche in Skandale verwickelt sind – hohe moralische Standards einhalten.

Die Debatte über die Ordination von Frauen hat sich von Asien auf Klöster in westlichen Ländern ausgeweitet. Einige hochrangige westliche Theravāda-*Bhikkhus* haben die Behauptung ihrer asiatischen Stammlinien verteidigt. Sie erklären, dass die *Bhikkhunī*-Ordination in der Theravāda-Tradition durch das Aussterben der Linie vor Jahrhunderten nicht möglich ist und sie nicht wiederhergestellt werden kann. Einige dieser *Bhikkhus* waren jedoch Präzeptoren bei *Bhikkhunī*-Ordinationen in der Stadt der Zehntausend Buddhas, einem chinesischen Mahāyāna-Kloster in Nordkalifornien.

Darüber hinaus führten einige Theravāda-*Bhikkhus* – obwohl sie in anderer Hinsicht an der Tradition festhalten – neue Kategorien von Nonnenordinationen ein, die keine Grundlage im *Vinaya* haben. Zum Beispiel gaben Ajahn Sumedho (geb. 1934), Ajahn Paññasaro und der englische Ältestenrat 1990 eine Fünf-Punkte-Erklärung heraus, die sich auf eine Kategorie von Nonnen mit zehn Gelübden bezieht, die

Siladhara (Aufrechterhalterinnen der Richtlinien) genannt werden und 1983 von Ajahn Sumedho im buddhistischen Kloster Chithurst in England gegründet wurde. Diese Erklärung verlangte, dass *Siladharas* in dieser Gemeinschaft zustimmen, die Seniorität der *Bhikkhus* zu akzeptieren und von nun an keine *Bhikkhunī*-Ordination anzustreben. Unnötig zu sagen, dass nicht alle Nonnen diesen Bedingungen zustimmten.

Verfechter des Status quo sehen die Situation als ein Spannungsverhältnis zwischen ehrwürdigen alten Traditionen und neuen weltlichen Forderungen nach Gleichberechtigung und Frauenrechten. Andere verstehen das als Zurückdrängen der dominanten männlichen Hierarchien, die seit etwa 2.500 Jahren herrschen und die Frauen in untergeordnete und dienende Positionen drängen, während diese in der Hoffnung auf eine bessere (männliche) Wiedergeburt in der Zukunft ausharren. Jetzt aber werden sexistische Normen in Frage gestellt.

Die erste Gruppe von Theravāda-*Bhikkhunīs*, die in Australien ordiniert wurden, löste gewaltigen Wirbel aus. Die Ordination dieser vier *Bhikkhunīs*, die von einer internationalen *Bhikkhunī Saṅgha* im Oktober 2009 in Zusammenarbeit mit Mönchen aus dem Bodhinyana-Kloster und dem Dhammasara-Nonnenkloster in Perth durchgeführt wurde, war die erste von Theravāda-*Bhikkhunīs*, die jemals in Australien stattfand. Der internationale Sturm der Entrüstung, der sich an dieser Ordination entzündete, drehte sich nicht so sehr um die Rechtmäßigkeit der Zeremonie an sich, sondern vielmehr um die Tatsache, dass der leitende Präzeptor der *Bhikkhus*, ein bekannter britisch-australischer Lehrer namens Ajahn Brahm (geb. 1951), anschließend aus seinem – im Wat Pah Pong im Norden Thailands ansässigen – Orden ausgeschlossen wurde.

Als Ajahn Brahm den amtierenden Saṅgharāja von Thailand (Somdej Phra Pootajarn) bereits lange vor der Ordination in Perth über die Durchführung einer *Bhikkhunī*-Ordination außerhalb Thailands befragte, wurde ihm dreimal mitgeteilt: »Das thailändische *Saṅgha*-Gesetz gilt nicht außerhalb Thailands.« Er war daher der Meinung, dass seine Rolle bei der Bestätigung eines Ordinationsrituals, das ordnungsgemäß von einer Mindestanzahl von *Bhikkhunīs* durchgeführt wurde, legitim war. Einige hochrangige *Bhikkhus* waren damit nicht einverstanden. Als Ajahn Brahm sich weigerte zu widerrufen und zu erklären, dass die vier Nonnen keine *Bhikkhunīs* waren, wurde das Kloster Bodhinyana von der Liste der Zweigstellen des Wat Pah Pong gestrichen und dadurch effektiv ausgeschlossen.[224] Die Tausenden von Nachrichten, die in den sozialen Medien als Ergebnis dieser Auseinandersetzung erschienen, unterstützten fast einhellig Ajahn Brahm und die neu ordinierten *Bhikkhunīs.*

Bhikṣuṇī-Ordination in Ostasien

Wie wir gesehen haben, wird die Behauptung, dass Frauen nicht voll ordiniert werden können, weil es heute keine *Bhikṣuṇī*-Ordinationslinie gibt, durch die Existenz kontinuierlicher und blühender *Bhikṣuṇī*-Linien in der Volksrepublik China, Hongkong, Malaysia, Südkorea, Singapur, Taiwan, Vietnam und anderswo widerlegt. Die Gesamtzahl von *Bhikṣuṇīs* weltweit ist unmöglich zu ermitteln, aber wenn man die Nonnen in China miteinbezieht, könnte sie bei mehr als 80.000 liegen. Diese Gruppe weiblicher Praktizierender befolgt die 348 *Bhikṣuṇī*-Regeln des Dharmaguptaka-*Vinaya*, der zu Beginn des fünften Jahrhunderts n. Chr. ins Chinesische übersetzt wurde. Unter den Theravāda-Anhängern ist das Missverständnis weit verbreitet, dass die Mönche Ostasiens einer Mahāyāna-Linie des Vinaya folgen. Um diesem Irrtum entgegenzuwirken, ist es nützlich zu wissen, dass die Dharmaguptaka-Linie von der Mahīśāsaka-Linie abstammt, einem Zweig der Sthaviravāda-Linie, die heute als Theravāda bekannt ist.[225] Dabei sind die Unterschiede zwischen den verschiedenen Schulen des Vinaya gering.

Die ersten Nonnen in China ließen sich in den frühen Jahrhunderten der Dharma-Übertragung in Klostergemeinschaften nieder. Da die

Bhikṣuṇī-Vinaya-Texte noch nicht überliefert oder übersetzt worden waren taten sie dies, ohne die Regeln zu kennen, nach denen sie leben sollten.[226] Es gibt keine schlüssigen Beweise dafür, dass indische Nonnen jemals China besuchten oder chinesische Nonnen nach Indien reisten. In der Mitte des vierten Jahrhunderts wurden eine Frau namens Jingjian und vier Gefährtinnen die ersten buddhistischen Nonnen in China, welche die Gelübde in einem Ordinationsritus empfingen, der nach den kürzlich erworbenen *Bhikṣuṇī-Vinaya*-Texten durchgeführt wurde. Dieses Ordinationsritual wurde allerdings nur von *Bhikṣus* geleitet, da es zu dieser Zeit ja noch keine *Bhikṣuṇīs* in China gab.

Erst seit dem fünften Jahrhundert sind die Texte von vier verschiedenen *Vinaya*-Schulen auf Chinesisch verfügbar. Die erste offiziell anerkannte höhere Ordinationszeremonie für Nonnen (*Bhikṣuṇī Upasampadā*) wurde im Jahr 433 n. Chr. von einer Gruppe mutiger *Bhikṣuṇīs* durchgeführt, die zu diesem Zweck unter der Leitung von Bhikkhunī Tesarā aus Sri Lanka angereist waren. Leider wird im *Leben der Nonnen*, welches dieses historische Ereignis aufzeichnet, nicht erwähnt, welcher *Vinaya*-Schule diese *Bhikṣuṇīs* folgten. Später, aufgrund des Einflusses des *Vinaya*-Meisters Daoxuan (596 – 667), beschlossen die chinesischen buddhistischen Behörden, die Dharmagupta-Linie des *Vinaya* für alle monastisch Ordinierten in ganz China zu übernehmen.[227]

Heutzutage werden in den meisten ostasiatischen Ländern *Bhikṣuṇī*-Ordinationszeremonien mit großem Tamtam abgehalten. Diese dauern oft ein oder zwei Monate und sollen eine strenge klösterliche Ausbildung und eine ausreichende Kenntnis der Richtlinien vermitteln. Klöster für *Bhikṣuṇīs* – ob nun in Städten oder auf dem Land – funktionieren im Allgemeinen unabhängig und autark. Jedes von ihnen bietet eine Ausbildung in Dharma, klösterlicher Disziplin, Riten und Meditation sowie in den praktischen Fähigkeiten, die zur Führung eines Klosters erforderlich sind. Hierzu gehören: Singen, vegetarisches Kochen, Beratungstätigkeit, Kalligraphie, Blumenstecken und vieles mehr. Beginnend mit den buddhistischen Zeremonien, die jeden Morgen sehr früh abgehalten werden – um 3:00 Uhr in Südkorea, um 4:00 Uhr in Taiwan – verrichten die Nonnen den ganzen Tag über achtsam und oft mit viel Freude ihre zahlreichen Pflichten.

Eine junge Frau, die sich für das Klosterleben interessiert, dient im Allgemeinen einige Jahre lang als buddhistische Haushalterin (*Upāsikā*) im Kloster, sammelt Wissen und Fähigkeiten und entledigt sich allmählich ihrer weltlichen Pflichten, bevor sie einen Lehrer bittet, ihr den Kopf zu scheren und ihr die Novizinnengelübde (*Śrāmaṇerika*) zu geben. Nachdem sie einige Jahre lang die *Śrāmaṇerika*-Gelübde erfolgreich eingehalten hat, bittet die Novizin dann ihren Lehrer, ihr zu erlauben, die *Bhikṣuṇī*-Gelübde zu empfangen, oft in einer großen Zeremonie mit Nonnen aus anderen Klöstern. Nach der Ordination studieren die meisten *Bhikṣuṇīs* weiterhin den Dharma, entweder an einer buddhistischen höheren Schule, einer Universität oder im Kloster. In einigen Klöstern wird eine zweijährige Zwischenphase als Nonne auf Probe (*Śikṣamāṇā*) vor der höheren Ordination eingehalten.

In den ostasiatischen Ländern kann jede Frau, die dies wünscht und ihre Entschlossenheit zur Einhaltung der Gelübde unter Beweis stellt, diese empfangen. Hierzu gehören die fünf Versprechen einer buddhistischen Haushalterin, die zehn einer Novizin, die sechs Gelöbnisse einer Nonne auf Probe und schließlich die 348 Gelübde einer voll ordinierten Nonne. Ordinationen werden regelmäßig abgehalten und qualifizierte *Bhikṣuṇī*-Lehrerinnen dienen als Mentorinnen für eine große Anzahl von Schülerinnen und Anhängerinnen. Buddhistische Ausbildung ist für Nonnen in jedem Stadium ihrer Entwicklung leicht zugänglich und materielle Unterstützung wird von der Haushaltergemeinschaft großzügig angeboten. Die Disziplin ist streng und die hohen Standards erfordern von den Nonnen eine gründliche Ausbildung, Aufrichtigkeit und Entschlossenheit. Haushalterinnen leben, arbeiten und praktizieren oft zusammen mit den Nonnen und erhalten manchmal die Ordination, sobald sie ihre familiären Pflichten erfüllt haben.

Die buddhistischen Klöster Ostasiens sind ähnlich wie Familien strukturiert, verwenden sogar verwandtschaftliche Begriffe, um ihre gegenseitigen Verbindungen zu bezeichnen, und weisen viele der gleichen Muster von gegenseitiger Fürsorge, Erwartungshaltungen, harter Arbeit, Freuden und gelegentlichen Enttäuschungen auf. Insgesamt bieten diese Klöster einen willkommenen Zufluchtsort für Frauen, die dem spirituellen Leben zugetan sind.

Ordination von Frauen in der tibetischen Tradition

Irgendwann zwischen dem achten und zehnten Jahrhundert n. Chr. wurden die Sanskrit-Texte klösterlicher Disziplin für Frauen der Mūlasarvāstivāda-*Vinaya*-Linie nach Tibet gebracht und ins Tibetische übersetzt. Aufgrund der Schwierigkeiten und Gefahren der Reise über das gewaltige Himalaya-Gebirge scheint es, dass die Mindestanzahl von zwölf *Bhikṣuṇīs*, die für die Durchführung einer *Bhikṣuṇī*-Ordination in der Mūlasarvāstivāda-Tradition erforderlich ist, Tibet nie erreichte. Es gibt nur sehr wenig Material über Frauen in dieser frühen Periode der tibetischen Geschichte, und keine Aufzeichnungen über indische Nonnen, die die Reise von Indien nach Tibet unternommen haben.

Als sich der Buddhismus über die Berge nach Norden ausbreitete, wurden die Regeln der klösterlichen Disziplin – als Reaktion auf das sehr unterschiedliche Klima, die Geographie und die sozialen Normen im tibetischen Kulturkreis – angepasst. Allmählich, als die buddhistischen Lehren in Tibet Wurzeln fassten, begannen Frauen, die das spirituelle Leben anstrebten, sich in kleinen Übungsgemeinschaften niederzulassen oder wie Nonnen zu Hause zu praktizieren. Obwohl die Geschichte der Ordination von Frauen in Tibet unklar ist, erhalten die meisten Nonnen in der tibetischen Tradition heute die Ordination als Novizin (*Śrāmaṇerika*), befolgen die gleichen Regeln wie Novizen (*Śrāmaṇera*) und werden als Mitglieder der *Saṅgha* betrachtet.[228]

In Ermangelung einer Linie der vollen Ordination für Nonnen wurden die klösterlichen Institutionen in überwiegender Weise von Männern dominiert. Frauenklöster befanden sich oft in abgelegenen Gegenden, waren lose mit denen der Mönche verbunden, mussten aber für ihren Lebensunterhalt selbst aufkommen. Tibetische Frauen wurden nicht gezwungen zu heiraten, aber sie wurden auch nicht dazu ermutigt ein klösterliches Leben zu führen. Ohne große Unterstützung für die monastischen Frauengemeinschaften lebten einige Frauen das Leben einer Nonne, während sie in den Häusern ihrer Familien wohnten, wo sie als »*Ani*«, d.h. »Tantchen«, angesprochen wurden.

Dennoch traten im Laufe der Jahrhunderte herausragende weibliche religiöse Persönlichkeiten – sowohl Haushalterinnen als auch Nonnen – hervor und leisteten wichtige Beiträge zur tibetischen Religionsgeschichte.

In jüngsten Diskussionen scheint es, dass die Unterstützung für die Einrichtung einer Linie von *Bhikṣuṇīs* in der tibetischen Tradition wächst. Nach dem Mūlasarvāstivāda-*Vinaya* ist eine Mindestanzahl von zehn *Bhikṣus* und zwölf *Bhikṣuṇīs* erforderlich, um die *Bhikṣuṇī*-Gelübde im Rahmen eines vollständigen Ordinationsrituals für Nonnen zu verleihen.[229] Nachdem die Kandidatinnen bestimmte Fragen beantwortet haben, um ihre Eignung zu überprüfen, erhalten sie zunächst die Gelübde in Anwesenheit der *Bhikṣuṇīs* und gehen dann zur Bestätigung zu den *Bhikṣus*. Es werden nun, wie schon angesprochen, drei mögliche Lösungen in Betracht gezogen, um die *Bhikṣuṇī*-Linie in die tibetische Tradition einzuführen.

Die erste Möglichkeit besteht darin, dass die Nonnen die *Bhikṣuṇī*-Gelübde allein von tibetischen *Bhikṣus* erhalten, ohne die Anwesenheit von *Bhikṣuṇīs*. Dass *Bhikṣus* allein die *Bhikṣuṇī*-Gelübde geben, ist – was die bisherigen Regeln angeht – allerdings technisch gesehen regelwidrig. Auch wenn die leitenden *Bhikṣus* dadurch eine leichte Übertretung begehen würden, wäre die Ordination der *Bhikṣuṇīs* dennoch gültig. *Bhikṣus* allein haben häufig *Bhikṣuṇīs* in Korea, Taiwan und Vietnam ordiniert; ohne große Kontroverse. Dies ist das von

Buddha Śākyamuni selbst angewandte Vorgehen, als er Mahāprajāpatī im Rahmen der allerersten *Bhikṣuṇī*-Ordination in Indien ordinierte.

Eine zweite Möglichkeit ist, dass Nonnen die Ordination von *Bhikṣuṇīs* erhalten, die in der Dharmaguptaka-Linie ordiniert wurden, die derzeit in China, Südkorea, Taiwan und Vietnam praktiziert wird.

Eine dritte Lösung ist ein kombinierter Ansatz, bei dem *Bhikṣuṇīs*, die in der Dharmaguptaka-Tradition ordiniert sind, die Ordination neben tibetischen *Bhikṣus*, die in der Mūlasarvāstivāda-Linie ordiniert sind, erteilen. Mit der Unterstützung Seiner Heiligkeit des Vierzehnten Dalai Lama und hochrangiger *Bhikṣus*, könnte jede dieser Lösungen gerechtfertigt werden.

Gegner stellen die Gültigkeit einer solchen Ordination in zweierlei Hinsicht in Frage. Hierbei geht es erstens um die angebliche Notwendigkeit der Existenz einer ungebrochenen *Bhikṣuṇī*-Linie zur Verleihung der Ordination und zweitens um die Gültigkeit der Vorgehensweise bei dieser Zeremonie. Um den ersten Einwand zu beantworten, wurden einige Versuche unternommen, um zu untersuchen, ob die bestehenden *Bhikṣuṇī*-Überlieferungslinien Ostasiens in einer ununterbrochenen Linie von der Zeit Buddha Śākyamunis bis heute weitergegeben worden sind. Dies ist ein schwieriges und wahrscheinlich aussichtsloses Unterfangen, da die Aufzeichnungen der klösterlichen Linien im Allgemeinen nur die Namen der männlichen Meister der Gelübde aufführen. Um den zweiten Einwand zu beantworten, haben mehrere Studien die *Bhikṣuṇī*-Gelübde und Verfahrensweisen zum Erhalt der *Bhikṣuṇī*-Ordination in der chinesischen Dharmaguptaka- und der tibetischen Mūlasarvāstivāda-Tradition verglichen und festgestellt, dass sie im Wesentlichen identisch sind.[230]

Seit den 1980er Jahren ist fortwährend über die möglichen Varianten für die Einführung der *Bhikṣuṇī*-Ordination in der tibetischen Tradition diskutiert worden. Einige westliche Frauen, die in der tibetischen Tradition als Novizinnen (*Śrāmaṇerika*) ordiniert wurden, haben die Erlaubnis bekommen, in der chinesischen, koreanischen oder vietnamesischen Tradition die volle Ordination als *Bhikṣuṇīs* zu erhalten.

Diese Nonnen sind von Seiner Heiligkeit dem Vierzehnten Dalai Lama öffentlich als *Bhikṣuṇīs*, die in der tibetischen Tradition praktizieren, anerkannt worden.

Im Jahr 2012 wurden zehn gelehrte Mönche, welche die vier Schulen des tibetischen Buddhismus repräsentieren, von der Abteilung für Religion und Kultur der tibetischen Exilregierung eingeladen, sich in Dharamsala, in Indien, zu versammeln, um mögliche Wege zur Erreichung des Ziels der Etablierung einer Linie von *Bhikṣuṇīs* in der tibetischen Tradition zu prüfen. Dieses Forschungskomitee ist damit beauftragt worden einen Weg zu finden, um Nonnen, die der Mūlasarvāstivāda-Tradition folgen, die volle Ordination zu ermöglichen. Allerdings sind ihre Empfehlungen bisher nicht eindeutig.

Die tibetische Exilregierung hat noch keine dieser Lösungen offiziell gebilligt. Seine Heiligkeit der Vierzehnte Dalai Lama hat seinen persönlichen Wunsch zum Ausdruck gebracht, die *Bhikṣuṇī*-Linie innerhalb der tibetischen Tradition etabliert zu sehen. Er hat Nonnen in der tibetischen Tradition seinen Segen gegeben, die *Bhikṣuṇī*-Ordination in einer Linie in einem anderen Land zu erhalten und die Ordinationen derjenigen, die dies taten, öffentlich anerkannt. Was die Durchführung von *Bhikṣuṇī*-Ordinationen in der tibetischen Tradition selbst betrifft, hat er jedoch wiederholt erklärt, dass ihm die Autorität fehlt, diese Entscheidung einseitig zu treffen, und dass die Frage von einem hochrangigen *Saṅgha*-Rat entschieden werden muss. Um dieses Problem zu lösen, berief der Dalai Lama eine internationale Konferenz mit Vertretern aller wichtigen buddhistischen Traditionen ein, um die Feinheiten des buddhistischen Klosterrechts zu untersuchen und einen Konsens in dieser Angelegenheit zu finden.

Als Antwort auf seinen Wunsch wurde im Jahr 2007 eine Konferenz an der Universität Hamburg in Deutschland abgehalten.[231] Dabei waren die Erwartungen hoch, dass eine *Bhikṣuṇī*-Ordination bald stattfinden würde, aber bis jetzt hat es keine offizielle Ankündigung in diesem Sinne gegeben. Im Jahr 2015 kündigte der Siebzehnte Gyalwa Karmapa, Orgyen Trinley Dorje (geb. 1985), seine Absicht an, einen Ordinationsprozess für in der tibetischen Tradition praktizierende Nonnen einzuleiten. Im Jahr 2017 wurde in Bodhgaya von *Bhikṣuṇīs* aus Taiwan eine *Śrāmaṇerika*-Ordination für neunundzwanzig Nonnen durchgeführt, gefolgt von einer *Śikṣamāṇā*-Ordination, die schließlich zu einer *Bhikṣuṇī*-Ordination unter der Schirmherrschaft des Karmapa führte.

Langsame Schritte vorwärts

Die Debatte über die Ordination für buddhistische Frauen ist nicht neu. Die Tatsache, dass Buddha Śākyamuni Berichten zufolge zögerte, Frauen in den monastischen Orden aufzunehmen, wirft wichtige Fragen auf. Wie kann jemand, der als vollkommen erwacht gilt, solch reaktionäre Vorstellungen über Frauen haben? Eine Vielzahl von Begründungen sind angeführt worden, um die angebliche Zurückhaltung des Buddha zu erklären, einige auf die Sicherheit der Nonnen und andere auf den sozialen und kulturellen Kontext bezogen, in dem die frühe *Saṅgha* entstand. Die Fähigkeit von Frauen, Befreiung zu erlangen, wird nicht angezweifelt.

Wie in den *Therīgāthā* bezeugt, erlangten zur Zeit des Buddha viele Frauen Befreiung, und auch heute noch ist das theoretisch möglich. Dennoch gibt es nach wie vor gesellschaftliche Stereotype, die Frauen für weniger fähig als Männer halten, spirituelle Leistungen zu vollbringen, und diese Vorurteile haben sich auf die Erwartungen der Frauen an die Entfaltung ihres Potenzials ausgewirkt. Das legendäre Zögern des Buddha, Frauen in die *Saṅgha* aufzunehmen, die benachteiligenden acht *Gurudharmas* (gewichtigen Regeln) und der fehlende Zugang zu höherer Ordination für Frauen waren starke Abschreckungsmaßnahmen.

Warum musste der Buddha gedrängt werden, bevor er Frauen in die *Saṅgha* aufnahm, wenn er an anderer Stelle erklärte, dass eine stabile Gesellschaft aus den folgenden vier Teilen besteht: Haushaltern und Haushalterinnen, voll ordinierten Mönchen und voll ordinierten Nonnen? Weshalb verlangte er von Mahāpajāpatī, die acht *Gurudharmas* zu befolgen, und etablierte damit ein Muster der weiblichen Unterordnung, das die Einstellung Frauen gegenüber bis heute beeinflusst? Obwohl die Herkunft der Regeln unklar ist und ihre Vorschriften widersprüchlich sind, haben die in ihnen verankerten Strukturen der Geschlechterungleichheit dazu beigetragen, die Ungerechtigkeiten zwischen Nonnen und Mönchen über mehr als zweitausend Jahre hinweg aufrechtzuerhalten. Monastische Identitäten, einschließlich des Ritus der Ordination, werden auf dieser ungleichen geschlechtlichen Grundlage konstruiert, was Auswirkungen auf Frauen in buddhistischen Gesellschaften hat, sowohl auf Haushalterinnen als auch auf Ordinierte.

In den buddhistischen Traditionen sind die Meinungen über die höhere Ordination für Nonnen nach wie vor geteilt. Diejenigen, die dagegen sind, behaupten, dass die volle Ordination für Nonnen nicht erteilt werden kann, weil die erforderliche Mindestanzahl an voll ordinierten *Bhikṣuṇīs* in ihren jeweiligen Traditionen nicht vorhanden ist. Dabei gibt es in der chinesischen, koreanischen, taiwanesischen und vietnamesischen Tradition eine ausreichende Anzahl von *Bhikṣuṇīs*, welche die volle Ordination erhalten haben. Diejenigen, die die volle Ordination befürworten, behaupten hingegen, dass diese sehr wohl stattfinden kann, mit der Begründung, dass Buddha Śākyamuni selbst die Ordination von Nonnen ohne eine volle Mindestzahl von *Bhikṣus* und *Bhikṣuṇīs* einführte und damit einen Präzedenzfall für die Ordination von *Bhikṣuṇīs* allein durch *Bhikṣus* schuf.

Wie viele Beobachter der Ordinationsdebatte bemerkt haben, scheinen nur wenige zeitgenössische Mönche an den Feinheiten des *Vinaya* für Mönche interessiert zu sein. Allerdings können sie sich mit solchen Dingen außerordentlich beschäftigen, wenn es um die volle Ordination von Nonnen geht. Zum Beispiel haben, wenn überhaupt, nur wenige Kritiker der *Bhikṣuṇī*-Ordination in der tibetischen Tradition bemerkt, dass Nonnen von *Bhikṣuṇīs* ordiniert werden müssen. Einerseits kann man argumentieren, dass es sehr großzügig von tibetischen *Bhikṣus* war, Frauen überhaupt als Novizinnen zu ordinieren. Andererseits ist diese Praxis höchst unüblich und wird in keinem bis heute aufgedeckten *Vinaya*-Text bestätigt. Im Gegenteil, die Vinaya-Schriften sind sehr spezifisch in der Beschreibung des Prozesses, durch den Novizinnen von *Bhikṣuṇīs* ausgebildet und ordiniert werden müssen. Einige haben sich offen gefragt, ob die jüngsten Debatten über die rechtlichen Feinheiten des *Bhikṣuṇī-Vinaya* eine Hinhaltetaktik sind; ein Weg, um die *Bhikṣuṇī*-Ordination auf unbestimmte Zeit hinauszuzögern.[232]

Wie schon ausgeführt, war die Verleihung des Ranges einer *Geshema* in buddhistischer Philosophie an Nonnen in der tibetischen Tradition ein herausragendes Beispiel dafür, dass Frauen ihr Potenzial zur Erreichung der höchsten Ziele ihrer Tradition unter Beweis stellen. Im Dezember 2016 wurde zwanzig Nonnen aus Tibet und dem Himalaya zum ersten Mal in der tibetischen Geschichte dieser höchste Grad verliehen. Der gleichberechtigte Zugang für Frauen zum Abschluss dieses höchst anspruchsvollen systematischen Studienprogramms in buddhistischer Logik, Psychologie und Philosophie war ein großer Durchbruch. Dieses Beispiel von Frauen, die Geschlechterparität erreicht haben, ist nicht nur ein historischer Präzedenzfall für weibliche Praktizierende in der tibetischen Tradition, sondern auch eine Bestätigung dafür, dass Frauen in allen Traditionen die Fähigkeit haben, die höchsten Ziele zu erreichen. Nun, da diese wichtige Zielsetzung verwirklicht worden ist, sind die Voraussetzungen für das Erreichen des nächsten Vorhabens gegeben: den Zugang von Frauen zur vollen Ordination.

Wenn Religionsfreiheit und Gleichstellung der Geschlechter Menschenrechte sind, dann ist es nur logisch, dass Frauen die gleichen religiösen Freiheiten und Möglichkeiten haben sollten wie Männer. Es geht nicht darum, dass jede Frau Nonne werden sollte, sondern dass sie den gleichen Zugang zu höherer Ordination und anderen religiösen Möglichkeiten haben müssen, ehe Buddhisten behaupten können, es gäbe im Buddhismus keine Diskriminierung. Gegenwärtig haben jedoch nicht alle buddhistischen Frauen Zugangsmöglichkeiten zur vollen Ordination als *Bhikṣuṇī* und viele haben nicht einmal das Recht, als Novizin (*Śrāmaṇerika*) ordiniert zu werden. Die Schaffung von gleichen Möglichkeiten für Frauen, in den buddhistischen Traditionen Führungsaufgaben zu übernehmen, ist eine Frage der sozialen Gerechtigkeit und auch ein Gradmesser für den buddhistischen Anspruch auf Weisheit und Mitgefühl.

KAPITEL 7

Graswurzelrevolution: Buddhistische Frauen und sozialer Aktivismus

Sozial engagierter Buddhismus ist zum Schlagwort für einen neuen Ansatz geworden, der spirituelle Praxis weg von der Höhle oder dem Kloster hin zu den Menschen bringt. Die buddhistische Praxis wird nicht mehr nur als eine einsame kontemplative Suche nach Verwirklichung oder innerer Transformation verstanden. Der neue, sozial engagierte Ansatz ist ein bewusster Versuch, die buddhistischen Lehren anzuwenden, um zeitgenössische soziale Probleme anzugehen und eine breitere Umwandlung zu bewirken. Obwohl Frauen, die ins Klosterleben eintreten, dies im Allgemeinen tun, weil sie daran interessiert sind, Befreiung zu erlangen, und nicht, weil sie soziale Arbeit leisten wollen, beteiligt sich eine wachsende Zahl von Nonnen an den gegenwärtigen Bemühungen, das Leiden der Gesellschaft auf praktische Weise anzugehen.

Die zentrale Lehre des Buddha über *Duḥkha* (Leid und Unzufriedenheit) zeigt sich deutlich in weltweiter Armut, Korruption, Militarismus, Umweltzerstörung, Gefangenschaft, wirtschaftlicher und sexueller Ausbeutung, Naturkatastrophen, Epidemien und unzähligem entmenschlichenden Elend, denen die Welt heute gegenübersteht. Für viele ist das Üben von liebender Güte gegenüber den Leiden anderer zu einem ethischen Gebot geworden. Dabei wird deren Ausweitung über das Meditationskissen hinaus auf diejenigen, die in den Straßen und Vierteln um uns herum leiden, als eine natürliche und notwendige Folge spiritueller Praxis angesehen.

Dieser offenkundig aktivistische Ansatz des Buddhismus hat sowohl Kritiker als auch Befürworter. Die Frage ist, was sozialer Aktivismus mit dem Erreichen der Erleuchtung zu tun hat. Ist es möglich, vollkommenes Erwachen zu erlangen, während man in einer Suppenküche oder einem Obdachlosenheim arbeitet? Wenn das so ist, warum hat sich der Buddha dann die Mühe gemacht zu meditieren? Selbst wenn wir heute in der Lage wären die Hungrigen zu versorgen, werden sie nicht morgen wieder hungrig sein? Werden diejenigen, die sich auf den Staub der Welt einlassen, nicht von ihm beschmutzt?

Diese Spannung zwischen geistiger Übung und sozialem Aktivismus, zwischen Weltverzicht und Welterlösung ist nicht nur eine buddhistische Zwickmühle, sondern ein ständiges Thema in vielen religiösen Traditionen. Dieses ethische Problem, das spirituelle Entwicklung und soziales Engagement als zwei Pole darstellt, wird wohl in absehbarer Zeit nicht aufgelöst werden. Einige Buddhisten argumentieren heute, dass die Wahl zwischen Kontemplation und sozialem Engagement eine künstliche Zweiseitigkeit ist. Für sie ist sozialer Aktivismus nicht nur vertretbar, sondern wird durch buddhistische Ideale sowohl dringend benötigt als auch gestärkt. Letztlich bleibt es dem einzelnen Praktizierenden überlassen, wie er diese Dynamik ausbalanciert. Dieses Kapitel befasst sich mit der Geschichte des buddhistischen sozialen Engagements in verschiedenen Zusammenhängen, um zu verstehen, wie buddhistische Wertvorstellungen im sozialen Bereich zum Ausdruck gebracht werden können und welche Rolle buddhistische Frauen dabei gespielt haben.

Gut sein oder Gutes tun?

Das soziale Engagement des zeitgenössischen Buddhismus wird oft auf Taixu (1890 – 1947) zurückgeführt, einen Mönch, Erzieher, politischen Aktivisten und innovativen Reformer des Buddhismus in China. Taixus Ideen zur Umsetzung buddhistischer Werte in der Gesellschaft und zur Schaffung eines Reinen Landes im menschlichen Bereich hatten einen großen Einfluss auf die Arbeit des vietnamesischen Dichter-Mönches Thich Nhat Hanh (1926 – 2022) und anderer zeitgenössischer buddhistischer Lehrender, die ihrerseits einen großen Einfluss auf den internationalen Buddhismus hatten. Gleichzeitig kann man aber auch sagen, dass sich Buddhisten von Anfang an aktiv in der Gesellschaft engagiert haben. Monastische Zentren (*Vihāras*) dienten in ihren Orten oft als Schulen, Kliniken, Waisenhäuser, Altenheime, Kultur- und Gemeindezentren sowie Beratungsstellen.

Die Lehren des Buddha über die Vermeidung von Leid und die Linderung der Leiden der fühlenden Wesen waren nie nur theoretischer Natur. Buddhistische Meditation und andere Übungen können so verstanden werden, dass sie die Praktizierenden darauf vorbereiten, die Lehren über Gewaltlosigkeit, Großzügigkeit, liebende Güte und Weisheit im täglichen Leben in die Praxis umzusetzen. König Aśoka (304 – 232 v. Chr.) aus der Maurya-Dynastie ist ein legendäres Beispiel. Nachdem er sein Reich über die riesigen Weiten Nordindiens und jenseits davon ausgedehnt hatte, wachte er eines Tages auf, sah das Gemetzel, das seine Armeen angerichtet hatten, und empfand tiefe Reue für das Leid, das seine militärischen Eroberungen verursacht hatten. In der Folge wurde er zu einem vorbildlichen buddhistischen Herrscher und veranlasste öffentliche Wohlfahrtsprojekte wie den Bau von Straßen, Brunnen, medizinischen Kliniken, Rasthäusern, Baumpflanzungen und Tierkliniken für die humane Behandlung von Tieren.

Im Laufe der Geschichte sind buddhistische Herrscher in China, Japan, Korea, Vietnam und anderen Ländern ebenfalls für ihre Bemühungen gelobt worden, buddhistische Werte zum Wohle ihrer Bevölkerung umzusetzen. Seit Jahrhunderten setzen sich buddhistische Frauen und Männer gewissenhaft dafür ein, die buddhistischen Werte von Großzügigkeit, liebender Güte und Mitgefühl in Gemeinschaften auf der ganzen Welt anzuwenden. Neu ist heute die zunehmende Vielfalt und Sichtbarkeit buddhistischer sozialer Aktivitäten, die von Lebensmittelverteilung bis zu Tierbefreiung, Gefangenenbegleitung, Katastrophenhilfe, Friedensaktivismus, Suchtbehandlung, Recycling, Hospizprogrammen und vielem mehr reichen.

Der enorme Nutzen dieser Wohltätigkeitsorganisationen ist weithin anerkannt, wobei die Programme sich von der Tsunami-Katastrophenhilfe über innovative Bildungsmaßnahmen bis hin zur Förderung des Stillens erstrecken.[233] Eine Schwäche der buddhistischen Sozialfürsorge ist allerdings, dass sie sich oft auf karitative Aktivitäten beschränkt. So nützlich Großzügigkeit (*Dāna*) auch ist, um das unmittelbare Leid von Menschen zu lindern, so sind sich doch viele Buddhisten des Unterschiedes zwischen wohltätigen Aktivitäten und Bemühungen um soziale Gerechtigkeit – also zwischen Linderung des Leidens der Benachteiligten und Arbeit zur Veränderung der ungerechten sozialen, wirtschaftlichen und politischen Strukturen, die für ihr Leid verantwortlich sind – nicht bewusst oder verstehen sie nicht.

Einige Buddhisten halten sich bewusst von sozialem Aktivismus fern, weil sie glauben, dass er politisch werden könnte und dass Politik irgendwie von buddhistischen Prioritäten abgekoppelt oder mit ihnen in Konflikt ist. Dennoch erkennen einige Buddhisten heute, vor allem in den westlichen Ländern, dass Spenden allein nicht ausreichen, um die ungerechten sozialen, wirtschaftlichen und politischen Strukturen zu verändern, die das Fortbestehen von Armut, Ausbeutung, Diskriminierung und Gewalt ermöglichen. In einigen Fällen, zum Beispiel, wenn Buddhisten unter repressiven Regierungen leben, ist ihr Mangel an aktivem, kritischem Engagement in Fragen der sozialen Gerechtigkeit verständlich, da abweichende Äußerungen mit Vergeltung, Inhaftierung, Folter oder Hinrichtung geahndet werden können. Wie die Safran-Revolution 2007 in Myanmar, an der sowohl Mönche und Nonnen als auch Haushalter beteiligt waren, und die Bemühungen der Tibeter, der Obrigkeit in der Volksrepublik China die Meinung zu sagen, gezeigt haben, kann das Äußern sozialer Anliegen unter repressiven Regimen all diese schrecklichen Folgen haben, einschließlich dem größten aller Leiden: dem zum Schweigen Bringen des Gewissens.

In anderen Ländern, in denen Buddhisten eine religiöse Minderheit darstellen, wie z. B. Bangladesch, Indonesien, Malaysia, Russland und Singapur, mögen die Risiken, sich sozial zu engagieren und seine Meinung zu politischen Themen zu äußern zwar subtiler sein, ersticken aber dennoch die freie Meinungsäußerung. Unter diesen Umständen bietet kontemplative buddhistische Praxis eine der wenigen erlaubten Ausdrucksmöglichkeiten. In Myanmar und im besetzten Tibet beispielsweise hat die politische Unterdrückung zu einem bemerkenswerten Anstieg des Interesses an buddhistischer Identität und religiöser Praxis geführt. Schließlich bleibt die Frage, wie buddhistische Ideale mobilisiert und umgesetzt werden können, um soziale Ungerechtigkeiten zu korrigieren und zu verhindern.

Buddhismus und Geschlechtergerechtigkeit

Buddhistische Frauen haben einen großen Beitrag zum gesellschaftlichen Gemeinwohl geleistet. Erstens kann man mit gutem Grund behaupten, dass Gebären und Kinderbetreuung gültige und lobenswerte Formen des sozialen Engagements sind und unerlässlich für das Wohlergehen der Menschheit. Zweitens kann man auch auf die vielen mutigen buddhistischen Frauen verweisen, die ihre Stimme erhoben haben, um verdienstvolle soziale Anliegen zu unterstützen. Wie wir gelernt haben, war Mahāpajāpatī die erste buddhistische feministische Aktivistin, die im sechsten Jahrhundert v. Chr. eine Prozession von fünfhundert Frauen durch Nordindien anführte, um sich für das Recht von Frauen einzusetzen, der *Saṅgha* beizutreten. Damit öffnete sie unzähligen Frauen in Indien und auf der ganzen Welt die Tür zur Befreiung. Das Erbe ihres Beitrags zur sozialen Gerechtigkeit zeigt sich in den vielen verdienstvollen Aktivitäten buddhistischer Frauen im Laufe der Geschichte bis heute.

Während der Edo-Periode (1603–1868) in Japan boten beispielsweise die Nonnen und Haushalterinnen des Mantokuji-Tempels in der Präfektur Gunma Frauen, die sich von ihren Ehemännern scheiden lassen wollten, Schutz und Beratung.[234] Dieser »Scheidungstempel« bot nicht nur Zuflucht und spirituellen Trost durch die Praxis, den Namen des Amitābha-Buddha zu rezitieren, sondern stellte darüber hinaus auch medizinische Dienste, Beratung und andere soziale Dienste für die örtliche Gemeinschaft bereit. Aus vielen solchen Beispielen kann man ableiten, dass sozialer Aktivismus im Buddhismus als eine lobenswerte Anwendung der Lehren des Buddha und seiner Aufforderung, die Leiden der fühlenden Wesen zu lindern, gutgeheißen wird.

Die buddhistischen Grundwerte von liebender Güte, Mitgefühl und Frieden funktionieren sowohl als kontemplative Übungen als auch als Leitlinien für eine aktive soziale Umgestaltung. Die Bedeutung, die diesen Werten beigemessen wird, scheint sozialen und politischen Aktivitäten als natürlichem Ausdruck der Lehren des Buddha Recht zu geben. Der anfängliche Schwerpunkt liegt auf dem Üben in heilsamen Geisteszuständen und der Vermeidung aller nichtheilsamen Handlungen von Körper, Rede und Geist. Nach traditioneller Auffassung praktiziert eine Person, um alle geistigen Verunreinigungen zu reinigen und alle Tugenden anzusammeln. In diesem Prozess wandelt sich die selbstsüchtige und eigennützige Haltung von einem ichbezogenen zu einem allumfassenden Bewusstsein, von selbstbezogener Sorge zu einer um das Wohlergehen aller Lebewesen. Buddhistische Übungen der Geistesschulung können einen zu einem besseren Aktivisten machen, der weniger dazu neigt, wütend und eigensinnig zu sein. Dabei ist ein Aktivismus, der von liebevoller Güte und Mitgefühl geprägt ist, mit größerer Wahrscheinlichkeit gewaltfrei und letztlich effektiver.

In den letzten Jahrzehnten sind immer mehr buddhistische Frauen öffentlich als Vorbilder für aktives Mitgefühl anerkannt worden. In Thailand gründete Mae Chee Khunying Kanitha (1922–2002) das erste Frauenhaus und das erste Heim für mit HIV/AIDS infizierte Frauen und Kinder.[235] In Taiwan setzt sich Bhikṣuṇī Chao Hwei (geb. 1965) für soziale Gerechtigkeit, Menschen- und Tierrechte ein. In abgelegenen, verarmten Dörfern in Vietnam kümmern sich die Nonnen um Ernährungssicherheit, Überschwemmungshilfe und die mitfühlende Betreuung von Behinderten. In Thailand arbeitet Mae Chee Sansanee Sathirasuta mit Frauen, die an HIV/AIDS erkrankt sind und unterrichtet deren Kinder im Sathira Dhammasthan Center in Bangkok.

In Indien setzt sich die australische Nonne Ayya Yeshe Bodhicitta (geb. 1978) über die Bodhicitta Foundation für die Linderung des Leids der Slumbewohner ein, insbesondere von Frauen und Kindern. Das Erreichen von mehr Gleichberechtigung und Repräsentation sowie ein besserer Zugang zu Wissen, Weisheit und Ressourcen sind für buddhistische Frauen ein wichtiger Schritt nach vorn gewesen, der sie in die Lage versetzt, effektiv an der Verwirklichung des Ideals einer aufgeklärten Gesellschaft zu arbeiten.

In den Vereinigten Staaten sind Frauen oft an vorderster Front des sozialen Aktivismus gestanden.[236] Joanna Macy (geb. 1929), eine Umweltaktivistin, empfiehlt gemeinschaftliche Methoden, um mit der Verzweiflung umzugehen, die aus scheinbar unüberwindbaren sozialen und ökologischen Krisen entsteht. Susan Moon (geb. 1942) ist Schriftstellerin und war viele Jahre lang Herausgeberin von *Turning Wheel*, der Zeitschrift des Buddhist Peace Fellowship. Paula Green (geb. 1937) gründete das Karuna Center for Peacebuilding, welches Friedensschulungen und Dialoge anbietet, um ein globales Netzwerk von Friedensaktivisten zu schaffen. Zenju Earthlyn Manuel (geb. 1952), ehemalige

Direktorin des Buddhist Peace Fellowship, schreibt über buddhistische Ansätze zur Bekämpfung von Obdachlosigkeit und anderen Formen sozialer Missstände und wendet diese Zugänge auch an.[237]

Melody Ermachild Chavis (geb. 1943) setzt sich mit juristischen Mitteln für soziale Gerechtigkeit ein und mobilisiert insbesondere den Widerstand gegen die Todesstrafe.[238] In buddhistischen Tempeln in ganz Nordamerika widmen sich taiwanesische Nonnen den Bedürfnissen von Migrantengemeinschaften, die darum ringen, sich an die neuen sozialen und wirtschaftlichen Gegebenheiten anzupassen.[239] Entgegen dem stereotypen Bild von zurückgezogenen Meditierenden engagieren sich buddhistische Frauen heute aktiv in einem breiten Spektrum von Projekten für das Gemeinwohl. Ihre buddhistische Praxis gibt ihnen Halt und befähigt sie, sich von ganzem Herzen, mitfühlend und wirksam für den sozialen Wandel einzusetzen.

In Ländern mit hohem Bildungsniveau sind Frauen zunehmend in der Wohlfahrtsarbeit tätig. Soziale Aktivitäten nehmen viele Formen an, die gewöhnlich an der Basis beginnen und sich manchmal zu großen Institutionen hin entwickeln. Ein prominentes Beispiel ist Bhikṣuṇī Cheng Yen (geb. 1937), eine taiwanesische buddhistische Nonne, die durch die Empfehlung an Hausfrauen, jede Woche einige Cents von ihrem Lebensmittelgeld zu spenden, um wohltätige Projekte und Krankenhäuser in Taiwan zu unterstützen, weltweit Aufmerksamkeit erregte. Im Jahr 1966 gründete sie die Buddhist Compassion Relief Tzu Chi Foundation, die mit mehr als zehn Millionen Mitgliedern und Programmen in achtundsechzig Ländern zur größten Wohltätigkeitsorganisation Taiwans und zu einer der größten weltweit geworden ist.[240] Die Tzu Chi Foundation ist bekannt für ihre weltweite Hilfsarbeit, Recyclingprogramme und kostenlosen medizinischen Kliniken, darunter eine in der Innenstadt von Honolulu. Weitere Beispiele für die zahlreichen buddhistischen karitativen Organisationen, die heute sowohl lokal als auch global tätig sind, sind Buddhist Global Relief, Lotus Outreach, Nonviolent Peaceforce, Jamyang Foundation und die Compassionate Hands Foundation.

In Ländern mit niedrigen Bildungsstandards sind Frauen sozial und wirtschaftlich benachteiligt. Analphabetismus und fehlende Bildungschancen sind in vielen ländlichen buddhistischen Gemeinschaften immer noch weit verbreitet, was zu Armut, Frauenhandel und Ausbeutung führt. Daher ist die Beseitigung geschlechtsspezifischer Ungleichheiten im Bildungsbereich in den letzten Jahrzehnten zu einem zentralen Thema bezüglich sozialer Gerechtigkeit für Frauen geworden.

Der Buddhismus hat seit frühester Zeit, als der Buddha den Weg zur Befreiung vor einer großen öffentlichen Zuhörerschaft von Frauen und Männern unterschiedlicher Herkunft lehrte, großen Wert auf Bildung gelegt. Mit seiner Ermutigung merkten sich die Schülerinnen und Schüler des Buddha diese Lehren und gaben sie dann an ein öffentliches Publikum nah und fern weiter. Mit der Institutionalisierung des Buddhismus wurden die Bildungsstrukturen jedoch ausgesprochen patriarchalisch, und die große Mehrheit der Gelehrten und Lehrenden war männlich. In den letzten Jahren haben sich buddhistische Wissenschaftler, Praktizierende und Aktivisten für Bildungsreformen eingesetzt, um ein gerechteres System zu schaffen.

Als 1987 auf der ersten Konferenz der Internationalen Sakyadhita-Vereinigung buddhistischer Frauen in Bodhgaya, in Indien, der untergeordnete Status von Frauen in buddhistischen Gesellschaften endlich in den Blick der Öffentlichkeit geriet, wurde die Bedeutung von Bildung als *der* Schlüssel zur Förderung von Frauen klar erkannt. Auf dieser historischen Versammlung wurde die Gleichstellung der Geschlechter in Bildung – insbesondere buddhistischer – angepriesen. Mehr und bessere Bildung wurde nicht nur für das persönliche und spirituelle Wachstum der Frauen, sondern auch für die Bewahrung buddhistischer Kultur und die Arbeit zum Wohle aller Lebewesen als wesentlich angesehen. Seit dieser ersten Zusammenkunft brachte die Dynamik zur Verbesserung der Chancen für Mädchen und Frauen, Haushalterinnen und Ordinierte, viele neue Bildungsprojekte hervor, die die Wahrnehmung des weiblichen Potenzials sowohl in der Gesellschaft als auch in den Köpfen der Frauen selbst völlig verändert haben.[241]

Sakyadhita ist eine länderübergreifende Bewegung, die buddhistische Frauen über die Grenzen von Ethnie, Tradition, Sprache und sozioökonomischem Status hinweg miteinander verbindet. Sie bezieht Wissenschaft, soziales Engagement, Aktivismus, Kontemplation und Kunst mit ein, um Bildung zu vermitteln, zu ermächtigen und für Veränderungen in den sozialen Strukturen, die zur Aufrechterhaltung von Konflikten, Umweltzerstörung, Geschlechterungerechtigkeit und anderen Missständen beitragen, zu werben. Sie hat dazu beigetragen, soziale Netzwerke für Aktionen zu knüpfen, insbesondere zugunsten von Frauen und Kindern. Obwohl es – vor allem in Bereichen wie Frauenhandel – noch viel zu tun gibt, haben basisdemokratische Ansätze zur sozialen Umgestaltung weitreichende, befreiende Auswirkungen. Die Aufmerksamkeit auf die spirituellen Errungenschaften buddhistischer weiblicher Praktizierender zu lenken, die bisher meist unbemerkt geblieben sind, hat Frauen in vielen Ländern zu einem größeren sozialen Engagement inspiriert.

Länderübergreifende Schwesterlichkeit: Frauen transformieren den Buddhismus

Nach Jahrhunderten patriarchalischer Vorherrschaft ist es verständlich, dass die Gleichberechtigung der Geschlechter für buddhistische Frauen ein wichtiger Schwerpunkt im Bewusstsein für soziale Gerechtigkeit ist. Jahrelang sind in buddhistischen Gemeinschaften auf der ganzen Welt sozial konstruierte Geschlechterstereotype, die das erwartete Verhalten von Männern und Frauen vorschreiben, unangefochten und unwidersprochen geblieben. Die Erwartung, dass Männer durchsetzungsfähig und dominant und Frauen sanftmütig und nachgiebig sein sollten, sind im Gegensatz zu den buddhistischen Idealen von Sanftmut und unabhängigem Denken gestanden, die auf dem buddhistischen Grundsatz beruhen, dass Frauen und Männer – trotz biologischer Unterschiede – alle die Fähigkeit zur geistigen Entwicklung, zu heilsamem Verhalten und spiritueller Befreiung besitzen.

Obwohl man weiß, dass keine zwei Individuen jemals genau gleich sein werden, haben alle fühlenden Wesen, einschließlich der Tiere, das Potenzial, sich schließlich vom Leid zu befreien, auch wenn es viele Leben dauern kann, bis dies erreicht wird. Der günstigste Zustand, um dieses Potenzial zu verwirklichen, ist derjenige, ein Mensch zu sein. In diesem Zusammenhang sind aus buddhistisch-feministischer Sicht Hindernisse, welche die geistige Befreiung von Frauen erschweren, sowohl ungerecht als auch unheilsam. Aus diesem Grund hat sich die zeitgenössische buddhistische Frauenbewegung, die von Sakyadhita angeführt wird, dafür eingesetzt, das Bewusstsein für soziale und institutionelle Ungerechtigkeiten in buddhistischen Gemeinschaften zu schärfen. Zudem soll insbesondere die Aufmerksamkeit auf die Ungleichheiten gelenkt werden, mit denen buddhistische Frauen in Bildung und Ordination konfrontiert sind.

Traditionell wird anerkannt, dass Frauen die Befreiung von zyklischer Existenz (*Saṃsāra*) erreichen können, sei es in diesem oder in zukünftigen Leben. Allerdings wird auch behauptet, dass Frauen mit Hindernissen konfrontiert sind, sowohl sozialer als auch biologischer Art. Nach wie vor wird in den meisten buddhistischen Traditionen davon ausgegangen, dass Frauen nicht in der Lage sind, den Zustand eines vollkommen erwachten Wesens (*Samyaksaṃbuddha*) zu erreichen, weil sie kein »männliches Zeichen« (mit anderen Worten, keinen Penis), welches eines der zweiunddreißig Hauptmerkmale eines Buddhas ist, haben. Ein paar Zeilen in den Schriften und die Tatsache, dass alle bisher bekannten *Buddhas* männlich gewesen sind, scheinen die einzigen Hürden zu sein, die Frauen davon abhalten, die Erleuchtung zu erlangen.

Obwohl Buddha Śakyamuni selbst die gleiche Fähigkeit von Frauen bestätigte, die Früchte des Pfades zu erlangen, wurde ironischerweise das physische Merkmal männlicher Identität des Buddha seit Jahrtausenden zur Rechtfertigung von Geschlechterdiskriminierung benutzt.

Gleichzeitig wird der Buddha mit den Worten zitiert, dass er nicht eher sterben würde, als bis es weibliche und männliche Haushalter, Mönche und Nonnen gäbe, die den Dharma lehren könnten. Er legte auch großen Wert darauf, Frauen zu lehren und formulierte Vorschriften, um sie vor Übergriffen und Ausbeutung zu schützen.

Ausgehend von Buddhas Bekenntnis zur Gleichberechtigung und der Tatsache, dass er sich so sehr darum bemühte, Frauen in seine neu gegründete Religionsgemeinschaft aufzunehmen, ist klar, dass er in Frauen das gleiche Potenzial wie in Männern erkannte. Trotz dieses Bekenntnisses zu spiritueller Gleichheit haben buddhistische Frauen erst in den letzten Jahrzehnten damit begonnen, ihre benachteiligte soziale und institutionelle Stellung zu erkennen, zu artikulieren und eine geschlechtergerechtere Vision zum Ausdruck zu bringen.

In den letzten Jahrzehnten hat sich das Bewusstsein für die Gleichstellung der Geschlechter dank des Zusammenwirkens von gesellschaftlich befreienden Ideologien, frauenpolitischer Forschung und neuen Kommunikationsnetzen weltweit bemerkenswert weiterentwickelt. In der buddhistischen Welt haben Frauen einen besseren Zugang zu Bildung, Information und Bestätigung ihres inhärenten Wertes und Potenzials sowohl im säkularen als auch im religiösen Kontext erlangt. Neue Foren für Diskussionen und das Kennenlernen der Geschichte und des Beitrags buddhistischer Frauen, wie die Sakyadhita-Konferenzen, Publikationen und Social-Media-Kanäle, wurden geschaffen.

Unabhängig davon, ob sie als Haushalterinnen, Nonnen oder in Rollen jenseits dieser traditionellen Kategorien praktizieren, erhalten buddhistische Frauen in größerer Zahl als je zuvor Bestätigung und Ermutigung, ihr Wissen zu erweitern, kritisch zu denken, sich kreativ auszudrücken und Führungsaufgaben zu übernehmen. Diejenigen, die sich für das klösterliche Leben entscheiden, haben mehr Möglichkeiten, den Stand einer Nonne zu erreichen. Für diejenigen, die sich für ein Leben im Haushalt entscheiden, gibt es mehr Möglichkeiten für die Praxis. Frauen werden zunehmend als Lehrende sichtbar und erlangen die Fähigkeit, buddhistische Lösungen für die Probleme der Welt anzuwenden.

Die Graswurzelrevolution für Frauenrechte im Buddhismus hat von der Unterstützung hochrangiger männlicher Verbündeter profitiert. Einer der sichtbarsten ist Seine Heiligkeit der Vierzehnte Dalai Lama, der die junge buddhistische Frauenbewegung sogar gegen den Widerstand konservativer Kräfte in der tibetischen Klosterwelt unterstützt. Der Friedensnobelpreisträger von 1989 hat auf unübersehbare Weise mit der patriarchalischen Tradition gebrochen. So sprach er auf der ersten Sakyadhita-Konferenz in Bodhgaya, besuchte viele Nonnenklöster in der tibetischen Diaspora, ermutigte Nonnen, die gelbe Robe zu tragen, lud sie zur Teilnahme am Großen Gebetstreffen ein, schuf eine Kommission, die die Frage der vollen Ordination von Frauen untersuchen sollte und trat in einen Dialog mit einflussreichen weiblichen Trendsetterinnen wie Oprah Winfrey.

In zahlreichen Presseinterviews erwähnte der Vierzehnte Dalai Lama, der sich als Feminist bezeichnet, die Möglichkeit, dass der nächste Dalai Lama eine Frau sein könnte.[242] Einige Beobachtende stellen seine Charakterisierung von Frauen als »mitfühlender und fürsorglicher« in Frage. Allerdings hat er seine Unterstützung für die Rechte der Frauen mit vielen Neuerungen untermauert, indem er beispielsweise Nonnen in der tibetischen Tradition zum ersten Mal in der Geschichte die Erlangung des *Geshe*-Grades ermöglichte. Er hat wiederholt bekräftigt, dass Frauen ein großes Potenzial als Führungspersönlichkeiten haben, sie nachdrücklich zu Bildung und aktivem sozialem Engagement ermutigt und ihnen den Weg für die Übernahme von Führungspositionen in seiner eigenen tibetischen Tradition geebnet.

Buddhistische Frauen und soziale Gerechtigkeit: Schnittstellen des Erwachens

Von den Anfängen der buddhistischen Tradition bis in die Neuzeit haben sich buddhistische Frauen aktiv für soziale Veränderungen eingesetzt. Obwohl sie für ihre Bemühungen wenig Aufmerksamkeit erhalten haben, werden ihre Aktivitäten für das soziale Wohl als eine natürliche Erweiterung von liebender Güte und Mitgefühl angesehen.

Die stetigen, wohltätigen Beiträge buddhistischer Frauen über Jahrhunderte hinweg widerlegen die Vorstellung, dass sie lediglich passive Unterstützerinnen der Männer sind. Obwohl sie hart arbeiten, um für ihre Familien zu sorgen und nicht immer für ihre Leistungen Anerkennung erfahren, engagieren sich buddhistische Frauen freiwillig in Projekten, die ihren Gemeinschaften, einschließlich der Ordinierten und Bedürftigen, zugutekommen, und stellen das Wohlergehen der anderen über ihr eigenes.

Eine der radikalsten Entscheidungen, die eine Frau in traditionellen buddhistischen Gesellschaften treffen kann, ist jene, auf Ehe und Familie zu verzichten und Nonne zu werden. Die Reaktionen der Haushalter sind nicht immer wohlwollend. Indem sie häusliches Leben und Mutterschaft ablehnen, signalisieren Nonnen, dass sie der sozialen und geistigen Unabhängigkeit einen höheren Wert beimessen. Wie Monica Lindberg Falk es ausdrückt:

> *Für thailändische Männer sind die Ordination und das Leben eines Mönchs ein Weg zur Verwirklichung ihrer männlichen Identität. Für thailändische Frauen wird das weibliche Selbstverständnis hingegen nicht durch das Zölibat ausgelebt. Im Gegenteil: Frauen erlangen Reife und weibliche Identität durch Heirat und Mutterschaft, die eng mit dem säkularen Leben verbunden sind. Wenn eine Frau beschließt, ihr reproduktives Selbst abzulehnen, ihr häusliches Leben aufzugeben, indem sie eine religiöse Identität annimmt und eine Mae Chee wird, verstößt sie gegen geschlechtsbezogene soziale Normen.*[243]

Die Abwertung weiblichen Entsagens lässt den Frauen nur wenige Alternativen für soziale und wirtschaftliche Unabhängigkeit. Der Einstieg ins Sexgewerbe ist dabei kaum eine brauchbare Alternative, da sie dort notorisch ausgebeutet werden. Eine Änderung der Einstellung zu Bildung und klösterlichem Leben für Mädchen und Frauen ist daher ein berechtigtes Anliegen im Bereich von sozialer Gerechtigkeit. Dazu muss man mit dem kulturellen Kodex brechen, der das Potenzial von Frauen abwertet, und lernen, sich in einem sozialen Umfeld zu bewegen, das hierarchisch nach Geschlecht strukturiert ist. Einige empfehlen, diese Strukturen ganz abzuschaffen.

Seit 1987 treffen sich buddhistische Frauen aus der ganzen Welt, die Sakyadhita angeschlossen sind, alle zwei Jahre, um über ihren Status im Buddhismus zu diskutieren. Bislang fanden alle Konferenzen in Asien statt, wo 99 Prozent der buddhistischen Frauen leben. Dies stellt einen Paradigmenwechsel dar – eine Umkehrung der Annahme, dass die buddhistische Frauenbewegung eine westliche Erfindung sei und eine Frauenrechts-«Agenda«, als die sie von ihren Gegnern bezeichnet worden ist. Die Führungsteams dieser Konferenzen bestehen überwiegend aus asiatischen Frauen, obwohl auch Männer und westliche weibliche Praktizierende eine wichtige Rolle gespielt haben.

Das einundzwanzigste Jahrhundert ist eine Zeit enormer Veränderungen und Herausforderungen für buddhistische Frauen in so weit auseinanderliegenden Ländern wie Myanmar, Indonesien, Nepal, Taiwan, China und Tibet. Ein Blick auf diese Veränderungen und Herausforderungen liefert nicht nur den Hintergrund für ein Verständnis der Erfahrungen von Frauen in den buddhistischen Kulturen Asiens, sondern dient auch als Barometer für den Wandel, den die buddhistischen Gesellschaften Asiens grundsätzlich durchlaufen. Die Frage, die diese Untersuchung leitet ist, ob und in welcher Weise der Buddhismus für Frauen Befreiung bedeutet und inwiefern er unterdrückend ist. Inwieweit sind die gegenwärtigen Veränderungen für Frauen in buddhistischen Gesellschaften von westlichen Ideologien wie Demokratie und Feminismus beeinflusst und inwiefern sind sie von traditionellen buddhistischen Konzepten und Werten wie Karma, Mitgefühl, Weisheit und Großzügigkeit geprägt?

Obwohl die buddhistische Ethik einen klaren Standard für moralisch vertretbares Verhalten bietet, hat sie sich als nicht ausreichend erwiesen, benachteiligte Gesellschaftsgruppen zu schützen, Ausbeutung zu bekämpfen oder die strukturellen Ungleichheiten, die Ausbeutung erst ermöglichen, zu thematisieren. Insbesondere haben sich die ethischen Ideale des Buddhismus, so wertvoll sie auch sind, als unzureichend erwiesen, um die Interessen buddhistischer Frauen in der Welt zu schützen, von denen viele in Armut, Analphabetentum und Unterdrückung leben, ohne angemessene Bildung, Gesundheitsversorgung oder Schutz vor Missbrauch und Ausbeutung. Frauen sind den Großteil der buddhistischen Geschichte hindurch unsichtbar gewesen, die aus einer androzentrischen, auf den Mann fokussierten Perspektive geschrieben worden ist.

Historisch gesehen sind Frauen in den institutionellen Strukturen des Buddhismus nicht angemessen vertreten. All die Kategorisierungen, die wir vornehmen, wenn wir den Buddhismus durch eine feministische Brille betrachten wie Geschlecht, Frau, Feminismus, Gerechtigkeit, sind Unterscheidungen, an deren Erschaffung die meisten – insbesondere buddhistische – Frauen in Entwicklungsländern, wenig oder gar nicht beteiligt sind.

Außerdem stellt sich die Frage, wie relevant buddhistische institutionelle Strukturen, deren Aufbau, Funktionsweise und Dominanz zweieinhalb Jahrtausende lang ohne Bezugnahme auf die Erfahrungen von Frauen erfolgt ist, für sie sind. Wie können Frauen, wenn sie sich aktiv zu Wort melden, die Stereotype (die allgegenwärtige Aussage »Frauen haben schlechtes Karma« fällt einem dazu ein) und religiösen Beschränkungen (wie die acht *Gurudharmas*) in Frage stellen, die sie in eine kontrollierte, untergeordnete Position drängen? Diese Fragen haben für Frauen unterschiedliche Bedeutung, je nach sozialer Stellung, Bildung und Bewusstsein.

Königin Mahāmāyā ist das Urbild der mütterlichen Aufopferung, indem sie den zukünftigen Buddha zur Welt bringt und nur sieben Tage später verstirbt. Mahāprajāpatī ist ein Vorbild für selbstlose Hingabe dadurch, dass sie den jungen Prinzen aufzieht und für mutige Führung, indem sie als erste Frau auf die Aufnahme in den monastischen Orden (*Saṅgha*) drängt. Yaśodharā verkörpert die perfekte eheliche Gefährtin, indem sie Rāhula zur Welt bringt, den Sohn, der die Männlichkeit des Prinzen und die Tiefe seiner Entsagung unter Beweis stellt. Sujātā erscheint als die archetypische Ernährerin, die dem werdenden Buddha Nahrung anbietet, gerade, als er sich dem Tiefpunkt seiner asketischen spirituellen Suche nähert.

Nach dem Erwachen des Buddha wurden zahllose Frauen seine Schülerinnen und veranschaulichten die Wirksamkeit seiner Lehren, indem sie Befreiung erlangten und selbst Lehrende wurden. Zusammengenommen ist das eindrucksvolle Auftreten starker Frauen an entscheidenden Stationen im spirituellen Lebensweg des Buddha eine klare und dauerhafte Erinnerung an das Potenzial einer Frau für das Erwachen. Doch schon zu Lebzeiten des Buddha schienen mächtige Frauen für manche eine Herausforderung darzustellen. Im Laufe der Zeit wurden Frauen in den von Männern geschriebenen Geschichten praktisch unsichtbar. Ohne Zugang zu Alphabetisierung wurden die Stimmen der Frauen leiser oder verstummten sogar ganz.

Für die buddhistischen Frauen von heute ist daher der erste wesentliche Schritt nach wie vor Bildungserwerb. Die Erwartung, dass Menschen sich für strukturelle Veränderungen einsetzen können, wenn sie arm und Analphabeten sind, ist unrealistisch. Je mehr Ausbildung die Mädchen erhalten, desto selbstbewusster werden sie. Wenn sie zu Frauen heranwachsen, beginnen sie eine sichtbarere Rolle zu übernehmen: Sie leiten Grund- und Sekundarschulen in Nepal,[244] unterrichten in Klöstern und Grundschulen in Bangladesch und betreiben buddhistische Institute in Thailand und im indischen Himalaya. Einige wenige haben höhere Bildungseinrichtungen gegründet; 1986 baute Bhikṣuṇī Shig Hiu Wan (1913 – 2004) die Huafan-Universität, die erste buddhistische Universität in Taiwan, auf.[245]

Bhikkhunī Dhammawati (geb. 1934) ist eine Pionierin der buddhistischen Bildung im Kathmandu-Tal in Nepal gewesen und hat Hunderte von Haushalterinnen und Nonnen zu Lehrerinnen ausgebildet.[246] Cynthia Maung (geb. 1959) ist eine Ärztin der Karen, die für ihre wohltätige Arbeit mit burmesischen Flüchtlingen und Waisenkindern in der Mae Sot Klinik an der thailändisch-burmesischen Grenze seit 1989 zahlreiche Auszeichnungen erhalten hat. Vietnamesische Nonnen initiieren und beaufsichtigen in vielen abgelegenen, verarmten Dörfern Vietnams Nothilfe bei Überschwemmungen, Gesundheitsfürsorge, Behindertenbetreuung und Altenpflege.

Buddhistische Frauen haben sich auch in der Politik und im Umweltschutz aktiv engagiert, um ungerechte soziale und politische Strukturen zu beseitigen. Beispiele von Aktivismus für soziale Gerechtigkeit sind: Ani Pachen (1933 – 2002), die eine bekannte Anführerin der tibetischen Widerstandsbewegung gegen die Herrschaft der Volksrepublik China war,[247] Aung San Suu Kyi (geb. 1945), Friedensnobelpreisträgerin, welche die Bewegung für Demokratie und Gerechtigkeit in Myanmar anführte,[248] Bhikṣuṇī Jiyul Sunim (geb. 1957), die hundert Tage lang fastete, um gegen die Zerstörung der Lebensräume von Salamandern durch eine neue Hochgeschwindigkeits-Eisenbahnlinie in Südkorea zu protestieren, sowie der politische Aktivismus von Bhikṣuṇī Chao Hwei in Taiwan, die Proteste gegen das Glücksspiel, die Verbreitung von Atomwaffen, die politische Unterdrückung in Myanmar, den Gebrauch einer unangemessenen Sprache für Nonnen und die Unterordnung von Frauen in der *Saṅgha* organisierte.[249] Obwohl der Weg zur Gleichstellung der Geschlechter in buddhistischen Institutionen noch weit ist, sind die Zeichen des Wandels vielversprechend.

Soziale Gerechtigkeit, Inklusion und Integrität

Eine Möglichkeit für buddhistische soziale Gerechtigkeit besteht darin, bewusst daran zu arbeiten, das gesamte System zu untergraben. Wie die feministische und die Kolonialtheorie deutlich machen, ist Herrschaft erfolgreich, wenn die Unterdrückten schweigen. Anhänger von zivilem Ungehorsam können bestätigen, dass der Prozess des radikalen sozialen und politischen Wandels mit Risiken verbunden ist und viele Buddhistinnen und Buddhisten schweigen zu Ungerechtigkeiten.

Viele lehnen sogar den Begriff »feministisch« ab und spielen damit den patriarchalischen Wirtschaftshegemonien und ihren Gefolgsleuten in den Medien in die Hände. Die typischen Taktiken der Diffamierung, Marginalisierung und Ablehnung, um zu entfremden, auszugrenzen und zu dominieren, sind hinlänglich bekannt. Auch ohne ihren nachrangigen Status in der religiösen Landschaft zu thematisieren, arbeiten viele buddhistische Frauen im Verborgenen. Unabhängig von den bestehenden Institutionen und an allen offiziellen Stellen vorbei setzen sie sich für die Schaffung neuer buddhistischer Strukturen ein, in denen sie einen angemessenen Platz haben.

Obwohl der Buddha selbst einen fortschrittlichen Weg für Frauen einschlug, spiegeln – wie bereits erörtert – die buddhistischen Traditionen noch immer die patriarchalischen Strukturen der Gesellschaften wider, in denen sie entstanden sind und selbst die buddhistischen Texte sind anfällig für patriarchalische Interpretationen. Doch obwohl buddhistische Frauen immer noch mit vielen Problemen konfrontiert sind, wurden sie in den Jahren seit der ersten Sakyadhita-Konferenz 1987 als Akteurinnen des sozialen Wandels viel aktiver und sichtbarer. Angesichts der derzeitigen Entwicklung besteht kaum Zweifel daran, dass sie in den kommenden Jahren zu immer stärkerer Kraft gelangen werden.

Der buddhistische feministische Aktivismus hat sich als wirksam erwiesen, weil er gewaltfrei ist und die geschickten Mittel (*Upāya*), die zur Bekämpfung der institutionellen Geschlechterdiskriminierung eingesetzt werden, nicht konfrontativ sind. Daher wird er von den Machthabern als weniger bedrohlich empfunden.

Aus buddhistischer Sicht ist die Zukunft das Ergebnis unserer jetzigen Taten. Deshalb müssen wir ernsthaft über unsere gemeinsame

Zukunft nachdenken. Wie der Buddha lehrte, ist die Reinigung unseres Geistes von Gier, Hass, Unwissenheit und anderen zerstörerischen Emotionen der beste Weg, unsere Zukunft zu verbessern. Wenn wir unseren Geist aufrichtig üben, liegt es in unserer Macht, in Redlichkeit zu leben und den Verlauf zukünftiger Ereignisse zu beeinflussen. Im Falle der heutigen Menschheit ist das beruhigend, denn die Alternative ist die Zerstörung unseres Planeten. Selbst jetzt, während Systemanalytiker das schlimmstmögliche Ergebnis für unseren schönen Planeten vorhersagen und Gier, Hass und Unwissenheit außer Kontrolle zu geraten scheinen, lehrt der Buddhismus, dass es für Menschen guten Willens und die Menschheit als Ganzes immer noch möglich ist, unsere gemeinsame Zukunft zu verändern, indem wir uns entscheiden, unser Handeln zu verändern.

Alle Weisheitstraditionen lehren, dass es von Vorteil ist, die eigenen Interessen zurückzustellen und stattdessen zu handeln, um alle Lebewesen zu schützen und für sie zu sorgen. Diese mitfühlende Sorge für alle Wesen erfordert eine Abkehr von der Besorgnis um »mich selbst« und »meinen Stamm« und echte Anteilnahme am Leiden und Wohlergehen aller Lebewesen. Das Gesetz des Karma gilt nicht nur für den Einzelnen, sondern insgesamt für alle fühlenden Wesen.

Nach dem buddhistischen Prinzip des abhängigen Entstehens entstehen heilsame und nichtheilsame Gedanken, Worte und Taten in gegenseitiger Abhängigkeit und haben daher wechselseitige Auswirkungen auf das gesamte Dasein. Diese Betonung der Folgen von Handlungen führt dazu, dass sich Buddhisten mit Fragen auseinandersetzen müssen, wie die, welche Folgen es hat, wenn wir nicht handeln, um Ungerechtigkeiten in der Welt zu ändern. Normalerweise werden Taten, die wir nicht ausführen, keine Konsequenzen folgen; ein Samen, der nicht gesät wird, wächst nicht zu einer Pflanze heran. Was wäre andererseits – in einer Zeit, in der die Welt insbesondere für Mädchen und Frauen voll von unvorstellbarem Elend für Millionen von fühlenden Wesen ist – das Karma daraus, nichts zu tun, um ihre

Leiden zu lindern? UNICEF berichtet von einer Milliarde notleidender Kinder auf der Welt und ihr Leid betrifft Frauen in unverhältnismäßig hohem Maße.

Buddhisten, die eine aktivere Haltung einnehmen, sind der Ansicht, dass sie es nicht rechtfertigen können, untätig zu bleiben und nichts zu tun, um diese Ungerechtigkeiten zu korrigieren. Da liebende Güte und Mitgefühl Kennzeichen der buddhistischen Tradition sind, fühlen sich viele Frauen verpflichtet, sich als Buddhistinnen für soziale Gerechtigkeit einzusetzen, um das Elend in der Welt zu lindern.

Im *Kālāma Sutta* des Pāli-Kanons rät der Buddha Wahrheitssuchenden, seine Lehren mit kritischer Selbstreflexion zu überprüfen. Das *Sutta* gibt den guten Rat, selbst nachzudenken, ohne sich auf Hörensagen, Traditionen, Gerüchte, Schriften, Vermutungen, Schlussfolgerungen, Äußerlichkeiten, vorgefasste Meinungen, Akzeptiertes oder das, was ein angesehener Asket sagt, zu verlassen. Dieser Auffassung entsprechend ist der Mensch selbst dafür verantwortlich zu beurteilen, was heilsam oder nichtheilsam, lobens- oder tadelnswert, klug oder unklug ist, was zu Glück oder Leid führt und auch dementsprechend zu handeln.[250]

Nach 2500 Jahren der Ungleichheit sind die Bedingungen für buddhistische Frauen reif, sich aktiv für Veränderungen einzusetzen. Dabei mag es das Vorurteil geben, dass die Plattform des engagierten Buddhismus eine Schöpfung des Westens ist, also eine »Menschenrechts-Agenda«, welche den Buddhisten von Aktivisten, die von außerhalb kommen, aufgezwungen wird. Meiner Meinung nach ist dieses Gefühl unberechtigt und nicht fundiert. Obwohl der Buddha vielleicht kein sozialer Aktivist im heutigen Sinne des Wortes gewesen sein mag, sind die Ideale der Inklusion nicht einfach ein modernes westliches Machwerk.

Buddha Śākyamuni selbst war ein Pionier in Sachen sozialer Gerechtigkeit, indem er seine Gemeinschaft für Frauen und Menschen jeglicher Kastenzugehörigkeit öffnete. Seine Pflegemutter Mahāprajāpatī war sicherlich auch eine Aktivistin für soziale Gerechtigkeit. Sie führte, wie in buddhistischen Texten bestätigt, eine Protestbewegung für das Recht der Frauen an, vollwertige Mitglieder der *Saṅgha* zu werden. Sozial engagierte Buddhisten starten mit ihrem Einsatz für Gerechtigkeit nichts Neues, denn diese Prinzipien sind bereits in der egalitären Botschaft des Buddha verankert.

Wir leben in Zeiten, die Handeln erfordern. Jeden Tag berichten die Medien über große Gräueltaten und Skandale. Wenn sinnlose Auseinandersetzungen und gefährliche Gifte das Leben von Kindern bedrohen, dann ist das etwas, worüber sich Buddhisten Gedanken machen sollten.

Selbstverständlich ist es mit Risiken verbunden, eine aktive Rolle bei Protesten gegen Missstände einzunehmen. Der eigene Aktivismus für soziale Gerechtigkeit kann den Behörden, Kollegen und potenziellen Arbeitgebern bekannt werden. Wir könnten sogar verhaftet, vergewaltigt oder gefoltert werden. Aber das ist ein Risiko, das wir bereit sein sollten auf uns zu nehmen. Tatsächlich kann die Besinnung auf das Leiden fühlender Wesen unser soziales Gewissen anregen und uns dazu inspirieren, unsere Stimme zu erheben und uns für soziale Gerechtigkeit einzusetzen.

Selbstzufriedenheit ist keine Option für Buddhisten mit einem Herzen voller Mitgefühl. Die Freiheit, sich zu versammeln, um buddhistische Einsichten über soziale Gerechtigkeit und nachhaltigen Weltfrieden zu diskutieren, ist ein Privileg. Dieses sollte weise genutzt werden, um offen über kritische Themen zu sprechen und darüber, wie wir unsere von Problemen geplagte Welt verändern können.

Der Kern des Ganzen ist, dass nachhaltiger Frieden in der Welt nur in einer gerechten Gesellschaft, in der die Grundbedürfnisse von Menschen, Tieren und der Umwelt geschützt sind, möglich ist. Es ist die Pflicht von Buddhisten, sich für die unerlässliche Arbeit zur Verwirklichung von sozialer Gerechtigkeit einzusetzen. Ausgehend von den Grundprinzipien von Mitgefühl und liebender Güte können

Buddhisten zu Vorbildern eines gerechten und nachhaltigen Friedens werden. Buddhistische Frauen haben sich tatkräftig für die Sache der sozialen Gerechtigkeit in all ihren Formen eingesetzt und eine wichtige Rolle dabei gespielt, buddhistische Praxis über das Kloster hinaus auf die Straße zu bringen. Die Herausforderung besteht darin, Frauen die Mittel und den Anreiz zu geben, das zu tun, von dem sie wissen, dass es richtig ist.

Schlussfolgerung

Bei der gegenwärtigen Wiederbelebung des Buddhismus und seiner Übertragung auf nichtbuddhistische Gesellschaften ist eine der faszinierendsten Entwicklungen das Entstehen einer globalen buddhistischen Frauenbewegung.[251] Die Verbindung von Buddhismus und Feminismus ist sowohl ein fruchtbarer Boden für philosophische Analysen als auch von enormer gesellschaftlicher Relevanz. Buddhisten aller Traditionen, die sich mit kritischer Wissenschaft und interkulturellem Austausch befassen, überdenken gegenwärtig uralte Vorstellungen über die Geschlechterfrage im Lichte aktueller Forschungsergebnisse und neuer Haltungen zur Frage der Geschlechter in der modernen Welt.

Insbesondere das derzeitige wachsende Bewusstsein für die Zusammenhänge zwischen Geschlecht, Autorität und Gewalt gegen Frauen hat Fragen zur Geschlechtergerechtigkeit in buddhistischen Gesellschaften und Institutionen aufgeworfen, die wissenschaftliche Aufmerksamkeit und Reflexion erfordern. Elemente des länderübergreifenden feministischen Diskurses und der poststrukturalistischen Theorie können für das Verständnis der zeitgenössischen buddhistischen feministischen Bewegung nützlich sein.[252]

In den Kapiteln dieses Buches sind das Leben und die Begegnungen zeitgenössischer buddhistischer Frauen sowohl als Erbe einer geschichtlichen Tradition als auch als neues grenzüberschreitendes Erwachen von Gewahrsein untersucht worden. Eine Generation zeitgenössischer Wissenschaftler – Frauen und Männer – hat damit begonnen, die Aufmerksamkeit auf buddhistische Frauen durch den Blickwinkel der Anthropologie, Geschichte, Literatur, Psychologie, Soziologie und Religionswissenschaften zu bündeln und nutzt dabei alle Fähigkeiten und Ressourcen der modernen Technologie und Kommunikation.

Viele kommen zu dem Schluss, dass Geschlechterhierarchien und Diskriminierung im Buddhismus Überbleibsel einer patriarchalischen Gesellschaftsordnung sind und unvereinbar sowohl mit den Lehren des Buddha als auch mit heutigen demokratischen Werten. Der Buddha vermittelte grundlegende Einsichten in die Natur des menschlichen Daseins, welche über die Unterschiede von Geschlecht, Kaste, ethnischer Zugehörigkeit, Kultur und anderen Faktoren hinausgehen. Frühe buddhistische Texte bezeugen, dass er die Diskriminierung aufgrund von Kaste und Geschlecht in Frage stellte, indem er Menschen mit niedrigem sozialem Status und Frauen in die *Saṅgha* aufnahm. Er vermittelte eine Lehre der Selbstverantwortung und Selbsttransformation, die sich über Grenzen und Konventionen hinwegsetzt. Die Südasienwissenschaftlerin Gail Omvedt argumentiert überzeugend, dass der Buddhismus eine Alternative zu den Kastenhierarchien darstellt,[253] und viele glauben, dass er auch eine Alternative zu Geschlechterhierarchien ist.

Buddhistischer Feminismus in Asien: Schnittstellen des Erwachens

Die länderübergreifende buddhistische Frauenbewegung, die seit der ersten Sakyadhita-Konferenz in Bodhgaya im Jahr 1987 entstanden ist, hat die Träume und Erwartungen ihrer Gründerinnen weit übertroffen. Was als eine Gruppe von Freundinnen begann, die sich über ihre Erfahrungen mit Ausgrenzung und geschlechtsspezifischen Vorurteilen austauschten, führte zur Gründung der Sakyadhita International Association of Buddhist Women, einer Organisation, die stetig gewachsen ist und heute die Anliegen, Bestrebungen und Errungenschaften von Millionen von Frauen in aller Welt vertritt. Mit wenig Unterstützung seitens der buddhistischen Hauptströmungen und geringen finanziellen Mitteln haben sich Frauen aus den unterschiedlichsten buddhistischen Gruppen und Traditionen zusammengetan, um einander zu ermutigen, Ziele zu erreichen, die noch vor kurzem als unerreichbar gegolten hätten.

Ein steter Fluss wissenschaftlicher Veröffentlichungen hat die Geschichte der Frauen in buddhistischen Gesellschaften von Sibirien über Nepal bis Indonesien freigelegt. Diese Veröffentlichungen gaben wiederum Anlass zu ethnographischen Untersuchungen, die das Leben buddhistischer Frauen in verschiedenen Gesellschaften auf der ganzen Welt dokumentieren. Obwohl in einigen buddhistischen Ländern die Zahl der weiblichen Mitglieder des monastischen Ordens im Verhältnis zu jener der Mönche recht gering ist, konzentriert sich ein hoher Prozentsatz der Studien auf die Frage der Ordination, weil sie als Barometer für den Status von Frauen in dieser Gesellschaft insgesamt dient.

Das Aufzeigen von Ungleichheiten zwischen den Geschlechtern hat zu Veränderungen für Frauen geführt, insbesondere im Bereich von Bildung, aber auch in Bezug auf die Unterstützung und den Respekt für weibliche Praktizierende, sowohl Haushalterinnen als auch Nonnen.

Die verstärkte Teilnahme von Frauen an buddhistischen Konferenzen und die durch verbesserte Kommunikationstechnologien ermöglichte Inspiration haben Frauen motiviert, in ihren eigenen Gemeinschaften Veränderungen vorzunehmen. Bahnbrechende Ereignisse in anderen buddhistischen Gemeinschaften, wie z. B. Nonnen der tibetischen Tradition, die akademische Grade erwarben, die zuvor nur Mönchen vorbehalten waren, signalisieren Buddhisten weltweit, dass Frauen in der Lage sind, selbst die höchsten Leistungen zu erbringen.

Gleichzeitig wird nicht-asiatischen Frauen, vor allem in der Debatte um die volle Ordination für Frauen, vorgeworfen, sie versuchten, asiatische Nonnen zu überreden, aufgrund ihrer »Frauenrechtsagenda« eine höhere Stellung anzustreben. Diese Kritik scheint davon auszugehen, dass der Feminismus eine Erfindung des Westens ist und eine List, um unglückliche asiatische Frauen gegen ihren Willen zu feministischen Denkweisen zu manipulieren. Während diese »Kritik der feministischen Sichtweise«[254] vermutlich darauf abzielt, einheimische Stimmen zu ermutigen, scheint sie auch anzudeuten, dass Stimmen aus Asien im Diskurs gefehlt haben, obwohl asiatische Frauen von Anfang an die Mehrheit der Teilnehmerinnen an den alle zwei Jahre stattfindenden internationalen buddhistischen Sakyadhita-Frauenkonferenzen ausgemacht haben.

Diese Kritik impliziert auch, dass asiatische Frauen es versäumt haben, geschlechtsspezifische Ungleichheiten zu erkennen oder sich aus eigener Kraft gegen Unterdrückung zu wehren. Dabei hat es in der Tat seit den Anfängen des Buddhismus in der von Mahāprajāpatī angeführten Bewegung zur Befreiung der Frauen und in den in den *Therīgāthā* aufgezeichneten Versen zur Verwirklichung augenfällige Zeichen des Widerstands gegen das Patriarchat gegeben. Heute ist die reichhaltige und komplexe kulturübergreifende feministische Debatte ein Sammelsurium von Perspektiven, einschließlich derjenigen von westlich gebildeten asiatischen Frauen, asiatisch gebildeter westlicher Frauen, von Mönchen, Nonnen, Haushalterinnen und Haushaltern, Feministinnen und sonstigen.[255]

Eine genaue Lektüre der Geschichte buddhistischer Frauen und der aufkeimenden buddhistischen feministischen Bewegung bringt viele ironische Aspekte zutage. Entgegen der Vorstellung, dass asiatische Frauen sozialem Aktivismus und öffentlicher Aufmerksamkeit abgeneigt sind, ist Bhikṣuṇī Chao Hwei Shih aus Taiwan eine sehr bekannte soziale Aktivistin, die Demonstrationen zur Unterstützung von Tierrechten, Frauenrechten, der Nichtverbreitung von Atomwaffen, einer respektvollen Sprache für Nonnen und vielen anderen edlen Anliegen organisiert.[256] Im Jahr 2001 lehnte Bhikṣuṇī Chao Hwei die acht gewichtigen Regeln öffentlich als nicht vom Buddha festgelegt ab. Und im Jahr 2012 leitete sie die erste gleichgeschlechtliche buddhistische Hochzeit, die jemals in Taiwan stattfand.[257]

Wie schon erwähnt, hat Bhikṣuṇī Jiyul Sunim in Südkorea eine Reihe von Fastenaktionen durchgeführt, von denen eine im Jahr 2005 hundert Tage lang dauerte, um gegen den von der Regierung geplanten Bau eines Hochgeschwindigkeitszugtunnels am Berg Chunsung zu protestieren, der den Lebensraum von gefährdeten Salamandern zerstört hätte.

Mahāprajāpatī, die Urmutter der buddhistischen Nonnenlinie, und Saṅghamittā, die Tochter von König Aśoka, die die *Bhikkhunī*-Linie von Indien nach Lanka mitnahm, waren Feministinnen, welche der heutigen Frauenbewegung mehr als zweitausend Jahre vorausgingen. Devasārā, jene Nonne, die im fünften Jahrhundert eine Expedition von Nonnen von Sri Lanka nach China anführte, ist ein weiteres herausragendes Beispiel für buddhistischen feministischen Aktivismus auf länderübergreifender Ebene. Die ersten buddhistischen Ordensleute, die in Japan ordiniert wurden, waren drei Nonnen, die die Ordination im sechsten Jahrhundert von Korea über das Meer nach Japan brachten.[258]

Nonnen in Japan bahnten jahrhundertelang aus eigener Initiative den Weg für entsagende Frauen. Wie die Wissenschaftlerin für ostasiatische Religionen Lori Meeks dokumentiert hat, knüpften in Japan Nonnen aristokratischer Abstammung Verbindungen zu Mönchen mit einfachem Hintergrund, welche die Gültigkeit und den Wert der Unterstützung der weiblichen monastischen *Saṅgha* anerkannten. [259]

Diese Frauen waren allesamt höchst bedeutende Vermittlerinnen buddhistischer Tradition. Sie stießen Bewegungen von und für Frauen an, die gleichzeitig gegenkulturell und befreiend waren und dies zu kritischen Augenblicken der Geschichte, als das Wort »Frauenrechte« noch gar nicht in den Mund genommen wurde.

Doch diese Wegbereiterinnen, die mit großem Mut und Entschlossenheit handelten, fehlen nicht nur in der allgemeinen Geschichtsschreibung, sondern auch in feministischen Chroniken und Büchern über die Geschichte der Frauen. Erst in den letzten Jahren haben Wissenschaftler die lohnende Aufgabe übernommen, zahlreiche Beispiele berühmter buddhistischer Frauen aufzudecken, die – oft im Stillen und unbesungen – monumentale Veränderungen für ihre Geschlechtsgenossinnen und die Gesellschaft bewirkten. Es ist wichtig, sowohl dieser außergewöhnlichen Frauen zu gedenken als auch die Annahme in Frage zu stellen, dass der Feminismus eine Erfindung der westlichen Gesellschaft und der buddhistische Feminismus eine westliche Idee ist.

Es bedarf weiterer soziologischer Untersuchungen, um festzustellen, inwieweit das Vorhandensein oder Fehlen einer weiblichen *Saṅgha* mit dem Status von Frauen in buddhistischen Gesellschaften zusammenhängt. Allerdings bringen gegenwärtig stille und konsequente Bemühungen um die Einführung der vollen Ordination für Frauen das Thema in Ländern wie Indien, Nepal, Thailand und Sri Lanka, in denen es zuvor keine *Bhikkhunī-Saṅgha* gab, voran. Bei diesen Bemühungen hat sich gezeigt, dass die Unterstützung hochrangiger Mönche, welche die passive oder offen feindselige Haltung von Gegnern ausgleicht und manchmal überwindet, eine starke Kraft für den Wandel in buddhistischen Gesellschaften sein kann.

Ereignisse in einem Teil der buddhistischen Welt rufen zunehmend Reaktionen in anderen Traditionen hervor, wie im Fall des charismatischen australischen Mönchs Ajahn Brahm. Wie bereits geschildert, riskierte er 2009 die Kritik der Wald-Tradition der thailändischen Theravāda *Saṅgha*, um die Ordination von vier *Bhikkhunīs* in Australien zu ermöglichen. Der daraufhin erfolgte der Ausschluss aus seiner Linie, der von westlichen Mönchen innerhalb dieses Ordens veranlasst worden war, löste eine internationale Welle der Unterstützung für ihn und die Nonnen aus. Dies entfachte weltweit weiteren Rückhalt für die volle Ordination für Frauen.

Im Jahr 2000 sprach sich der 17. Gyalwa Karmapa, Orgyen Trinley Dorje, aus der Karma-Kagyü-Tradition, der aus Tibet nach Indien geflohen war, öffentlich und nachdrücklich für die *Bhikṣuṇī*-Ordination aus, obwohl die konservativen *Lamas* der tibetischen Tradition in dieser Frage zögerten. Wie eine prominente buddhistische Zeitschrift berichtete, »verblüffte der Siebzehnte Gyalwa Karmapa ein internationales Publikum in Bodhgaya (im Jahr 2017), indem er eine noch nie dagewesene Verpflichtungserklärung zur Ordination von Frauen als Bhikṣuṇīs in der tibetisch-buddhistischen Tradition abgab«.[260]

Nicht nur hochrangige praktizierende Mönche haben sich für die Wiederherstellung der Linie der *Bhikkhunī*-Ordination ausgesprochen, sondern auch Akademikerinnen und Akademiker. Zum Beispiel hat der deutsche Gelehrte und Theravāda-Mönch Anālayo eine Reihe von sorgfältig recherchierten Artikeln über die *Bhikkhunī*-Frage aus Theravāda-Perspektive geschrieben.[261] In einer Studie aus dem Jahr 2013 mit dem Titel »Die Rechtmäßigkeit der Bhikkhunī-Ordination« kam er zu dem Schluss, dass die Verfahren, die während der historischen *Bhikkhunī*-Ordination 1998 in Bodhgaya angewandt wurden, gemäß dem *Vinaya* rechtmäßig waren und die daraus resultierende Wiederbelebung der Theravāda-*Bhikkhunī-Saṅgha* daher gültig war.[262]

Viele der Nonnen, die an dieser Ordination teilnahmen, stammten aus Indien und Sri Lanka und gehörten der Theravāda-Tradition an.[263] Die Bemühungen dieser Mönche und Gelehrten, die Wiederbelebung der *Bhikkhunī Saṅgha* zu unterstützen, zeigen, dass der Gedanke der Gleichberechtigung von Frauen keine ausschließlich westliche Idee ist, trotz der Bemühungen um Desinformation, die Frage der Ordination als eine »Überlagerung durch westliche Kolonialisierung« oder »lediglich eine Frauenrechtsagenda« darzustellen. Die Tatsache, dass diese Mönche konservativen buddhistischen Traditionen angehören, macht ihre Unterstützung umso wirkungsvoller.

Geschlechtergerechtigkeit als länderübergreifendes buddhistisches Ideal

Eine der bedeutendsten Veränderungen in der weltweiten Weitergabe des Buddhismus ist der Trend zum Egalitarismus. Beeinflusst von den Idealen der gesellschaftlichen Gleichstellung in der säkularen Welt stellen buddhistische Zentren sowohl in asiatischen als auch in westlichen Ländern zunehmend traditionelle hierarchische und patriarchalische Organisationsformen in Frage.

Viele haben, um einer größeren Anzahl von Menschen eine gerechtere Stimme und Repräsentanz zu geben, in der Tat damit begonnen, demokratischere Strukturen und Verfahren der gemeinschaftlichen Entscheidungsfindung einzuführen. Wenn es stimmt, dass die buddhistische *Saṅgha* das früheste Beispiel für demokratische Regierungsführung war, dann wäre ein Schritt hin zu einer gerechteren Repräsentation keine Innovation, sondern eine Rückkehr zu den frühen buddhistischen Idealen der im *Vinaya* niedergelegten geteilten Führung.

Eine Formel, die in den *Bhikṣu* und *Bhikṣuṇī Prātimokṣa Sūtras* wiederholt vorkommt, weist darauf hin, dass das organisatorische Modell für die Saṅgha der Konsens war. Es hieß:

> *»Ist die Saṅgha versammelt? Die Saṅgha ist versammelt.*
> *Ist sie im Einklang? Sie ist im Einklang.«*[264]

Alle vierzehn Tage wird das *Prātimokṣa Sūtra*, das diese Formel enthält, routinemäßig von Mönchen und Nonnen in Klöstern in der ganzen buddhistischen Welt rezitiert. Die Vorschriften des *Vinaya* gaben allen Versammelten die Möglichkeit, sich zu äußern. Wenn alle in der Gruppe einverstanden waren, brachten sie ihre Zustimmung zum Ausdruck, indem sie schwiegen. Der weltweite Trend zu geteilter Leitung und gerechteren Entscheidungsfindungen und Verantwortlichkeiten scheint sich auf buddhistische Gemeinschaften und Institutionen sowohl in Asien als auch im Westen auszuwirken. Ein Beweis für dieses egalitärere Modell ist die größere Wertschätzung der Rolle von Frauen und Haushaltern in buddhistischer Praxis, Wissenschaft und Führung.

Obwohl die Leitung der meisten internationalen buddhistischen Organisationen immer noch fast ausschließlich männlich ist, sind von Haushaltern gewählte Verantwortliche keine Seltenheit. Zunehmend sehen sich buddhistische Haushalter nicht nur als Spendende für die klösterliche *Saṅgha*, die materielle Güter in der Hoffnung auf eine höhere Wiedergeburt beisteuern, sondern auch als buddhistische Praktizierende, die es wert sind Belehrungen zu empfangen und die Lehren gleichberechtigt mit denjenigen zu praktizieren, die sich für einen monastischen Lebensstil entscheiden.

Statt einfach nur Rituale in Auftrag zu geben, um den Schutz und das Wohlergehen ihrer Familien und ihres zukünftigen Lebens zu gewährleisten, beginnen buddhistische Haushalter, sich selbst als vollständig fähig zu betrachten, um Meditation zu praktizieren und buddhistische Texte auf gleicher Augenhöhe mit Mönchen zu studieren. Auch Frauen übernehmen zunehmend sichtbare Führungsrollen und -aufgaben. Buddhistische Nonnen der jüngeren Generation sehen sich nicht mehr nur als Mantra-Rezitierende und Unterstützerinnen der Mönche, die ihre Energie zur Förderung der klösterlichen Institutionen einsetzen, in der Hoffnung, beim nächsten Mal eine männliche Wiedergeburt zu erlangen, sondern als Praktizierende, die es verdienen, Texte zu studieren und die Lehren gleichberechtigt mit Mönchen zu praktizieren.

Statt einfach in einem Winkel eines Klosters oder in der Nähe von Mönchsklöstern zu leben, gründen immer mehr Nonnen selbst Klöster und Praxiszentren, die eigenständig unter weiblicher Leitung funktionieren. Immer mehr Buddhisten sind davon überzeugt, dass ernsthaft Praktizierende des Dharma Respekt verdienen, unabhängig davon, ob sie Haushalter oder Ordinierte sind und unabhängig von ihrem Geschlecht oder ihrer sexuellen Orientierung.

Neue Einstellungen gegenüber Frauen sind vielleicht der sichtbarste Aspekt des Trends zur Gleichberechtigung in der zeitgenössischen buddhistischen Praxis, insbesondere unter westlichen Praktizierenden. Diese Entwicklung manifestiert sich in der Wertschätzung der Praxis von Frauen und im Bejahen ihrer vollen Beteiligung in buddhistischen Tempeln und Organisationen. Eine neue globale Ethik von Menschenwürde und Gleichberechtigung eröffnet Frauen in buddhistischen Institutionen eine sichtbarere Rolle, auch in der Lehre und in Führungspositionen. Besonders deutlich wird dies in den westlichen buddhistischen Zentren, wo Frauen wie Pema Chödrön, Tenzin Palmo, Sharon Salzberg, Khandro Rinpoche, Sylvia Boorstein, Thubten Chodron, Joan Halifax und Tsültrim Allione als gleichgestellte Leiterinnen, Autorinnen und Lehrerinnen anerkannt sind.[265]

Die völlige Gleichstellung der Geschlechter mag aus herkömmlicher Sicht idealistisch erscheinen, aber es ist nicht wirklichkeitsfremd, im einundzwanzigsten Jahrhundert Gleichberechtigung zu erwarten. Dank größerer Möglichkeiten beginnen Frauen heute, Männer in vielen Bereichen zu übertreffen.[266] Berichten zufolge sind zwei Drittel der College- und zweiundfünfzig Prozent der Medizin- und Jurastudenten in den Vereinigten Staaten Frauen. Diese Statistiken zeigen, dass hochmotivierte Frauen hervorragende Leistungen erbringen, wenn die Zulassungspolitik geschlechtsneutral ist und männliche und weibliche Studierende den gleichen Zugang zu Bildung haben.

Dieselbe Tendenz könnte in buddhistischen Gesellschaften und auf dem Gebiet der buddhistischen Studien zu Tage treten, wenn Frauen gleichberechtigten Zugang haben und gefördert werden. Hätten sie die gleichen Chancen, dann könnten sie gleichermaßen zur Bewahrung und Wiederbelebung des Buddhismus in den Ländern der Welt beitragen. In Anbetracht der Millionen buddhistischer Menschen, die in den letzten Jahrzehnten durch Kriege und soziale Umwälzungen ums Leben gekommen sind – zum Beispiel in Kambodscha, China, Laos, der Mongolei, Russland, Tibet und Vietnam –, kann der potenzielle Beitrag buddhistischer Frauen nicht übergangen werden.

Allmählich wird Buddhisten bewusst, dass die religiöse Gleichberechtigung der Frauen ein universeller Wert ist, der auch in der Menschenrechtserklärung der Vereinten Nationen (1948) verankert ist.[267] Der Ausschluss von Frauen von buddhistischen Bildungseinrichtungen und buddhistischer Klosterpraxis verstößt gegen die Grundsätze von Mitgefühl und der Chancengleichheit bei der Befreiung, welche für die Traditionen des Buddhismus charakteristisch sind. Aus einer buddhistischen Perspektive auf die Menschenrechte sind geschlechtsspezifische Diskriminierung und menschliches Leiden durch Ursache und Wirkung eng miteinander verbunden.

Durch das wachsende Interesse am Buddhismus rücken buddhistische Frauen und insbesondere buddhistische Nonnen in ein ungewohntes Licht. Medien wie die *Huffington Post* haben eine Reihe von Artikeln über sie veröffentlicht mit Titeln wie: »Zehn tibetisch-buddhistische Frauen, die Sie kennen müssen«, »Das F-Wort im Buddhismus: Töchter des Buddha« erörtern, wie buddhistische Frauen Gleichberechtigung erreichen können« und »Sravasti Abbey: Ein erfüllter Traum für buddhistische Nonnen in den USA.«[268]

Es sind auch eine Reihe von Videos über buddhistische Nonnen erschienen, darunter *The Buddhist Nuns of Emei Mountain* (1995)[269], *Blessings: The Tsoknyi Nangchen Nuns of Tibet* (2009)[270], *In the Shadow of Buddha* (2010)[271], und *Mother Sela: Artist and Buddhist Nun* (2012).[272] Das Yogini-Projekt unterstützt den Internetauftritt von weiblichen Praktizierenden in der Vajrayāna-Tradition. Die länderübergreifenden Bemühungen zur Unterstützung buddhistischer Frauen und für die volle Ordination von Nonnen nehmen stetig zu. Sie bestätigen den Anspruch buddhistischer Frauen in Gemeinschaften in aller Welt.

In der zeitgenössischen buddhistischen Frauenbewegung verquicken sich Geschlecht, Bildung und Privilegien auf bedeutsame Weise. In dem Maße, in dem Frauen einen besseren Zugang zu Bildung, insbesondere buddhistischer, erhalten, machen sie bedeutende Fortschritte in sozialer, psychologischer und spiritueller Hinsicht. Ein Beispiel dafür ist das Mahāpajāpatī Buddhist College in Thailand, wo Nonnen, die erst vor zwanzig Jahren eine höhere Ausbildung erhielten, nun qualifiziert sind zu lehren und Ausbildungsprogramme für eine neue Generation von Nonnen und Haushalterinnen zu organisieren.[274] Diese Verbesserungen sind jedoch nicht allen buddhistischen Frauen gleichermaßen zugänglich, da ihre wirtschaftlichen, sozialen und politischen Umstände sehr verschieden sind.

Bei der Beurteilung der Lebensbedingungen buddhistischer Nonnen im Allgemeinen scheint es einen direkten Zusammenhang zwischen Ausbildung, voller Ordination und Unterstützung durch die Haushalter zu geben. So erhalten insgesamt Nonnen, die in Südkorea, Taiwan und Vietnam Zugang zur vollen Ordination haben bessere Ausbildung und Unterstützung durch die Haushaltergemeinschaft als Nonnen in Ländern, in denen sie – ohne eigenes Verschulden – nur acht Gelübde einhalten. Ethnografischen Studien und meinen eigenen Beobachtungen zufolge haben buddhistische Mönche in der Regel Zugang zu kostenloser Bildung und werden ermutigt, die volle Ordination zu nehmen, während Nonnen in vielen Ländern nicht das gleiche Maß an Ermutigung und Unterstützung erhalten.[275]

Der Lebensstil und die Perspektive einer jungen, von Armut betroffenen Dorfbewohnerin in Myanmar oder Nepal, die in die sexuelle Sklaverei verkauft oder manipuliert wurde, ist nicht vergleichbar mit dem komfortablen, urbanen Lebensstil und der Perspektive einer gebildeten, berufstätigen Frau in Südkorea oder den Vereinigten Staaten.

Die Schaffung von Beziehungen und Verständigung zwischen Frauen mit so unterschiedlichen Hintergründen ist genau das Ziel der aktuellen länderüberschreitenden buddhistischen Frauenbewegung. Das Einzigartige an dieser Strömung ist, dass sie Frauen mit Einsichten in verschiedenen Kulturen verbindet und Gespräche darüber in Gang setzt, wie alle buddhistischen Frauen, ihre Familien und ihre Gesellschaften davon profitieren können. Buddhistische Frauennetzwerke – auf internationaler, nationaler und lokaler Ebene – haben Konferenzen abgehalten, an Projekten mitgearbeitet, Bücher und Artikel veröffentlicht und sich über so unterschiedliche Themen wie Bildung, Medizin, sozialen Aktivismus und Kindererziehung ausgetauscht.

Man sagt, dass sich die Geschichte wiederholt. In der Tat scheinen die gegenwärtigen Aktivitäten zur Verbesserung des Status buddhistischer Nonnen auf internationaler Ebene deren Tatendrang zur Zeit des Buddha, als sie um ihre Aufnahme in den *Saṅgha* kämpften, widerzuspiegeln. Die Erzählungen über Entsagende und praktizierende Haushalterinnen im Laufe der Jahrhunderte – wie Yeshe Tsogyal aus dem Tibet des achten und neunten Jahrhunderts[276] und Orgyan Chökyi im Nepal des siebzehnten und achtzehnten Jahrhunderts[277] – berichten von den Hindernissen, auf die Praktizierende gestoßen sind, wenn sie sich den gesellschaftlichen Erwartungen widersetzt und sich dem Dharma gewidmet haben.

Obwohl sich das Blatt der Geschichte nun zu wenden scheint, sehen sich Nonnen in der Theravāda- und der tibetischen Tradition immer noch dem Widerstand bestimmter Teile der Gesellschaft – insbesondere der männlichen Ordinierten – gegenüber, ähnlich dem, was Nonnen vor Jahrhunderten in Indien erlebten.

Die Hingabe und der Enthusiasmus buddhistischer Nonnen von heute, die in ihrer Arbeit und ihren Schriften zum Ausdruck kommen, scheinen auch mit denen der ersten weiblichen buddhistischen Ordinierten übereinzustimmen. Der Internationale Kongress über die Rolle der Frauen im Saṅgha unter dem Titel *Bhikṣuṇī Vinaya* und Ordinations-Linien, der 2007 an der Universität Hamburg stattfand und bei dem sowohl Wissenschaftlerinnen des *Bhikkhunī Vinaya* als auch Nonnen, die derzeit in buddhistischen Klostertraditionen praktizieren, Vorträge hielten, zeigte die Lebendigkeit der zeitgenössischen buddhistischen Nonnengemeinschaften.[278]

Die gegenwärtigen Bemühungen, die fehlenden Spuren buddhistischer Frauen zu finden, werden sicherlich weitere Parallelen zwischen dem Leben und den Strategien des Widerstands von Nonnen und praktizierenden Haushalterinnen von den frühesten Zeiten bis zur Gegenwart aufdecken.

Das Beispiel des Buddha, der Männer und Frauen gleichermaßen lehrte und sich für die Befreiung der Frauen einsetzte, indem er sie im fünften Jahrhundert v. Chr. in den monastischen Orden aufnahm, ist eine starke Motivation für buddhistische Frauen. Obwohl Buddha Śākyamuni, wie wir gesehen haben, gezögert haben soll, bevor er Mahāprajāpatī erlaubte, der *Saṅgha* beizutreten, war sein fortschrittliches Denken über Gleichberechtigung der indischen Gesellschaft jener Zeit sicherlich weit voraus. Leider kennen viele Buddhistinnen die positiven Darstellungen von weiblicher Erleuchtung in den buddhistischen Texten nicht, weil sie nicht lesen und schreiben können und daher keinen Zugang zu diesen Schriften haben, die sie inspirieren und ihnen ihr eigenes Erleuchtungspotenzial bewusst machen könnten. Die fatalen Auswirkungen, die der Mangel an weiblichen Vorbildern auf weibliche Praktizierende hat, dürfen nicht unterschätzt werden.

In wirtschaftlich fortgeschrittenen Ländern, in denen Frauen gleiche Bildungschancen haben, übernehmen buddhistische Frauen heute in vielen Bereichen eine Führungsrolle. Zum Beispiel hat sich Taiwan als besonders förderliches Umfeld für ihre Entwicklung erwiesen. Wie bereits erwähnt, gründete Bhikṣuṇī Cheng Yen im Jahr 1966 die buddhistische Vereinigung »Compassion Relief Tzu-Chi Association«, die als größte gemeinnützige Organisation der Welt gilt. 1990 gründete Bhikṣuṇī Shig Hiu Wan die Huafan-Universität, die erste buddhistische Universität des Landes, und im Jahr 2000 wurde Annette Liu (geb. 1944), eine Feministin, Buddhistin und Demokratieaktivistin, zur Vizepräsidentin des Landes gewählt und war bis 2008 im Amt.

In vielen buddhistischen Gesellschaften sind Frauen jedoch noch immer im Hintertreffen, insbesondere in den Bereichen Religion und Staatsführung. Sie werden in diesen Gesellschaften nicht nur bildungsmäßig und wirtschaftlich benachteiligt, sondern vielen fehlt auch das Vertrauen in ihre eigenen Fähigkeiten, was sie daran hindert, sich Gehör zu verschaffen und sich für ihre eigene Förderung einzusetzen. Viele Frauen, die sowohl durch selbstabwertende Einstellungen als auch durch offene Unterdrückung behindert werden, ertragen Umstände, die ihre eigene Entwicklung und ihr Potenzial für jene der Gesellschaft behindern. Eine Veränderung der patriarchalischen Einstellungen ist daher für Frauen ebenso wichtig wie für Männer.[279]

Ein kulturübergreifender Dialog, der Konzepte wie Selbstlosigkeit und Mitgefühl, Macht und Ohnmacht aus buddhistischer und feministischer Sicht untersucht, bietet eine gute Gelegenheit für gegenseitiges Verständnis. Diese Themen werden in den von der Autorin Michaela Haas in *Ḍākinī Power*[280] zusammengestellten Lebensgeschichten von Frauen und in der philosophischen Analyse der Gelehrten des tibetischen Buddhismus Anne Carolyn Klein in *Meeting the Great Bliss Queen: Buddhists, Feminists, and the Art of the Self* behandelt.[281]

Aufbauend auf den Erfolgen des weiblichen sozialen Aktivismus in den letzten Jahrzehnten arbeiten buddhistische Frauen daran, alle Hindernisse zu identifizieren und zu beseitigen, die dem enormen Potenzial von Frauen für die persönliche und gesellschaftliche Veränderung im Wege stehen. Bestärkt durch die eigene unorthodoxe Haltung des Buddha zur sozialen Gleichberechtigung wurde eine neue Generation motiviert, sich für die Gleichstellung der Geschlechter in buddhistischen Gesellschaften einzusetzen. Dies beginnt mit einer radikalen Umgestaltung buddhistischer Institutionen und einer erneuten Überprüfung buddhistischer Texte.

Buddhistische Auslegungen von Geschlecht

Wie wir gesehen haben, gibt es im buddhistischen Kanon zahlreiche Belege für geschlechtsspezifische Diskriminierung, obwohl die befreienden Lehren des Buddha in der Theorie für Frauen und Männer gleichermaßen gelten. Ein Beispiel aus den frühen Texten ist die Vorstellung, dass Frauen kein vollkommen erwachter Buddha werden können.[282] Weibliche *Bodhisattvas* (Wesen, die daran arbeiten, vollkommen erwachte *Buddhas* zu werden) erscheinen in bestimmten Mahāyāna-Texten, doch vollkommen erleuchtete *Buddhas* sind männlich. Unter den zweiunddreißig Hauptmerkmalen einer großen Person (*Mahāpuruṣa*), die einem *Buddha* zugeschrieben werden, ist eines explizit ein männliches Geschlechtsorgan.[283]

Einerseits werden die Lehren des Buddha als befreiend für Frauen und Männer gleichermaßen angesehen; andererseits ist die ultimative Errungenschaft, das vollkommene Erwachen eines *Buddha*, für Frauen unerreichbar, zumindest in einem weiblichen Körper. Zwei Dinge sind an dieser Diskrepanz merkwürdig. Erstens ist es seltsam, dass ein Zustand der Erkenntnis, der sich auf das Bewusstsein bezieht, in geschlechtsspezifischen Begriffen beschrieben wird, denn Bewusstseinszustände haben keine Genitalien. Zweitens ist es rätselhaft, dass aus der angeblichen Unfähigkeit von Frauen, das ultimative Erwachen eines Buddha zu erlangen, abgeleitet worden ist, dass sie auch bei der Erlangung anderer Verwirklichungszustände auf dem Pfad, wie z.B. dem eines Bodhisattvas, beeinträchtigt sind. Diese Annahme hat zweifellos die Einstellung zu den intellektuellen und spirituellen Fähigkeiten von Frauen im Allgemeinen beeinflusst.

Eine wichtige feministische Kritik am buddhistischen Patriarchat lautet: »Wenn Frauen nicht das Potenzial haben, ein *Buddha* zu werden, dann kann man auch nicht sagen, dass Frauen das gleiche Potenzial haben, das höchste Ziel des Pfades zu erreichen.« In der Soteriologie der frühen buddhistischen Texte und anhand der spirituellen Errungenschaften der ersten Generationen von weiblichen Praktizierenden wird deutlich, dass Frauen als *Arhats* die Befreiung vom *Saṃsāra* erreichen können, was das Ziel der meisten Theravāda-Praktizierenden ist. Dies wird auch in den poetischen Versen der befreiten Frauen in den *Therīgāthā* bezeugt.[284]

In der Soteriologie späterer buddhistischer Texte ist das Ziel jedoch, ein vollkommen erwachter *Buddha* zu werden; und Frauen gelten aufgrund ihres Geschlechts und des Fehlens eines »männlichen Zeichens« als unfähig dazu. Die Behauptung, dass Frauen nicht in der Lage seien, *Buddhas* zu werden, signalisiert, dass Frauen vermeintlich von Natur aus unzulänglich sind; außerstande, den ultimativen Zustand der Vollkommenheit zu erreichen, der für die Befreiung der Lebewesen vom Leid als am förderlichsten angesehen wird. Die Vorstellung, Frauen seien nicht in der Lage menschliche Vollkommenheit zu erreichen, impliziert, dass Frauen Männern unterlegen seien und führt zu der weit verbreiteten Annahme, eine weibliche Wiedergeburt sei das Ergebnis schlechten Karmas und »die Gedanken einer Frau« irgendwie weniger heilsam als »die Gedanken eines Mannes«. Behauptungen wie diese tragen ihrerseits eindeutig zum Fortbestehen der Ungleichheiten zwischen den Geschlechtern in buddhistischen Gesellschaften bei. Es ist widersprüchlich, das gleiche Potenzial der Frauen ständig zu preisen und gleichzeitig ihre gleichberechtigte Teilhabe an sozialen und religiösen Institutionen zu behindern.

Um der Diskrepanz zwischen theoretischer Gleichheit und sozialer Ungleichheit auf den Grund zu gehen, ist es notwendig den Begriff der Geschlechtsidentität sowohl aus philosophischer als auch aus soziologischer Sicht zu untersuchen. Sollte sich die menschliche Vollkommenheit nur in männlicher Form manifestieren, ist zu untersuchen, was es aus buddhistischer Sicht bedeutet, männlich oder weiblich zu sein. So kann verstanden werden, warum es wichtig oder besonders ist, männlich zu sein. Frühe buddhistische Texte wie das *Therī-apadāna*[285] sind voll von Bildern starker und tugendhafter Frauen wie Mahāpajāpatī, Khemā und Dhammadinnā, die Befreiung erlangten.

Wie kam es also dazu, dass die Tradition von Männern dominiert wurde? In seinem bahnbrechenden Buch *A Bull of a Man* (»Ein Stier von einem Mann«) behauptet der Buddhismusforscher John Powers, dass die Anziehungskraft des Buddha vor allem körperlicher Natur war.[286] Das ultimative Wesen zeichnete sich nicht nur durch Tugendhaftigkeit aus, sondern auch durch einen starken und schönen männlichen Körperbau. Diese Betonung körperlicher Schönheit ist überraschend, wenn man bedenkt, dass physische Attraktivität eine Quelle der Täuschung und des Begehrens sein kann, die den Praktizierenden auf dem spirituellen Pfad ablenken und aus der Bahn werfen kann. Sexuelles Begehren, das naturgemäß aus körperlicher Anziehung entsteht, wird als ein Haupthindernis für Entsagung und das Erreichen der Befreiung angesehen. Man würde also erwarten, dass Geschlechtsunterschiede und körperliche Schönheit eher heruntergespielt als betont werden. Die Tatsache, dass der Buddha gerade wegen seiner Männlichkeit und männlichen Schönheit bewundert wurde, stellt die kritische Beurteilung von Geschlecht im Buddhismus vor ein Rätsel.

Das buddhistische Projekt, menschliche Vollkommenheit zu erreichen, dreht sich darum, die verblendeten Bewusstseinszustände der gewöhnlichen Menschen in erwachtes Bewusstsein oder Erleuchtung umzuwandeln. In ihrem gewöhnlichen, unerweckten Zustand sind Menschen von schädlichen Emotionen wie Gier, Hass, Unwissenheit, Begierde, Wut, Anhaften, Stolz, Eifersucht, Verwirrung und ähnlichen zerstörerischen Gefühlen (*Kleśas*) bedrängt, die zu Unzufriedenheit, Frustration und einer Vielzahl von Problemen führen. Die gemeinsame Prämisse der buddhistischen philosophischen Richtungen ist, dass es für fühlende Wesen – solche, die Bewusstsein oder Gewahrsein und die Fähigkeit, Schmerz zu empfinden besitzen – möglich ist, Befreiung zu erlangen, indem sie die zerstörerischen Emotionen ausmerzen, Einsicht in die wahre Natur der Dinge erlangen und so von diesen Hindernissen frei werden. Nirgendwo in den Texten wird dieses Ziel in geschlechtsspezifischen Begriffen angegeben.

Wenn der befreite Bewusstseinszustand, der von einem *Arhat* erreicht wird, für Frauen und Männer nicht unterschiedlich ist, dann gibt es keinen Grund anzunehmen, dass das vollkommen erwachte Bewusstsein eines *Buddha* anders sein sollte. Und wenn das erwachte Bewusstsein eines *Buddha* für Frauen und Männer nicht unterschiedlich ist, gibt es auch keine Ursache, dass der physische Körper eines Buddhas notwendigerweise männlich sein oder der Zustand vollkommener Buddhaschaft auf Männer beschränkt sein sollte. Im Gegenteil: Als Verkörperung von Mitgefühl und Weisheit sollte ein vollkommen erwachter Buddha jenseits solcher Unterscheidungen sein und daher frei von jeglicher geschlechtsspezifischen Voreingenommenheit.

Ausgehend von der Prämisse, dass Unwissenheit die Grundursache aller destruktiven Emotionen darstellt, ist es zur Erlangung des Erwachens notwendig, die wahre Natur der Dinge zu verstehen; insbesondere die wahre Natur der Menschen und des Bewusstseins. Die physische Natur von Personen hat eine Komponente der sexuellen Identität, aber Bewusstsein – definiert als »Wissen und Gewahrsein« – hat nichts mit Konzepten von Geschlecht zu tun. Buddhistische philosophische Richtungen stimmen darin überein, dass Bewusstsein und Materie zwei verschiedene Kategorien und Geschlechtsunterscheidungen körperlich oder materiell und unbeständig sind.

Die eigentliche Ursache allen Leidens ist Unwissenheit, nämlich die Unkenntnis der wahren Natur des Selbst, wobei dieses Selbst eine konventionelle Bezeichnung für die Aggregate ist, aus denen eine Person besteht und die letztlich keine unabhängige Existenz haben. Menschen werden mit geschlechtsspezifischen Merkmalen geboren, während Geschlechtsidentitäten auf der Grundlage von Impulsen aus dem sozialen und kulturellen Umfeld erlernt oder gebildet werden. Diejenigen, die mit weiblichen biologischen Merkmalen geboren werden, werden dafür belohnt sich so zu verhalten, wie die Gesellschaft es von Mädchen erwartet; diejenigen, die mit männlichen biologischen Kennzeichen zur Welt gekommen sind, werden dafür belohnt, sich so zu verhalten, wie es die Gesellschaft von Jungen erwartet. Geschlechtsidentität und geschlechtsspezifisches Verhalten sind also soziale Konstrukte, die sich von Kultur zu Kultur unterscheiden und sich im Laufe der Zeit verändern, aber keine den Menschen innewohnenden Eigenschaften.

Wie alle zusammengesetzten Phänomene sind geschlechtliche Identitäten vergänglich, und das Festhalten an geschlechtlichen Identifikationen kann – wie das Anhaften an anderen vergänglichen Erscheinungen auch – eine Quelle von Unzufriedenheit und Leid sein. Unbeständige Identifikationen, die auf Kultur, Geschlecht, Kaste und anderen konditionierten Faktoren oder Verhaltensweisen beruhen, wohnen den persönlichen Identitäten, die sich mit der Zeit verändern, nicht inne. Aus buddhistischer Sicht werden Geschlechtsidentitäten auch durch Neigungen aus früheren Leben beeinflusst.

Eine Person, die in einem Leben als Mann geboren wird, kann in früheren Leben viele Male als Frau geboren worden sein und diese Neigungen aus vorhergegangenen Existenzen können das gegenwärtige Selbstverständnis und die Anlage der Geschlechtsidentität der Person beeinflussen. Obwohl konventionelle Identitäten und Umstände sicherlich die persönliche Entwicklung eines Menschen beeinflussen, sind sie nicht festgelegt und können nicht dazu verwendet werden, das Potenzial einer Person, Befreiung oder Erleuchtung zu erlangen zu beurteilen. Die Tatsache, dass der Buddha Frauen in die *Saṅgha* aufnahm und viele dieser Frauen *Arhats* wurden, widerspricht solchen essentialistischen Vorstellungen von Geschlecht.

Grenzüberschreitende Wege zur Gleichberechtigung der Geschlechter

Der Überlieferung zufolge erklärte Buddha Śakyamuni, dass Frauen durchaus in der Lage sind, die Früchte buddhistischer Praxis zu erlangen. Die klassische Geschichte über die Aufnahme von Frauen in die *Saṅgha* enthält einen Dialog zwischen Ānanda und dem Buddha. Ānanda fragt, ob Frauen, die dem häuslichen Leben entsagen und dem Pfad des Buddha folgen, fähig sind, die vier Stufen zu erreichen, die man auf dem Pfad durchläuft (Stromeingetretener, Einmal-Wiederkehrer, Nicht-Wiederkehrer und *Arhat*), und der Buddha antwortet unmissverständlich, dass sie es sind.[287]

Über die Jahre hinweg ist jedoch die Bestätigung des gleichen Potenzials von Frauen zu Befreiung und Erwachen durch den Buddha oft vernachlässigt worden. In der gesamten buddhistischen Geschichte haben Männer buddhistische Institutionen, Bildung, rituelle Funktionen und sogar kontemplative Praktiken dominiert und Frauen in unterstützende Rollen verdrängt. Seit 1987 haben sich jedoch die Muster der männlichen Vorherrschaft in der buddhistischen Welt langsam zu ändern begonnen und spiegeln eine neue globale Ethik der Geschlechtergleichheit wider. Zahlreiche Konferenzen und Seminare über buddhistische Frauen – insbesondere die von Sakyadhita organisierten internationalen Konferenzen – haben Plattformen geschaffen, in denen der patriarchalische Status quo, der in buddhistischen Gesellschaften fortbesteht, diskutiert und in Frage gestellt wird und in denen Strategien zu seiner Veränderung entwickelt werden. Diese Diskussionen und Strategien hatten eine weitreichende Wirkung und regten die Gründung neuer Schulen, Institute für buddhistische Studien, Retreatzentren, Übersetzungsteams, Kinderzentren, Forschungsprojekte, Frauenhäuser und Ausbildungsprogramme für die Nonnenordination an.

Einige der Veränderungen, die infolge der zeitgenössischen buddhistischen Frauenbewegung eingetreten sind, wie die Wiederbelebung der *Bhikkhunī Saṅgha* in Nepal und Sri Lanka, sind völlig unerwartete historische Meilensteine gewesen.[288] Selbst angesichts des weit verbreiteten Widerstandes gegen die volle und gleichberechtigte Teilhabe von Frauen im Buddhismus hat ein grundlegendes Überdenken der normativen Traditionen in Bezug auf das Geschlecht begonnen; ein Überdenken, das in einer neuen globalen Kultur, die alle Menschen gleichermaßen wertschätzt, sinnvoll ist.

Ohne ernsthafte Neubewertung und kritische Reflexion der schädlichen Auswirkungen der Ungleichheit zwischen den Geschlechtern läuft der Buddhismus Gefahr, in der modernen Welt bedeutungslos zu werden; ein kurioses Artefakt aus früheren Zeiten. Damit buddhistische egalitäre Ideale über das Reich von Ideen hinaus in die soziale Realität gelangen können, bedarf es jedoch einer völligen Neugestaltung der Geschlechterbeziehungen in buddhistischen Institutionen und buddhistischen sozialen Zusammenhängen im weiteren Sinne.

Tradition neu zu überdenken kann dabei bedeuten, zu einer früheren, authentisch egalitären Vision von buddhistischer Tradition zurückzukehren. Um diese Vorstellung zu verwirklichen, bedarf es jedoch grenzüberschreitender Anstrengungen, die Tradition und Moderne ein angemessenes Gewicht verleihen – einer neuen Vision der Befreiung, die entsteht, wenn man mit Respekt auf die Stimmen von Frauen und Männern auf allen Ebenen der Gesellschaft hört, insbesondere auf die der Unterdrückten und Ausgegrenzten.

Eines der bemerkenswertesten Ergebnisse der buddhistischen Frauenbewegung ist ein Aufkommen der Forschung über buddhistische Frauen durch eine neue Generation von Gelehrten und Praktizierenden gewesen, die durch gemeinsame intellektuelle Interessen, Freundschaft und gemeinschaftlichen Einsatz für soziale Veränderungen verbunden sind. Durch den Austausch von Informationen und die Zusammenarbeit über viele Disziplinen hinweg haben Wissenschaftlerinnen und Wissenschaftler Projekte angestoßen, die die Rolle buddhistischer Nonnen und Haushalterinnen in einer Reihe von Ländern und Traditionen untersuchen und dabei die Perspektive der Praktizierenden vor Ort miteinbeziehen.

All diese Gelehrten verdanken ihre Erkenntnisse der Pionierarbeit von I. B. Horner, die 1930 *Women Under Primitive Buddhism: Laywomen and Almswomen* (1930)[289] veröffentlichte und in jüngerer Zeit Rita M. Gross, die 1993 *Buddhism after Patriarchy: A Feminist History, Analysis, and Reconstruction of Buddhism* veröffentlichte.[290] Die Arbeit einer neuen Generation von Forschenden hat das wissenschaftliche Verständnis von Nonnen verändert: Cristina Bonnet-Acosta und Hiroko Kawanami schreiben über Burma;[291] Beata Grant und Yuan Yuan über China;[292] Paula Arai und Lori Meeks über Japan;[293] Eunsu Cho und Jin Y. Park über Korea;[294] Sarah LeVine und Joanne Watkins über Nepal;[295] Susanne Mrozik und Nirmala S. Salgado über Sri Lanka;[296] Elise DeVido und Yuchen Li über Taiwan;[297] Bhikkhunī Dhammananda und Monica Lindberg Falk über Thailand;[298] Janet Gyatso, Hanna Havnevik und Charlene Makley über Tibet;[299] und Kim Gutschow über Zanskar.[300]

All diese Wissenschaftlerinnen haben das Fachgebiet buddhistischer Studien grundlegend verändert, indem sie ihre Forschungen auf frauenrelevante Themen konzentrierten und damit zum länderübergreifenden Charakter feministischer Studien in den Weltreligionen beitrugen. Mehrere Aspekte dieser neuen buddhistisch-feministischen wissenschaftlichen Bestrebungen sind einzigartig. Einer davon ist, dass dieser Fachbereich nicht ausschließlich akademisch ist, sondern auch eine praktische, persönliche und gefühlsbezogene Dimension mit Darstellungen von konkretem sozialem Aktivismus beinhaltet.

Zeitgenössische Wissenschaftlerinnen auf dem Sachgebiet von Frauen und Buddhismus zeigen aufrichtigen Respekt gegenüber jenen, die sich der traditionellen Forschung widmen, denen gegenüber, die neuartige Ersatzlösungen für akademische Schemata und Einteilungen erforschen sowie auch gegenüber jenen, die den wissenschaftlichen Zugang zum Buddhismus gänzlich meiden. Eine spannende Dimension dieser Forschung besteht darin, Verbindungen zwischen den buddhistischen Traditionen zu finden, indem sie in vergleichender Weise auf der Grundlage spezifischer, Frauen betreffender Aspekte erörtert werden.

Der ursprüngliche Anstoß für diesen Ansatz ergab sich aus einem praktischen Problem, und zwar der Frage, wie die Gültigkeit der bestehenden Überlieferungslinien der *Bhikkhunī*-Ordination dokumentiert und Buddhisten verschiedener Traditionen auf wirkungsvolle und zutreffende Weise gezeigt werden kann. Die Argumentation für diese Übertragungslinien erforderte eine Brückenbildung zwischen den Vinaya-Traditionen und eine Klärung der Vorurteile gegenüber klösterlicher Ordination sowie auch eine Klärung der unterschiedlichen Interpretationen der *Prātimokṣa*-Regeln durch die monastischen Anhänger buddhistischer Traditionen, die sich vor mehr als tausend Jahren historisch und philosophisch voneinander entfernten.

Zu den ersten Initiativen gehörten die Übersetzung und das vergleichende Studium der *Bhikkhunī-Vinaya*-Texte der bestehenden Überlieferungslinien.[301] Andere Ansätze waren kulturübergreifende Dialoge, die sich auf Fragen wie den Vegetarismus konzentrierten, der ursprünglich nicht im *Vinaya* vorgeschrieben war, aber in ostasiatischen buddhistischen Traditionen üblicherweise praktiziert worden ist. Andere konzentrierten sich auf das Erfordernis des Zölibats, das traditionell im *Vinaya* vorgeschrieben war, aber in den meisten japanischen buddhistischen Traditionen nicht mehr verlangt wird. Diese Initiativen sind nicht nur wertvolle Übungen in kulturübergreifendem Bewusstsein gewesen, sondern haben auch kontinuierliche kulturvergleichende, interdisziplinäre Forschungsprojekte hervorgebracht.[302]

Als 1987 die erste internationale buddhistische Konferenz für Frauen in Bodhgaya stattfand, hatten Theravāda-, Mahāyāna- und Vajrayāna-Praktizierende viele falsche Vorstellungen über die Vorstellungen und Übungen der jeweils anderen. Die Aufgabe, diese Missverständnisse aufzudecken und zu klären, ist eine zentrale Errungenschaft der von Sakyadhita initiierten buddhistischen Frauenbewegung gewesen. Buddhisten, die in verschiedenen Traditionen praktizieren, haben nun auch ihre Gemeinsamkeiten und gemeinsamen Anliegen, wie z. B. den benachteiligten Status der Frauen in ihren eigenen Tempeln und Traditionen, erkannt.

Die Förderung von übergreifendem Dialog, Solidarität und einem Bemühen um soziale Gerechtigkeit bei der weltweiten Überlieferung des Buddhismus gehören zu den vielen Errungenschaften dieser Bewegung. Obwohl derzeit eine eingehende feministische Untersuchung der Geschlechterrollen im Buddhismus durchgeführt wird, müssen buddhistische Studieninstitute für Frauen in Schwellenländern und die volle Ordination von Nonnen in bestimmten Traditionen noch verwirklicht werden. Der Schwung, den die buddhistische Frauenbewegung bisher erzeugt hat, lässt jedoch Gutes für die Zukunft von Frauen im Buddhismus erwarten.

Eine gründlichere Analyse der besonderen geschlechtsbezogenen Realitäten sowohl asiatischer als auch nicht-asiatischer buddhistischer Frauen wird viel dazu beitragen, die eurozentrische Voreingenommenheit zu überwinden, die in vielen feministischen Schriften zu finden ist, und zu neuen Modellen für die Bewertung von Geschlechtsidentitäten und Geschlechterbeziehungen inspirieren.

Die Kategorie »Frauen« ist dabei kein monolithischer Zustand, ebenso wenig wie die Gruppenzuordnung »asiatische Frauen«. Denn in Wahrheit sind Frauen keine Kategorien, sondern lebende, atmende, fühlende Wesen, die – wie andere Lebewesen auch – danach streben, ihr volles Potenzial auszuschöpfen. Jede buddhistische Kultur, jeder Ort und jedes soziale Umfeld hat etwas zu unserem Verständnis der Erfahrungen von Frauen beizutragen. Die Ausweitung des länderübergreifenden Dialogs zu diesen Themen wird die Gebiete der Frauen- und Geschlechterforschung, der buddhistischen Studien und der Geschichte der Menschheit gleichermaßen nachhaltig bereichern.

Fragen als Diskussionsgrundlage

Zur Einleitung:

- Weshalb befassen wir uns mit dem Thema Frauen in den buddhistischen Traditionen?

- Warum ist es wichtig, sich mit Frauen in den buddhistischen Traditionen zu befassen?

- Inwiefern definieren die verschiedenen Traditionen innerhalb des Buddhismus »Befreiung« und »das vollständige Erwachen eines Buddha« unterschiedlich? Werden diese Ziele in Bezug auf das Geschlecht definiert? Wenn ja, wie wirkt sich das auf Frauen aus?

- Ist das Geschlecht für das Erwachen relevant?
  Wieso oder weshalb nicht?

Zu Kapitel 1: Frauen im frühen indischen Buddhismus

- Was sind die möglichen Gründe dafür, dass der Buddha gezögert haben soll, Frauen in die *Saṅgha* aufzunehmen? Warum hat er schließlich doch zugestimmt?

- Wer sind die wichtigsten Frauenfiguren und welche Rollen spielen sie?

- Auf welche Weise werden Frauen in den Texten verschiedener buddhistischer Traditionen dargestellt?

- Welche Muster der Darstellung von Frauen scheinen in diesen Texten üblich zu sein und wie wirken sie sich auf das Leben buddhistischer Frauen in der Vergangenheit und heute aus?

- Glauben Sie, dass der vergangenheitsbezogene Ausschluss von Frauen aus buddhistischen Institutionen dazu geführt hat, dass Frauen sich hauptsächlich auf kontemplative Praktiken konzentrieren, oder neigen sie von Natur aus eher dazu?

- Was lässt sich aus Bhikkhu Anālayos Analyse der verschiedenen Überlieferungen über die Gründung der *Bhikkhunī Saṅgha* und dem Bericht, dass der Buddha von den Nonnen die Einhaltung der acht gewichtigen Regeln (*Gurudharmas*) verlangte, lernen?

- Wie wirken sich die Vorstellungen von Geschlecht auf die Praxis, Teilhabe und Leistungen buddhistischer Frauen aus?

- Wie wird der Begriff der Geschlechter-Fluidität in den buddhistischen Schriften verstanden und dargestellt?

Zu Kapitel 2: Buddhistische Frauen in Süd- und Südostasien

- Welche Besonderheiten und Gemeinsamkeiten gibt es in der Praxis buddhistischer Frauen in süd- und südostasiatischen Gesellschaften?

- Auf welche Weise werden Frauen in den jeweils von ihnen praktizierten buddhistischen Traditionen vernachlässigt oder untergeordnet? Inwiefern können sich Frauen glücklich schätzen?

- Was sind einige der größten Herausforderungen, denen sich Frauen in den buddhistischen Gesellschaften Süd- und Südostasiens gegenübersehen?

- Wie haben sich die Bedingungen für buddhistische Frauen in Sri Lanka verändert? Welche Faktoren können zur Erklärung dieser Veränderungen beitragen? Welche Hindernisse bestehen weiterhin?

Zu Kapitel 3: Buddhistische Frauen in Ostasien

- Wie hat sich die volle Ordination für Frauen in China entwickelt?

- Was sind die verbindenden Merkmale der Erfahrungen buddhistischer Frauen in Ostasien?

- Inwiefern unterscheiden sich die Erfahrungen von Frauen in China, Japan, Korea und Taiwan? Welche sozialen und kulturellen Faktoren tragen zur Erklärung dieser Unterschiede bei?

Zu Kapitel 4:
Buddhistische Frauen in Innerasien

- Welche Funktion haben die Bilder von erwachten Frauen in der buddhistischen Tradition des Vajrayāna?

- Wie lassen sich idealisierte Bilder von erleuchteten Frauengestalten mit der sozialen Realität geschlechtsspezifischer Vorurteile in buddhistischen Gesellschaften vereinbaren?

- Welche historischen und politischen Entwicklungen unterscheiden das Leben buddhistischer Frauen in Tibet und der Mongolei von jenem weiblicher buddhistischer Praktizierender in Bhutan und im indischen Himalaya?

- Wie ist der Status von Frauen in den buddhistischen Republiken Russlands?

Zu Kapitel 5:
Buddhistische Frauen im Westen

- Wie nehmen westliche Frauen an der weltweiten Weitergabe und Umwandlung des Buddhismus teil und wie tragen sie dazu bei?

- Inwiefern interpretieren und praktizieren westliche Frauen den Buddhismus anders als jene in asiatischen Gesellschaften?

- Kann die zeitgenössische Besorgnis über den untergeordneten Status von Frauen im Buddhismus als kolonialistisches Projekt, »Frauenrechtsagenda« oder »westliche Bevormundung« interpretiert werden? Warum oder weshalb nicht?

- Welche Anstrengungen werden unternommen, um globale Solidarität unter buddhistischen Frauen zu schaffen?

Zu Kapitel 6: Die Ordination von Frauen in verschiedenen Kulturen

- Wieso ist ein Leben der Entsagung für manche Frauen in buddhistischen Gesellschaften attraktiv? Was sind die Vor- und Nachteile eines klösterlichen Lebens aus der Sicht verschiedener asiatischer Frauen? Gilt dieselbe Logik auch für Frauen in westlichen Gesellschaften?

- Warum wird der Zugang zur vollen Ordination als wichtig für buddhistische Frauen angesehen? Wieso sehen andererseits einige Buddhisten, einschließlich einiger Nonnen, diese als unwichtig an?

- Weshalb ist die volle Ordination als *Bhikkhunī* in einigen buddhistischen Traditionen möglich und in anderen nicht? Welche Gründe führen die Gegner dagegen an?
  Was sind einige der Argumente, die für die volle Ordination von Frauen vorgebracht werden?

- Wie wurde die volle Ordination für buddhistische Nonnen in Nepal eingeführt? Wer waren die Hauptakteure?

- Wie wurde die volle Ordination für buddhistische Nonnen in Sri Lanka eingeführt? Wer waren die wichtigsten Persönlichkeiten?

- Welche wichtige Arbeit wird von *Mae Chees* in Thailand geleistet und wer sind einige prominente *Mae Chees*?

- Warum wurde der australische Mönch Ajahn Brahm aus seinem thailändischen Orden ausgeschlossen, als er vier Nonnen in Australien die volle Ordination erteilte?

- Wie ist die Situation der Ordination von Nonnen des Mahāyāna-Buddhismus in China (und auch Hongkong), Malaysia, Südkorea, Singapur, Taiwan und Vietnam? Was sind die Vorteile des Zugangs von Frauen zur vollen Ordination in diesen Traditionen?

- Wie war die Situation der Nonnen in den tibetisch-buddhistischen Traditionen und inwiefern verändert sie sich?

Zu Kapitel 7: Graswurzelrevolution: Buddhistische Frauen und sozialer Aktivismus

- Warum sind einige Buddhisten der Meinung, dass sozialer Aktivismus unvereinbar mit dem buddhistischen Ziel des Erwachens ist, während andere glauben, er sei vereinbar?

- Wer sind einige der bekanntesten sozialen Aktivistinnen unter buddhistischen Frauen?

- Inwieweit trägt die Bewegung für ein aktiveres soziales Engagement von Frauen in der buddhistischen Welt dazu bei, ihr Profil zu schärfen?

- Welche Rolle spielt Bildung bei der Verbesserung der Bedingungen für buddhistische Frauen? Welche Arten von Bildung wären am hilfreichsten, um die Rolle der Frauen in der Gesellschaft zu verändern?

Zur Schlussfolgerung

- Inwiefern kann der Buddhismus für Frauen sozial oder spirituell befreiend sein und inwiefern könnte er einschränkend oder potenziell unterdrückend sein?

- Sind Frauen und Männer im Buddhismus gleichberechtigt? Sind Frauen angesichts der Gleichheitsrhetorik im buddhistischen Gedankenaustausch angemessen vertreten?

- Vergleichen und stellen Sie die Rolle und das Potenzial von Frauen in den heutigen Traditionen des Theravāda- und Mahāyāna-Buddhismus gegenüber. Inwiefern sind die Erfahrungen von Frauen in diesen Traditionen ähnlich und inwieweit sind sie unterschiedlich?

Empfehlungen für die weitere Lektüre

Women in the Footsteps of the Buddha. Blackstone, Kathryn R. New York: Routledge, 2013.

The Hidden Lamp: Stories from Twenty-Five Centuries of Awakened Women. Caplow, Zenshin Florence, und Reigetsu Susan Moon. Somerville, MA: Wisdom Publications, 2013.

Buddhist Women on the Edge: Contemporary Perspectives from the Western Frontier. Dresser, Marianne. Berkeley, CA: North Atlantic Books, 1996.

Women's Buddhism, Buddhism's Women: Tradition, Revision, Renewal. Findly, Ellison Banks. Somerville, MA: Wisdom Publications, 2000.

Buddhism After Patriarchy: A Feminist History, Analysis, and Reconstruction of Buddhism. Gross, Rita M. Albany: State University of New York Press, 1992.

Meeting the Great Bliss Queen: Buddhists, Feminists, and the Art of the Self. Klein, Anne Carolyn. Ithaca, NY: Snow Lion Publications, 2008.

First Buddhist Women: Poems and Stories of Awakening. Murcott, Susan. Berkeley, CA: Parallax Press, 2006.

Women in Buddhism: Images of the Feminine in the Mahayana Tradition. Paul, Diana Y. Berkeley: University of California Press, 1979.

Passionate Enlightenment: Women in Tantric Buddhism. Shaw, Miranda. Princeton, NJ: Princeton University Press, 1994.

Buddhist Feminisms and Femininities. Tsomo, Karma Lekshe, Hrsg. Albany: State University of New York Press, 2019.

Anmerkungen

1 I. B. Horner (Isaline Blew), *Women Under Primitive Buddhism* (Delhi: Motilal Banarsidass, 1930; Nachdruck New York: Gutenberg Publishers, 2011).

2 Im Englischen erscheint das Wort *Brāhmaṇa*, bzw. im Deutschen das Wort *Brahmane* in seiner verfälschten Form »Brahmin«. Dieses ist vom Sanskrit-Wort Brahman zu unterscheiden, welches sich auf die unveränderliche und unsichtbare letzte Wirklichkeit bezieht.

3 Romila Thapar, The Householder and the Renouncer in the Brahmanical and Buddhist Traditions, in Way of Life: King, Householder, and Renouncer: Essays zu Ehren von Louis Dumont, Hrsg. T. N. Madan (Delhi: Vikas, 1982), 273–98.

4 Katherine K. Young, *Hinduism*, in *Women in World Religions*, Hrsg. Arvind Sharma (Albany: State University of New York Press, 1987), 74.

5 Die *Sigālovāda Sutta* im Dīgha Nikāya des Pāli-Kanons enthält die Ratschläge des Buddha für ein harmonisches Familienleben, aber dieser Diskurs beinhaltet keine Richtlinien, die den Pāṭimokkha- (Sanskrit: Prātimokṣa) Kodizes der klösterlichen Disziplin ähneln. Der Pāli-Kanon ist die Sammlung buddhistischer Lehren, die als Textgrundlage der Theravāda-Tradition dient. Die Pāli-Rezension der Lehren wurde im dritten Jahrhundert v. Chr. nach Sri Lanka übertragen und im ersten Jahrhundert v. Chr. erstmals niedergeschrieben. Die Texte bestehen aus vier nach Länge geordneten Sammlungen, die in Pāli als *Nikāyas* und in der chinesischen buddhistischen Tradition unter dem Sanskritbegriff *Āgama* bekannt sind. Die meisten der in diesen und anderen Sprachen verfassten Originaltexte sind im Laufe der Zeit verloren gegangen, aber glücklicherweise wurde eine große Anzahl von Schriften übersetzt und sind auf Chinesisch und Tibetisch überliefert.

6 Ausnahmen gibt es in Japan und Zentralasien (z. B. in der Mongolei, Nepal und Russland), wo religiöse Sachkundige, sogenannte »Priester«, verheiratet sein und Kinder haben können.

7 In der heutigen Zeit führen einige religiöse Sachkundige Hochzeitszeremonien durch, vor allem in der japanischen Diaspora in Nord- und Südamerika.

8 Nach den Worten des 14. Dalai Lama, Bstan-dzin-rgya-mtsho, *Buddhism, Asian Values, and Democracy, Journal of Democracy* 10, Nr. 1 (1999): 4:

> »Was die Demokratie als Verfahren der Beschlussfassung betrifft, so finden wir auch in der buddhistischen Tradition eine gewisse Anerkennung der Notwendigkeit des Konsenses. Beispielsweise hat der buddhistische monastische Orden eine lange Geschichte, in der wichtige Entscheidungen, die das Leben der einzelnen Mönche betreffen, auf einem kollektiven Diskurs beruhen. Streng genommen muss jeder Ritus, der die Aufrechterhaltung der klösterlichen Praxis betrifft, in einer Versammlung von mindestens vier Mönchen durchgeführt werden. Man könnte also sagen, dass die Vinaya-Disziplinregeln, die Verhalten und Leben der buddhistischen Mönchsgemeinschaft regeln, mit demokratischen Traditionen in Einklang stehen. Zumindest theoretisch können sogar die Lehren des Buddha unter bestimmten Umständen von einer Versammlung einer gewissen Anzahl von ordinierten Mönchen geändert werden«.

9 Steven Collins, *The Body in Theravada Buddhism*, in *Religion and the Body*, ed. Sarah Coakley (New York: Cambridge University Press, 1997), 185 – 204.

10 Zu weiblicher Wiedergeburt und verwandten Ideen im frühen Buddhismus siehe Bhikkhu Anālayo, *Karma and Female Birth, Journal of Buddhist Ethics* 21 (2014): 109 – 53.

11 Ute Hüsken, *The Eight Garudhammas*, in *Dignity and Discipline: Reviving Full Ordination for Buddhist Nuns*, ed. Thea Mohr und Jampa Tsedroen (Boston: Wisdom Publications, 2010), 143 – 48.

12 Jan Nattier, *Once Upon a Future Time: Studies in a Buddhist Prophecy of Decline* (Berkeley: 158 Asian Humanities Press, 1991), 128 – 33.

13 Siehe zum Beispiel: Serinity Young, *Female Mutability and Male Anxiety in an Early Buddhist Legend, Journal of the History of Sexuality* 16, Nr. 1 (2007): 14 – 39; und Serinity Young, *Courtesans and Tantric Consorts: Sexualities in Buddhist Narrative, Iconography, and Ritual* (New York: Routledge, 2004).

14 Bernard Faure greift die Frage von Reinheit und Verunreinigung auf in *The Power of Denial: Buddhism, Purity, and Gender: Buddhism, Purity, and Gender* (Princeton, NJ: Princeton University Press, 2003).

15 Ihre Geschichte wird erzählt in Miranda Shaw, *Buddhist Goddesses of India* (Princeton: Princeton University Press, 2015), 306 – 55.

16 Charles S. Prebish, *Buddhism: A Modern Perspective* (University Park, PA: Pennsylvania State University, 1994), 39.

17 Kathryn R. Blackstone, *Women in the Footsteps of the Buddha: Struggle for Liberation in the Therīgāthā* (Delhi: Motilal Barnassidas, 2007), 127 – 35.

18 Ria Kloppenborg, *Female Stereotypes in Early Buddhism: The Women of the Therīgāthā, in Female Stereotypes in Religious Traditions*, Hrsg. Ria Kloppenborg and Wouter J. Hanegraaff (Leiden: E. J. Brill, 1995), 151 – 69.

19 Young, *Hinduism*, 60 – 72.

20 Mabel Bode, *Women Leaders of the Buddhist Reformation, Journal of the Royal Asiatic Society of Great Britain and Ireland* (1893): 793 – 94.

21 Alice Collett, *The Female Past in Early Indian Buddhism: The Shared Narrative of the Seven Sisters* in the *Therī-Apadāna, Religions of South Asia* 5, Nr. 1 (2011): 209 – 26.

22 Digha Nikaya 16. Zitiert in Anālayo, *Women's Renunciation in Early Buddhism: The Four Assemblies and the Foundation of the Order of Nuns*, in Mohr and Tsedroen, *Dignity and Discipline*, 66.

23 Siehe zum Beispiel Ranjini Obeyesekere, *Portraits of Buddhist Women: Stories from the Saddharmaratnāvaliya* (Albany: State University of New York Press, 2001); und Mohan Wijeyaratna, *Buddhist Nuns: The Birth and Development of a Women's Monastic Order* (Kandy, Sri Lanka: Buddhist Publication Society, 2010).

24 Diese Erzählungen finden sich in Bode, *Women Leaders of the Buddhist Reformation*, 763 – 98.

25 Collett stellt jedoch fest, dass Frauen in den beiden großen Pāli-Erzählungen über *Buddhas* der Vergangenheit fast völlig fehlen. Siehe: Collett, *The Female Past in Early Indian Buddhism*, 210 – 11.

26 Young, *Female Mutability and Male Anxiety*, 14 – 39.

27 Anālayo erwähnt, dass sowohl das *Saṃyutta-Nikāya* als auch die chinesische Übersetzung des *Saṃyukta-āgama* eine »ausdrückliche Bestätigung der Fähigkeiten von Frauen, das Erwachen zu erreichen« beinhalten, wobei sowohl Frauen als auch Männer in der Lage sind, das Fahrzeug der heilsamen Qualitäten zu besteigen, das zur Befreiung führt. *The Bahudhātuka-sutta and Its Parallels on Women's Inabilities, Journal of Buddhist Ethics* 16 (2009): 137.

28 Maurice Walshe, *Long Discourses of the Buddha: A Translation of the Dīgha Nikāya* (Somerville, MA: Wisdom Publications, 1995), 200 – 01.

29 Zu den wichtigsten Merkmalen gehören eine Vorwölbung am Scheitel, eine extrem lange Zunge, Schultern wie ein Löwe, Schwimmhäute an Fingern und Zehen, Arme, die bis zu den Knien reichen, und andere außergewöhnliche körperliche Merkmale. Siehe John Powers, *A Bull of a Man: Images of Masculinity, Sex, and the Body in Indian Buddhism* (Cambridge, MA: Harvard University Press, 2009), 172 – 74.

30 Diese außergewöhnliche Gabe wird diskutiert in José Ignacio Cabezón, *Sexuality in Classical South Asian Buddhism* (Somerville, MA: Wisdom Publications, 2017), 320 – 26, und Powers, A Bull of a Man, 13 – 14.

31 Alice Collett, *Buddhism and Gender: Reframing and Refocusing the Debate, Journal of Feminist Studies in Religion* 22, Nr. 2 (2006): 57.

32 Die Texte der klösterlichen Disziplin (*Vinaya*) umfassen ethische Vorschriften, Regeln für ein harmonisches klösterliches Leben und Richtlinien für das Benehmen.

33 Siehe: Bhikkhu Anālayo, *Beautiful Eyes Seen with Insight as Bereft of Beauty: Subhā Therī and Her Male Counterpart in the Ekottarika-āgama, The Sati Journal* (2014): 39 – 53; und Kevin Trainor, *In the Eye of the Beholder: Nonattachment and the Body in Subhā's Verse (Therīgāthā 71), Journal of the American Academy of Religion* 61, Nr. 1 (1993): 57 – 79.

34 Vijitha Rajapakse, *Therīgāthā: On Feminism, Aestheticism and Religiosity in an Early Buddhist Verse Anthology, Buddhist Studies Review* 12, Nr. 1 (1995): 7 – 26; and 12, Nr. 2 (1995): 135 – 55.

35 Lisa J. Battaglia, *Only Skin Deep? Female Embodiment and the Paradox of Beauty in Indian Buddhism, in Buddhist Feminisms and Femininities*, Hrsg. Karma Lekshe Tsomo (Albany: State University of New York Press, 2018), 183 – 217.

36 Serinity Young, *Female Mutability and Male Anxiety*, 34 – 35.

37 Susanne Mrozik, *Virtuous Bodies: The Physical Dimensions of Morality in Buddhist Ethics* (New York: Oxford University Press, 2007), 56 – 58.

38 Naomi Appleton, *In the Footsteps of the Buddha? Women and the Bodhisatta Path in Theravāda Buddhism, Journal of the Feminist Study of Religion* 27, Nr. 1 (2011): 33 – 51.

39 Young, *Female Mutability and Male Anxiety*, 14 – 39.

40 Young erwähnt, dass sich Erzählungen über Uppalavaṇṇā im *Manorathapūrani*, den *Therīgāthā* und einem Kommentar zum Dhammapada finden, Texten, die in Sri Lanka irgendwann zwischen dem dritten und sechsten Jahrhundert n. Chr. in Pāli niedergeschrieben wurden, aber offenbar auf mündlich überlieferten Geschichten beruhen, die bis in die Zeit von Buddha Śākyamuni, etwa 563 – 483 v. Chr., zurückreichen. Young, *Female Mutability and Male Anxiety*, 14 – 39.

41 Young, *Female Mutability and Male Anxiety*, 20.

42 Céline Grünhagen, *The Female Body in Early Buddhist Literature, Scripta Instituti Donneriani Aboensis* 23 (2011): 100 – 14.

43 Ihre Geschichte wird erzählt in Bhikkhu Anālayo, *Chos sbyin gyi mdo – Bhikkhunī Dhammadinnā Proves Her Wisdom, Chung-Hwa Buddhist Journal*, 24 (2011): 3 – 33.

44 Im Cullavagga wird *Mahāpajāpatī* als die erste buddhistische Nonne dargestellt, aber andere Texte, wie das *Mahāparinibbāṇa Sutta*, das *Dakkhiṇāvibhanga Sutta* und die *Therīgāthā*, legen ein anderes Szenario nahe. Siehe Liz Williams, *A Whisper in the Silence: Nuns before Mahāpajāpatī, Buddhist Studies Review* 17, no. 2 (2000): 167 – 73; und Gisela Krey, *Some Remarks on the Status of Nuns and Laywomen in Early Buddhism, in Mohr und Tsedroen, Dignity and Discipline*, 39 – 64.

45 Anālayo, Mahāpajāpatī's Going Forth in the Madhyama-āgama, Journal of Buddhist Ethics 18 (2011): 273.

46 Anālayo, *Mahāpajāpatī's Going Forth in the Madhyama-āgama*, 274.

47 Anālayo, *Mahāpajāpatī's Going Forth in the Madhyama-āgama*, 275.

48 Anālayo, *Mahāpajāpatī's Going Forth in the Madhyama-āgama*, 278 – 81.

49 Dem traditionellen Verständnis nach bezeichnet der Begriff *Saṅgha* letztlich ein *Arya* (edles) Wesen, jemanden, der Verwirklichung oder große Einsicht erreicht hat. Konventionell meint der Terminus Saṅgha vier oder mehr voll ordinierte Mitglieder der monastischen Gemeinschaft. Heute wird die Bezeichnung in westlichen Ländern für eine Gemeinschaft von Menschen verwendet, die den Buddhismus lernen und praktizieren.

50 Anālayo, *Mahāpajāpatī's Going Forth in the Madhyama-āgama*, 294.

51 Young, *Female Mutability and Male Anxiety*, 14 – 39.

52 Gregory Schopen erläutert die Hintergründe der »städtischen buddhistischen Nonne« in *Buddhist Nuns, Monks, and Other Worldly Matters: Recent Papers on Monastic Buddhism in India* (Honolulu: University of Hawaii Press, 2014), 3 – 6.

53 Anālayo, *Mahāpajāpatī's Going Forth in the Madhyama-āgama*, 287 – 88, 296 – 300.

54 Anālayo, *Mahāpajāpatī's Going Forth in the Madhyama-āgama*, 289. Die vier buddhistischen Traditionen, deren Vinaya-Texte die Frauen so darstellen, dass sie ihre Köpfe rasieren und ockerfarbene Gewänder anziehen, bevor sie in die *Saṅgha* aufgenommen werden, sind dort unter 289 Anmerkung 49 als Dharmaguptaka, Haimavata, Mahāsāṃghika und Theravāda aufgeführt. Für den Bericht des Theravāda-Vinaya über Mahāpajāpatīs Bitte, siehe Cullavagga X in *The Book of the Discipline*, Bd. 5 (Cullavagga), übersetzt ins Englische durch I. B. Horner (1952; Oxford: Pali Text Society, 2001), 352–56.

55 Anālayo, *Mahāpajāpatī's Going Forth in the Madhyama-āgama*, 290–93.

56 Anālayo, *Attitudes Towards Nuns*, 352–76.

57 Anālayo, *Mahāpajāpatī's Going Forth in the Madhyama-āgama*, 307.

58 Anālayo, *Mahāpajāpatī's Going Forth in the Madhyama-āgama*, 285.

59 In *Once Upon a Future Time: Studies in a Buddhist Prophecy of Decline* (Berkeley: Asian Humanities Press, 1991) belegt Jan Nattier, dass das vorhergesagte Verschwinden der Lehren in den Texten nach hinten verschoben wird, da die Belehrungen ihren vorhergesagten Untergang überdauern.

60 Anālayo, *Attitudes Towards Nuns: A Case Study of the Nandakovāda in the Light of Its Parallels, Journal of Buddhist Ethics* 17 (2010): 331–400.

61 Anālayo, *Attitudes Towards Nuns*, 363.

62 Anālayo, *Attitudes Towards Nuns*, 370.

63 Anālayo zitiert Texte aus dem *Mahīśāsaka-Vinaya*, dem *Mūlasarvāstivāda-Vinaya*, dem *Madhyama-āgama* und dem *Theravāda-Vinaya* als Beweis dafür, dass »Mahāprajāpatī Gautamī versuchte, obwohl sie die Gurudharmas freudig akzeptiert hatte, den Buddha dazu zu bewegen, zu erlauben, dass jüngere Mönche ältere Nonnen respektieren sollten.« *Women's Renunciation in Early Buddhism*, 85.

64 Anālayo, *Mahāpajāpatī's Going Forth in the Madhyama-āgama*, 306.

65 Nach Buddhaghosas *Samantapāsādikā*, einem Vinaya-Kommentar, ermutigte Aśoka sowohl seinen Sohn Mahinda als auch seine Tochter Saṅghamittā, in den monastischen Orden einzutreten, damit er sich als »Erbe des Verzichts« qualifizieren würde. Mahinda wurde im Alter von zwanzig Jahren Mönch, nachdem er Zeuge der übernatürlichen Taten eines vollendeten älteren Mönchs geworden war, und tausend andere junge Männer schlossen sich ihm an. Seine Schwester Saṅghamittā wurde im Alter von achtzehn Jahren Nonne, nachdem sie geheiratet und einen Sohn namens Sumana zur Welt gebracht hatte, der später Novize wurde. Saṅghamittās Ehemann, Aggibrahmā, ein Neffe von Aśoka, verließ sie, um Mönch zu werden. John S. Strong, *Aśoka's Wives and the Ambiguities of Buddhist Kingship, Cahiers d'Extreme-Asie* 13 (2002): 35 – 54.

66 Der Vinaya verlangt, dass eine Frau als Novizin (*Sāmaṇerī/Śrāmaṇerika*) und als Nonne auf Probe (*Sikkhamāṇā/Śikṣamāṇā*) von einer vollordinierten Nonne (*Bhikkhunī/Bhikṣuṇī*) ausgebildet wird.

67 N. A. Jayawickrama, *The Inception of Discipline and the Vinaya Nidana* (Collingwood, Vic., Australia: Trieste Publishing, 2018), 80 – 86.

68 Laut der *Samantapāsādikā* gehörten zu diesen Frauen »500 Mädchen und 500 Damen des Hofes«. Siehe Jayawickrama, *The Inception of Discipline and the Vinaya Nidana*, 89. Das Wort »Maid« bezeichnet normalerweise eine Jungfrau.

69 Wie Lorna Dewaraja feststellt, war Saṅghamittā »die erste in der Geschichte erwähnte Botschafterin, die von einem Staatschef auf ausdrückliche Einladung eines anderen Staatschefs entsandt wurde«. *Saṅghamitta Theri – A Liberated Woman*, Colombo Daily News, 19. Dezember 2001.

70 Pao-ch'ang Shih, *Lives of the Nuns: Biographies of Chinese Buddhist Nuns from the Fourth to Sixth Centuries*, übersetzt ins Englische durch Kathryn Ann Tsai (Honolulu: University of Hawaii Press, 1994), 54, 63, 70.

71 Siehe: Beata Grant, *Female Holder of the Lineage: Linji Chan Master Zhiyuan Xinggang* (1597 – 1654), *Late Imperial China* 17, Nr. 2 (1996): 51 – 76.

72 Siehe: Chengpang Lee und Ling Han, *Mothers and Moral Activists: Two Models of Women's Social Engagement in Contemporary Taiwanese Buddhism, Nova Religio: The Journal of 165 Alternative and Emergent Religions* 19, Nr. 3 (February 2016): 54 – 77.

73 Charles Hallisey, übersetzt ins Englische: *Therigatha: Poems of the First Buddhist Women* (Cambridge, MA: Harvard University Press, 2015), VII.

74 K. R. Norman, *Pāli Literature, Including the Canonical Literature in Prakrit and Sanskrit of the Hīnayāna Schools Buddhism* (Wiesbaden: Otto Harrassowitz, 1983), zitiert in Bhikkhu Anālayo, *Beautiful Eyes Seen with Insight as Bereft of Beauty*, 44.

75 Martin Seeger, *›The (Dis)appearance of an Author‹: Some Observations and Reflections on Authorship in Modern Thai Buddhism, Journal of the*

International Association of Buddhist Studies 36/37 (2013/2014 [2015]): 499 – 536.

76 Zu neueren Forschungen gehören: Martin Seeger, *The Changing Roles of Thai Buddhist Women: Obscuring Identities and Increasing Charisma, Religion Compass* 3 (2009): 806 – 22; Martin Seeger, ›*Against the Stream*‹: *The Thai Female Buddhist Saint Mae Chi Kaew Sianglam (1901 – 1991), South East Asia Research* 18, Nr. 3 (2010): 555 – 95; Martin Seeger, *Reversal of Female Power, Transcendentality, and Gender in Thai Buddhism: The Thai Buddhist Female Saint Khun Mae Bunruean Tongbuntoem (1895 – 1964), Modern Asian Studies* 47 (2013): 1488 – 1519.

77 Susanne Mrozik, *We Love Our Nuns: Affective Dimensions of the Sri Lankan Bhikkhunī Revival, Journal of Buddhist Ethics* 21 (2014): 57 – 95; and Susanne Mrozik, *A Robed Revolution: The Contemporary Buddhist Nun's (Bhikkhunī) Movement, Religion Compass* 3, Nr. 3 (2009): 360 – 78.

78 Für eine Fallstudie über kulturelles Überleben im Buddhismus siehe: Karma Lekshe Tsomo, *Factions and Fortitude: Buddhist Women of Bangladesh, in Innovative Buddhist Women: Swimming against the Stream*, Hrsg. Karma Lekshe Tsomo (Surrey, England: Curzon Press, 2000), 42 – 57.

79 Siehe z.B.: Steven Collins and Justin McDaniel, *Buddhist ›Nuns‹ (Mae Chi) and the Teaching of Pali in Contemporary Thailand, Modern Asian Studies* 44, Nr. 6 (2010): 1373 – 1408.

80 Martin Seeger, *Orality, Memory, and Spiritual Practice: Outstanding Female Thai Buddhists in the Early 20th Century, Journal of the Oxford Centre for Buddhist Studies* 7 (2014): 153 – 90.

81 Ian Harris, *Buddhism in a Dark Age: Cambodian Monks under Pol Pot* (Honolulu: University of Hawaii Press, 2013).

82 Laure Carbonnel, *On the Ambivalence of Female Monasticism in Theravāda Buddhism: A Contribution to the Study of the Monastic System in Myanmar, Asian Ethnology* 68, Nr. 2 (2009): 280.

83 Für eine ausführliche Behandlung des Themas mit Bezug auf die burmesische buddhistische Gesellschaft siehe: Carbonnel, *On the Ambivalence of Female Monasticism*, 265 – 82.

84 Zum Beispiel: Kim Gutschow, *Being a Buddhist Nun: The Struggle for Enlightenment* (Cambridge, MA: Harvard University Press), 77 – 122.

85 Siehe Trude Jacobsen, *In Search of the Khmer Bhikkhunī: Reading Between the Lines in Late Classical and Early Middle Cambodia (13th – 18th Centuries), Journal of the Oxford Centre for Buddhist Studies* 4 (2013): 75 – 87; und Karma Lekshe Tsomo, *Lao Buddhist Women: Quietly*

Negotiating Religious Authority, Buddhist Studies Review 27, Nr. 1 (2010): 85 – 106.

86 Kathryn L. Norsworthy und Ouyporn Khuankaew, *A New View from Women of Thailand about Gender, Sexuality, and HIV/AIDS, Feminism & Psychology* 18, no. 4 (2008): 527 – 536; Kathryn L. Norsworthy und Ouyporn Khuankaew, *Women of Burma Speak Out: Workshops to Deconstruct Gender-Based Violence and Build Systems of Peace and Justice, Journal for Specialists in Group Work* 29, Nr. 3 (2004): 259 – 83; und Kathryn L. Norsworthy und Ouyporn Khuankaew, *Bringing Social Justice to International Practices of Counseling Psychology, Handbook for Social Justice in Counseling Psychology: Leadership, Vision, and Action, Hrsg. Rebecca L. Toporek, Lawrence H. Gerstein, Nadya Fouad, Gargi Roysircar-Sodowsky and Tania Israel* (Thousand Oaks, CA: Sage, 2005), 421 – 41.

87 Benjamin T. Crookston, Kirk A. Dearden, Ketsana Chan, Theary Chan und David D. Stoker, *Buddhist Nuns on the Move: An Innovative Approach to Improving Breastfeeding Practices in Cambodia, Maternal & Child Nutrition* 3, Nr. 1 (2007): 10 – 24.

88 Ingrid Jordt, *Burma's Mass Lay Meditation Movement: Buddhism and the Cultural Construction of Power* (Athens, OH: Ohio University Press, 2007).

89 Der Begriff kann auch für Mönche verwendet werden. Hiroko Kawanami, *Renunciation and Empowerment of Buddhist Nuns in Myanmar-Burma: Building a Community of Female Faithful* (Leiden: Brill, 2013), 43 – 36.

90 Kawanami, *Renunciation and Empowerment of Buddhist Nuns*, 16.

91 Kawanami, *Renunciation and Empowerment of Buddhist Nuns*, 114 – 16.

92 Cristina Bonnet-Acosta, *Brave Daughters of the Buddha: The Feminisms of the Burmese Buddhist Nuns, Eminent Buddhist Women*, ed. Karma Lekshe Tsomo (Albany: State University of New York Press, 2014), 42.

93 Carbonnel, *On the Ambivalence of Female Monasticism*, 269.

94 Michael Symes, *An Account of an Embassy to the Kingdom of Ava in the Year 1795*, Band 1 (Edinburgh: Constable and Co, 1827), 249. Zitiert in Barbara Watson Andaya, *Localising the Universal: Women, Motherhood and the Appeal of Early Theravada Buddhism, Journal of Southeast Asian Studies* 33, Nr. 1 (2002): 5.

95 Christine Toomey, *In Search of Buddha's Daughters: A Modern Journey Down Ancient Roads* (New York: The Experiment, 2016), 145 – 54.

96 Bonnet-Acosta, *Brave Daughters of the Buddha*, 44 – 45.

97 Kawanami, *Renunciation and Empowerment of Buddhist Nuns*, 181 – 91.

98 Kawanami, *Renunciation and Empowerment of Buddhist Nuns*, 106.

99 Ann Heirman, *Can We Trace the Early Dharmaguptakas? T'oung Pao (Second Series)* 88, Nr. 4 – 5 (2002): 412 – 16.

100 Ann Heirman, *Vinaya: From India to China, in The Spread of Buddhism*, Hrsg. Ann Heirman und Stephen Peter Bunbacher (Leiden: Brill, 2007), 172 – 74.

101 Ann Heirman, *Chinese Nuns and their Ordination in Fifth Century China, Journal of the International Association of Buddhist Studies* 24, Nr. 2 (2001): 63.

102 Es gibt beträchtliche Unterschiede zwischen den 24 Fragen, die den Kandidatinnen in den verschiedenen Vinaya-Traditionen gestellt werden, und manchmal auch zwischen verschiedenen Ausgaben von Texten derselben Tradition, zum Beispiel zwischen den in tibetischer Sprache erhaltenen unterschiedlichen Kangyur-Ausgaben der *Mūlasarvāstivāda-Vinaya*-Schriften. In den Mahāsāṃghika-Richtungen beinhalten die vierundzwanzig Fragen: Ob die Kandidatin die Erlaubnis ihrer Eltern oder ihres Ehemannes hat; ob sie einen Lehrer aufgesucht hat; ob sie Roben und Schale in der Hand hält; ob sie zwei Jahre als Probekandidatin (Pāli: *Sikkhamāṇā*; Sanskrit: *Şikṣamāṇā*) absolviert hat; von einem Präzeptor als Schülerin angenommen worden ist; ihren Vater, ihre Mutter oder einen Arhat getötet hat; einen Buddha zum bluten gebracht hat; eine Spaltung in der *Saṅgha* verursacht hat; einen *Bhikṣu* dazu gebracht hat, seine Vorschriften zu brechen; eine Diebin ist oder eine Häretikerin; sich selbst ordiniert hat; eine Sklavin, verschuldet oder beim Militär ist; Verrat begangen hat; eine Frau ist; unfruchtbar ist; verletzte Geschlechtsorgane hat; Anus und Vagina miteinander verbunden sind; ihre Genitalien beschädigt hat; beide Brüste oder eine Brust verloren hat; eine kontinuierliche, keine oder aber eine unregelmäßige Menstruation hat; nicht zeugungsfähig ist; oder irgendeine schwere Krankheit hat. Siehe: Akira Hirakawa, *Monastic Discipline for the Buddhist Nuns: An English Translation of the Chinese Text of the Mahāsāṃghika-Bhikṣuṇī-Vinaya* (Patna: Kashi Prasad Jayaswal Research Institute, 1982), 60 – 62.

103 Wei-Yi Cheng, Tracing Tesarā: *The Transmission of Buddhist Nuns' Order along the Maritime Silk Road, Long Yang Journal of Academic Research* 4 (2010): 19 – 55.

104 Der Text wurde im frühen sechsten Jahrhundert verfasst und wird Baochang (Pao Chang) zugeschrieben. Englische Übersetzungen sind unter anderem: Pao Chang, *Biographies of Buddhist Nuns, trans. Jung-hsi Li* (Osaka: Tohokai, 1981); und Pao-Ch'ang Shih, *Lives of the Nuns: Biographies of Chinese Buddhist Nuns from the Fourth to Sixth Centuries: A Translation of the Pi-Ch'iu-Ni Chuan*, übersetzt ins Englische durch Kathryn Ann Tsai (Honolulu: University of Hawaii Press, 1994).

105 Pao-ch'ang, *Lives of the Nuns*, 15 – 16.

106 Für ein umfassenderes Verständnis der Praxis der Selbstverbrennung, siehe James A. Benn, *Burning for the Buddha: Self-Immolation in Chinese Buddhism* (Honolulu: University of Hawaii Press, 2006).

107 Ann Heirman, *Buddhist Nuns Through the Eyes of Leading Early Tang Masters, The Chinese Historical Review* 22, Nr. 1 (2015): 31 – 51.

108 Heirman, *Buddhist Nuns Through the Eyes of Leading Early Tang Masters*, 36 – 37. Mehr zu dieser Vorhersage, siehe: Nattier, *Once Upon a Future Time.*

109 Bret Hinsch, *Confucian Filial Piety and the Construction of the Ideal Chinese Buddhist Woman, Journal of Chinese Religions* 30 (2002): 49.

110 Pao-ch'ang, *Lives of the Nuns*, 20.

111 Wendi Leigh Adamek, *A Niche of Their Own: The Power of Convention in Two Inscriptions for Medieval Chinese Buddhist Nuns, History of Religions* 49, Nr. 1 (2009): 1 – 26.

112 Stephanie Balkwill, *The Sūtra on Transforming the Female Form: Unpacking an Early Medieval Chinese Buddhist Text, Journal of Chinese Religions* 44, Nr. 2 (2016): 127 – 48.

113 Paul Harrison, *Women in the Pure Land: Some Reflections on the Textual Sources, Journal of Indian Philosophy* 26, Nr. 6 (1998): 553 – 72.

114 Gregory Schopen, *Sukhavātī as a Generalized Religious Goal in Sanskrit Mahāyāna Sūtra Literature, Indo-Iranian Journal* 19 (1977): 177 – 210; Paul Harrison, *Women in the Pure Land: Some Reflections on the Textual Sources, Journal of Indian Philosophy* 26 (1998): 553 – 72.

115 Serinity Young, *Female Mutability and Male Anxiety*, 34 – 35.

116 Young, *Female Mutability and Male Anxiety*, 38, zitiert in Stephen Beyer, *The Buddhist Experience: Sources and Interpretations* (Belmont, CA: Wadsworth, 1974), 46.

117 James C. Dobbins, *Women's Birth in Pure Land as Women: Intimations From the Letter of Eshinni, Eastern Buddhist* 28, Nr. 1 (1995): 108–22.

118 Chün-fang Yü, *Kuan-yin: The Chinese Transformation of Avalokitesvara* (New York: Columbia University Press, 2001).

119 Zahlreiche Beispiele sind in verschiedenen Kapiteln des von Eun-su Cho herausgegebenen Bandes *Korean Buddhist Nuns and Laywomen: Hidden Histories, Enduring Vitality* (Albany: State University of New York Press, 2011) aufgeführt.

120 Eun-su Cho, *The Religious Life of Buddhist Women in Chosŏn Korea, in Buddhist Feminisms and Femininities*, Hrsg. Karma Lekshe Tsomo (Albany: State University of New York Press, 2017), 67–8

121 Erzählungen von Martine Batchelor und Son'gyong Sunim über das monastische Leben finden sich in Martine Batchelor, *Women in Korean Zen: Lives and Practices* (New York: Syracuse University Press, 2006). Die Beschreibung von Myoom Sunims Beitrag zur Bewahrung des koreanischen Klosterwesens ist aufgezeichnet in Inyoung Chung *(Sukhdam Sunim), Crossing Over the Gender Boundary in Gray Rubber Shoes: A Study on Myoom Sunim's Buddhist Monastic Education, in Out of the Shadows: Socially Engaged Buddhist Women in the Global Community*, Hrsg. Karma Lekshe Tsomo (Delhi: Sri Satguru Publications, 2006), 119–128.

122 Ihre Geschichte wird erzählt in Eun-su Cho, *A Resolute Vision of the Future: Hyechun Sunim's Founding of the National Bhikṣuṇī Association in Korea*, in Tsomo, *Eminent Buddhist Women*, 125–42.

123 Die Namen dieser Nonnen waren Zenshi-ni, Zenzo-ni und Kenzen-ni. Akira Hirakawa, *The History of Buddhist Nuns in Japan*, übersetzt ins Englische durch Karma Lekshe Tsomo mit Junko Miura, *Buddhist-Christian Studies* 12 (1992): 147–58.

124 Lori R. Meeks, *Reconfiguring Ritual Authenticity: The Ordination Traditions of Aristocratic Women in Premodern Japan, Japanese Journal of Religious Studies* 33, Nr. 1 (2006): 51–74.

125 Meeks, *Reconfiguring Ritual Authenticity*, 53.

126 Gemäß dem Religionswissenschaftler Richard M. Jaffe in *Seeking Sakyamuni: Travel and the Reconstruction of Japanese Buddhism, Journal of Japanese Studies* 30, Nr. 1 (Winter 2004): 70. Zu Beginn der Meiji-Ära (1868–1872) »unterwarfen die Regierungsverantwortlichen die buddhistischen Institutionen einer Reihe harter Maßnahmen, die zu einer umfassenden Laisierung des Klerus und zur Schließung oder Zerstörung zahlreicher Tempel führten.« Siehe auch Richard M. Jaffe, *Neither Monk* *nor Layman: Clerical Marriage in Modern Japanese Buddhism* (Honolulu: University of Hawaii Press, 2010), 4 – 6.

127 Paula Kane Robinson Arai, *Women Living Zen: Japanese Sōtō Buddhist Nuns* (New York: Oxford University Press, 1999), 47.

128 Siehe: Paula Kane Robinson Arai, »Japanese Buddhist Nuns: Innovators for the Sake of Tradition,« *Buddhist Women Across Cultures: Realizations*, Hrsg. Karma Lekshe Tsomo (Ithaca, NY: State University of New York Press, 1999), 105 – 22; und Arai, *Women Living Zen.*

129 Das *Brahmajāla Sūtra*, das von Kumārajīva um 400 n. Chr. ins Chinesische übersetzt wurde, führt zehn Haupt- und achtundvierzig Nebengelübde von Bodhisattvas auf. Diese stammen aus einer anderen Linie als die achtzehn Haupt- und sechsundvierzig Nebengelübde von Bodhisattvas, die Asaṅga im *Yogācārabhūmi Śāstra* zitiert und die von Praktizierenden in der tibetisch-buddhistischen Tradition eingehalten werden.

130 Jørn Borup, *Contemporary Buddhist Priests and Clergy, Handbook of Contemporary Japanese Religions*, ed. Inken Prohl und John Nelson (Leiden: Brill, 2012), 108.

131 Shundo Aoyama, *Zen Seeds: Reflections of a Female Priest*, übersetzt ins Englische durch Patricia Daien Bennage (Tokyo: Kōsei Publishing Company, 1990).

132 Matthew S. Mitchell, *Going with the Flow and Yet Controlling the Flow: The Early Life, Education, and Scholarship of Takatsukasa Seigyoku, Current Abbess of Zenkōji's Daihongan Convent, International Journal of Dharma Studies* 4, Nr. 1 (2016): 219 – 35.

133 Jessica Starling, *Rights, Centers, and Peripheries: Experimental Moves in Japanese Buddhism, International Journal of Dharma Studies* 5, Nr. 9 (2017): 1 – 14.

134 Siehe: Wei-yi Cheng, *Luminary Buddhist Nuns in Contemporary Taiwan: A Quiet Feminist Movement, Journal of Buddhist Ethics* 10 (2003): 39 – 56; und Elise Anne DeVido, *Taiwan's Buddhist Nuns* (Albany: State University of New York Press, 2010).

135 Yu-Chen Li, *From ›Vegetarian Women‹ to ›Female Volunteers‹ to ›Dharma Aunties‹: The Institutionalization of Buddhist Women's Affiliation with Monastic Saṅgha, in Contemporary Buddhist Women: Contemplation, Cultural Exchange, and Social Action*, Hrsg. Karma Lekshe Tsomo (Hong Kong: Sakyadhita, 2017), 216 – 21.

136 C. Julia Huang, *Charisma and Compassion: Cheng Yen and the Buddhist Tzu Chi Movement* (Cambridge, MA: Harvard University Press, 2009).

137 Chengpang Lee und Ling Han, *Mothers and Moral Activists: Two Models of Women's Social Engagement in Contemporary Taiwanese Buddhism, Nova Religio: The Journal of Alternative and Emergent Religions* 19, Nr. 3 (February 2016): 54 – 77.

138 Karma Lekshe Tsomo, *Illustrating the Way: The Life and Times of Bhikṣuṇī Shig Hiu Wan, International Journal of Dharma Studies* 5, Nr. 1 (2017): 1 – 10.

139 Für eine zeitgenössische Sicht auf den monastischen Lebensstil von Nonnen siehe Bhikshuni Wu Yin, *Choosing Simplicity: Commentary on the Bhikshuni Pratimoksha*, übersetzt von Bhikshuni Jendy Shih und Hrsg. Bhikshuni Thubten Chodron (Ithaca, NY: Snow Lion Publications, 2001).

140 Lizhu Fan und James D. Whitehead, *Spirituality in a Modern Chinese Metropolis, Chinese Religious Life*, Hrsg. David A. Palmer, Glenn Shive und Philip L. Wickeri (New York: Oxford University Press, 2011).

141 Die sozialen Aktivitäten von Nonnen aus Taiwan, die mit chinesischsprachigen Einwanderern arbeiten, werden erörtert in Karma Lekshe Tsomo, *Socially Engaged Buddhist Nuns: Activism in Taiwan and North America, Journal of Global Buddhism* 10 (2009): 459 – 85.

142 Anālayo, *Mahāpajāpatī's Going Forth in the Madhyama-āgama.*

143 Ivette M. Vargas-O'Brian, *The Life of dGe slong ma dPal mo: The Experience of a Leper, Founder of a Fasting Ritual, a Transmitter of Buddhist Teachings on Suffering and Renunciation in Tibetan Religious History, Journal of the International Association of Buddhist Studies* 24, Nr. 2 (2001): 157 – 86.

144 Lama Chonam and Sangye Khandro, trans., *The Lives and Liberation of Princess Mandarava: The Indian Consort of Padmasambhava* (Somerville, MA: Wisdom Publications, 2015).

145 Kurtis R. Schaeffer, *The Autobiography of a Medieval Hermitess: Orgyan Chokyi (1675 – 1729), in Women in Tibet: Past and Present*, Hrsg. Janet Gyatso and Hanna Havnevik (New York: Columbia University Press, 2005), 83 – 109; und Himalayan Hermitess: *The Life of a Tibetan Buddhist Nun* (New York: Oxford University Press, 2004).

146 Gyalwa Changchub und Namkhai Nyingpo, *Lady of the Lotus-Born: The Life and Enlightenment of Yeshe Tsogyal*, übersetzt ins Englische durch Padmakara Translation Group (Boston: Shambhala Publications, 2002).

147 Sarah Harding, *Machik's Complete Explanation: Clarifying the Meaning of Chöd* (Ithaca, NY: Snow Lion Publications, 2003).

148 Hildegard Diemberger, *When a Woman Becomes a Religious Dynasty: The Samding Dorje Phagmo of Tibet* (New York: Columbia University Press, 2007).

149 Sarah H. Jacoby, *Love and Liberation: Autobiographical Writings of the Tibetan Buddhist Visionary Sera Khandro* (New York: Columbia University Press, 2016).

150 Holly Gayley, *Love Letters from Golok: A Tantric Couple in Modern Tibet* (New York: Columbia University Press, 2017).

151 Sakyapa Sonam Gyaltsen, *The Clear Mirror: A Traditional Account of Tibet's Golden Age* (Ithaca, NY: Snow Lion Publications, 1996).

152 Janet Gyatso, *Down with the Demoness: Reflections on a Feminine Ground in Tibet, in Feminine Ground: Essays on Women and Tibet*, ed. Janice D. Willis (Ithaca, NY: Snow Lion Publications, 1987), 33 – 51.

153 Min Bahadur Shakya, *The Life and Contribution of the Nepalese Princess Bhrikuti Devi to Tibetan History (from Tibetan Sources)* (Kathmandu: Pilgrims Publishing, 2002).

154 Zum Leben von Yeshe Tsogyal siehe: Keith Dowman, *Sky Dancer: The Secret Life and Songs of the Lady Yeshe Tsogyel* (Ithaca, NY: Snow Lion, 1996); und Drime Kunga und Yeshe Tsogyal, *The Life and Visions of Yeshe Tsogyal: The Autobiography of the Great Wisdom Queen*, übersetzt ins Englische durch Chonyi Drolma (Boulder, CO: Shambhala Publications, 2017).

155 Siehe: Hildegard Diemberger, *Female Oracles in Modern Tibet, in Gyatso und Havnevik, Women in Tibet*, 113 – 68. In den 1990er Jahren wurde eine Frau namens Namsel Donma aus Kham, in Tibet, von Seiner Heiligkeit dem Vierzehnten Dalai Lama offiziell als Medium anerkannt, ebenso wie eine andere namens Youdonma (Kelsang Dolma). Siehe: Homayun Sidky, *The State Oracle of Tibet, Spirit Possession, and Shamanism, Numen* 58 (2011): 86 – 87.

156 Dan Martin, *The Woman Illusion? Research into the Lives of Spiritually Accomplished Women Leaders of the 11th and 12th Centuries, in Gyatso* und Havnevik, *Women in Tibet*, 49 – 82.

157 Siehe zum Beispiel: *Ani Pachen and Adelaide Donnelley, Sorrow Mountain: The Journey of a Tibetan Warrior Nun* (New York: Kodansha America, 2000).

158 Diemberger, *When a Woman Becomes a Religious Dynasty*, 62.

159 Diemberger, *When a Woman Becomes a Religious Dynasty*, 62.

160 Diemberger, When a *Woman Becomes a Religious Dynasty*, 63.

161 Diemberger, When a *Woman Becomes a Religious Dynasty*, 63.

162 Diemberger, When a *Woman Becomes a Religious Dynasty*, 63.

163 Diemberger, When a *Woman Becomes a Religious Dynasty*, 83.

164 Diemberger, When a *Woman Becomes a Religious Dynasty*, 87.

165 Karma Lekshe Tsomo, *Buddhist Nuns: New Roles and Possibilities, in Tibet: Theocracy to Democracy*, Hrsg. Dagmar Bernstorff (New Delhi: Har-Anand Publications, 2016), 368–93.

166 Zum Beispiel: Ani Pachens Geschichte wird erzählt in Pachen und Donnelley, *Sorrow Mountain.*

167 Siehe: Karma Lekshe Tsomo, *Change in Consciousness: Women's Religious Identity in Himalayan Buddhist Cultures,* in Tsomo, *Buddhist Women Across Cultures*, 169–89. Zu diesen Nonnengemeinschaften gehören das Dolma Ling Nonnenkloster und Institut, das Geden Choeling Nonnenkloster, das Jamyang Chöling Institut, das Jangchub Choeling Nonnenkloster, das Tsogyal Shedrub Dargyeling Nonnenkloster, das Ngagyur Nyingma Nonnenkloster, Karma Drubgyu Thargay Ling, das Dongyu Gatsel Ling Nonnenkloster, das Drikung Kargyu Samtenling Nonnenkloster und das Tsechen Shed-Dub Samten Phuntsok Ling in Indien; das Khacho Ghakhil Ling Nonnenkloster, das Keydong Thukche Choeling und das Tek Chok Ling Nonnenkloster in Nepal sowie Nonnenklöster in Bhutan: Paro Kila Gompa, Siloka, Wang Sisina und Jachung Karmo.

168 Gutschow, *Being a Buddhist Nun*; und Linda LaMacchia, *Songs and Lives of the Jomo (Nuns) of Kinnaur, Northwest India: Women's Religious Expression in Tibetan Buddhism* (Delhi: Sri Satguru, 2008).

169 Michaela Haas, *Dakini Power: Twelve Extraordinary Women Shaping the Transmission of Tibetan Buddhism in the West* (Boston: Shambhala, 2013), 15–38, 271–293.

170 Beispiele hierfür sind: Diemberger, *When a Woman Becomes a Religious Dynasty*; Sarah Harding, *Machik's Complete Explanation: Clarifying the Meaning of Chöd* (Ithaca, NY: Snow Lion Publications, 2003); und Schaeffer, *Himalayan Hermitess.*

171 Bhutan Nuns Foundation, *https://www.bhutannuns.org*, abgerufen am 17. Februar 2019.

172 Johan Elverskog, *Whatever Happened to Queen Jönggen?* in *Buddhism in Mongolian History, Society, and Culture*, Hrsg. Vesna Wallace, 3 – 22 (New York: Oxford University Press, 2015).

173 Karma Lekshe Tsomo, *Nuns, Dakinis, and Ordinary Women: Buddhist Women of Mongolia*, in Tsomo, *Eminent Buddhist Women*, 201 – 02, 207 – 09.

174 Karma Lekshe Tsomo, *Prayers of Resistance: Kalmyk Women's Covert Buddhist Practice, Nova Religio: The Journal of Alternative and Emergent Religions* 20, Nr. 1 (August 2016): 86 – 98.

175 Judith Butler, *Performative Acts and Gender Constitution: An Essay in Phenomenology and Feminist Theory, Theatre Journal* 40, Nr. 4 (December 1988): 519 – 31.

176 Karma Lekshe Tsomo, *Transition and Transformation: Buddhist Women of Buryatia, in Wallace, Buddhism in Mongolian History*, 261 – 79.

177 Einige der frühesten Anthologien, die erschienen, waren: Sandy Boucher, *Turning the Wheel: American Women Creating the New Buddhism* (New York: HarperCollins, 1988); Marianne Dresser, ed., *Buddhist Women on the Edge: Contemporary Perspectives from the Western Frontier* (Berkeley: North Atlantic Books, 1996); Lenore Friedman, *Meetings with Remarkable Women: Buddhist Teachers in America* (Boston: Shambhala, 2000); und Peter N. Gregory und Susanne Mrozik, Hrsg., *Women Practicing Buddhism: American Experiences* (Somerville, MA: Wisdom Publications, 2003). Zu den neueren Werken gehören: Karma Lekshe Tsomo, Hrsg., *Buddhism Through American Women's Eyes* (Ithaca, NY: Snow Lion Publications, 2011); Haas, *Dakini Power*; Andrea Miller und die Herausgeber der Shambhala Sun, *Buddha's Daughters: Teachings from Women Who Are Shaping Buddhism in the West* (Boston: Shambhala, 2014); und Tanya McGinnity, *Lotus Petals in the Snow: Voices of Canadian Buddhist Women* (Nepean, ON: Sumeru Press, 2015).

178 Ein aktuelles Beispiel ist Florence Caplow und Susan Moon, Hrsg., *The Hidden Lamp: Stories from Twenty-Five Centuries of Awakened Women* (Boston: Wisdom Publications, 2013).

179 Gadjin M. Nagao, Hrsg., *Letters of Rennyo: A Translation of Rennyo's Gobunsho* (Kyoto: Hongwanji International Center, 2000), 79.

180 Patricia Kanaya Usuki, *American Women in Jōdo Shin Buddhism Today: Tradition and Transition, Pacific World: Journal of the Institute of Buddhist Studies, Third Series*, 7 (2005): 159 – 75; und Patricia Kanaya

Usuki, *Currents of Change: American Buddhist Women Speak Out on Jodo Shinshu* (Berkeley: Institute of Buddhist Studies, 2007).

181 Siehe zum Beispiel: Thomas Yuho Kirchner, Hrsg., *The Record of Linji*, übersetzt ins Englische durch Ruth Fuller Sasaki (Honolulu: University of Hawaii Press, 2009); und Isshu Miura und Ruth Fuller Sasaki, *Zen Dust: The History of the Koan and Koan Study in Rinzai (Linji) Zen* (Basel: Quirin Press, 2015).

182 Chinesische, koreanische und japanische Schulen des so genannten Zen-Buddhismus nutzen die Kontemplation von Kōans, Fragen oder kurzen Dialogen, die die Grenzen der konventionellen Logik und des intellektuellen Verständnisses aufzeigen und Praktizierende ermutigen, aus ihrer konditionierten Sichtweise der Welt herauszutreten und direkte Einsicht in die wahre Natur der Dinge zu erlangen. Beispiele dafür sind: »Wer ist es, der jetzt den Namen des Buddha wiederholt?« »Was ist mein eigentliches Gesicht, bevor meine Eltern geboren wurden?« »Wie klingt das Klatschen einer Hand?«

183 Isabel Sterling, *Zen Pioneer: The Life and Works of Ruth Fuller Sasaki* (Emeryville, CA: Shoemaker & Hoard, 2006); und Janica Anderson und Steven Schwartz, *Zen Odyssey: The Story of Sokei-an, Ruth Fuller Sasaki, and the Birth of Zen in America* (Somerville, MA: Wisdom Publication, 2018).

184 Jiyu-Kennett und Daizui MacPhillamy, *Roar of the Tigress: The Oral Teachings of Rev. Master Jiyu-Kennett, Western Woman and Zen Master* (Shasta, CA: Shasta Abbey Press, 2005).

185 Siehe Sherry Chayat, *Subtle Sound: The Zen Teachings of Maurine Stuart* (Boston: Shambhala Publications, 1996); und Helen Tworkov, *Zen in America: Five Teachers and the Search for an American Buddhism* (New York: Kodansha, 1994).

186 Siehe: Joan Halifax, *Being with Dying: Cultivating Compassion and Fearlessness in the Presence of Death* (Boston: Shambhala Publications, 2009); und *Standing at the Edge: Finding Freedom Where Fear and Courage Meet* (New York: Flatiron Books, 2018).

187 Siehe: Patricia Dai-En Bennage und Eido Frances Carney, Hrsg. *Zen Teachings in Challenging Times* (Olympia, WA: Temple Grounds Press, 2018).

188 Ihre Geschichte wird erzählt in Sandy Boucher, *Dancing in the Dharma: The Life and Teachings of Ruth Denison* (Boston: Beacon Press, 2006).

189 Zu Ayya Khemas Büchern gehören: *Being Nobody, Going Nowhere: Meditations on the Buddhist Path* (Somerville, MA: Wisdom Publications, 1987); *When the Iron Eagle Flies: Buddhism for the West* (Somerville, MA: Wisdom Publications, 2000); und *I Give You My Life: The Autobiography of a Western Buddhist Nun* (Boston: Shambhala, 1998)

190 Vicki MacKenzie, *The Revolutionary Life of Freda Bedi: British Feminist, Indian Nationalist, Buddhist Nun* (Boulder, CO: Shambhala Publications, 2017).

191 Vicki MacKenzie, Cave in the Snow: A Western Woman's Quest for Enlightenment (London: Bloomsbury Publishing, 1998).

192 Zu Pema Chödröns Büchern gehören: *When Things Fall Apart: Heart Advice for Difficult Times* (Boulder: Shambhala, 1997); *Start Where You Are: A Guide to Compassionate Living* (Boston: Shambhala, 2001); *The Wisdom of No Escape* (Boston: Shambhala, 2001); *The Places that Scare You: A Guide to Fearlessness in Difficult Times* (Boston: Shambhala, 2002); *No Time to Lose: A Timely Guide to the Way of the Bodhisattva* (Boston: Shambhala, 2005); *Practicing Peace in Times of War* (Boston: Shambhala, 2005); *Comfortable with Uncertainty: 108 Teachings on Cultivating Fearlessness and Compassion* (Boulder: Shambhala, 2018), u. a.

193 Tara Dhatu: *Dance for the Goddess, http://www.taradhatu.net*, abgerufen am 17. September 2018.

194 Siehe insbesondere das umfassende Werk von José Ignacio Cabezón, *Sexuality in Classical South Asian Buddhism.*

195 Bo Lawergren, *Buddha as a Musician: An Illustration of a Jataka Story*, Artibus Asiae 54, Nr. 3/4 (1994): 226–28.

196 Peter Harvey, *An Introduction to Buddhist Ethics: Foundations, Values and Issues* (New York: Oxford University Press, 1997), 420–23.

197 Holly Gayley, *Revisiting the ›Secret Consort‹ (gsang yum) in Tibetan Buddhism, Religions* 9, Nr. 6 (2018): 1–21.

198 In *»Ethik der Lehrer-Schüler Beziehung«* sagte S.H. der 14. Dalai Lama:

> Wenn man die Lehren klar darlegt, profitieren andere davon. Aber wenn jemand den Dharma verbreiten soll und sein Verhalten schädlich ist, liegt es in unserer Verantwortung, dies mit einer guten Motivation zu kritisieren. Buddhistische Lehrer, die Sex, Macht, Geld, Alkohol oder Drogen missbrauchen und – wenn sie mit berechtigten Beschwerden ihrer eigenen Schüler konfrontiert

werden – ihr Verhalten nicht korrigieren, sollten offen und namentlich kritisiert werden.
Siehe: *Ethics in the Teacher-Student Relationship: The Responsibilities of Teachers and Students: From Notes Taken during the Meeting of H. H. the Dalai Lama and Western Buddhist Teachers in Dharamsala*, 1993, *Tibetan Buddhism in the West: Problems of Adoption and Cross-Cultural Confusion*, *https://info-buddhism.com/Ethics-in-the-Teacher-Student-Relationship.html*

199 Sandra Bell, *Scandals in Emerging Western Buddhism, Westward Dharma: Buddhism beyond Asia*, Hrsg. Charles S. Prebish und Martin Baumann (Berkeley: University of California Press, 2002), 230 – 42; Michael Downing, *Shoes Outside the Door: Desire, Devotion, and Excess at San Francisco Zen Center* (Washington, D.C.: Counterpoint, 2001); Andrea M. Winn, *Buddhist Project Sunshine*, *http://andreamwinn.com/buddhist-project-sunshine/*, abgerufen am 14. August 2018; und zahlreiche Berichte aus den Nachrichten.

200 Zu den verfügbaren Quellen gehören: Kevin Griffin, *One Breath at a Time: Buddhism and the Twelve Steps* (N.P.: Rodale Books, 2017); Thérèse Jacobs-Stewart, *Mindfulness and the 12 Steps: Living Recovery in the Present Moment* (Center City, MN: Hazelden, 2010); und Darren Littlejohn, *The 12-Step Buddhist: Enhance Recovery from Any Addiction* (New York: Simon & Schuster, 2009).

201 Jan Nattier, *A Few Good Men: The Bodhisattva Path according to The Inquiry of Ugra (Ugraparipṛcchā)* (Honolulu: University of Hawaii Press, 2003), 255.

202 Im *Majjhima Nikaya* 21 und 28 rät der Buddha Mönchen, die körperlich angegriffen werden, mit Achtsamkeit und Ruhe beharrlich zu reagieren.

203 Stephen Batchelor, *Buddhism Without Beliefs: A Contemporary Guide to Awakening* (New York: Riverhead Books, 1997).

204 Siehe: Glenn Wallis, *A Critique of Western Buddhism: Ruins of the Real* (New York: Bloomsbury, 2018); und Jeff Wilson, *Mindfully Feminine? The Role of Meditation in the Production and Marketing of Gendered Lifestyles, in Buddhist Feminisms and Femininities*, Hrsg. Karma Lekshe Tsomo (Albany: State University of New York Press, 2019), 285 – 302.

205 Tsultrim Allione, *Feeding Your Demons: Ancient Wisdom for Resolving Inner Conflict* (New York: Little, Brown, and Company, 2008).

206 Bislang gibt es noch keine umfassende Studie über den *Bhikkhunī Vinaya*, aber es existieren nützliche Studien über spezifische Traditionen.

Für einen Überblick über die Literatur siehe: Ann Heirman, *Vinaya: From India to China, The Spread of Buddhism*, Hrsg. Ann Heirman und Stephen Peter Bunbacher (Leiden: Brill, 2007), 167 – 202. Für einen Vergleich der Regeln für Bhikkhus und Bhikkhunīs, siehe: Inyoung Chung, (Sukhdam Sunim), A *Buddhist View of Women: A Comparative Study of the Rules for Bhiksus and Bhiksunis Based on the Chinese Pratimoksa, Journal of Buddhist Ethics* 6 (1999): 29 – 105. Für eine Übersetzung der Regeln für Bhikṣuṇīs ins Chinesische und Tibetische siehe: Karma Lekshe Tsomo, *Sisters in Solitude: Two Traditions of Buddhist Monastic Ethics for Women: A Comparative Analysis of the Chinese Dharmagupta and the Tibetan Mūlasarvāstivāda Bhikṣuṇī Prātimokṣa Sūtra* (Albany: State University of New York Press, 2000).

207 Charles S. Prebish greift die Frage des *Cāturdisa-Saṅgha* oder »*Saṅgha der vier Viertel*« und seine verschiedenen Interpretationen auf in *Varying the Vinaya: Creative Responses to Modernity, in Buddhism in the Modern World: Adaptations of an Ancient Tradition*, ed. Steven Heine und Charles S. Prebish (New York: Oxford University Press, 2003), 46 – 49. Prebish, S. 46: »Es ist nicht schwer zu sehen, wie sich die vierfache Saṅgha der Mönche, Nonnen, männlichen Laien und weiblichen Laien miteinander verwob und zugleich mit der Saṅgha der vier Viertel bestand.«

208 Gregory Schopen, *The Suppression of Nuns and the Ritual Murder of Their Special Dead in Two Buddhist Monastic Texts, Journal of Indian Philosophy* 24 (1996): 563 – 92.

209 Siehe: Liz Williams, *A Whisper in the Silence: Nuns before Mahāpajāpatī, Buddhist Studies Review* 17, Nr. 2 (2000): 167 – 173; Bhikkhuni Kusuma, *Inaccuracies in Buddhist Women's History,* in Tsomo, *Innovative Buddhist Women*, 5 – 12; und Gisela Krey, *Some Remarks on the Status of Nuns and Laywomen in Early Buddhism, in Mohr and Tsedroen, Dignity and Discipline*, 39 – 64.

210 Kusuma, *Inaccuracies in Buddhist Women's History.*

211 In Young Chung, *A Buddhist View of Women: A Comparative Study of the Rules for Bhikṣuṇīs and Bhikṣus Based on the Chinese Prātimokṣa, Journal of Buddhist Ethics* 6 (1999): 34 – 37.

212 Für eine eingehende Analyse von Geschlecht, Sexualität und monastischem Leben in frühen buddhistischen Texten siehe: Cabezón, *Sexuality in Classical South Asian Buddhism.*

213 Kathryn Blackstone, *Women in the Footsteps of the Buddha* (Surrey, U.K.: Curzon Press, 1998), 40.

214 Donald K. Swearer, *The Buddhist World of Southeast Asia* (Albany: State University of New York Press, 2010), 191.

215 Punyawati Guruma, *Two Generations of Eminent Nepalese Nuns,* in Tsomo, *Eminent Buddhist Women*, 25 – 31.

216 Sarah LeVine, *At the Cutting Edge: Theravāda Nuns in the Kathmandu Valley,* in Tsomo, *Innovative Buddhist Women*, 13 – 29. 184

217 Zu Einzelheiten siehe: Yuchen Li, Ordination, *Women, and Sisterhood: The International Full Ordination Ceremony in Bodhgaya,* in Tsomo, *Innovative Buddhist Women*, 168 – 98.

218 Susanne Mrozik, *We Love Our Nuns.*

219 Für Informationen über das Leben als Mae Chee, siehe: Joanna Cook, *Meditation in Modern Buddhism: Renunciation and Change in Thai Monastic Life* (Cambridge: Cambridge University Press, 2014), insbesondere Kapitel 7 und 8, sowie Monica Lindberg Falk, *Making Fields of Merit: Buddhist Female Ascetics and Gendered Orders in Thailand* (Seattle: University of Washington Press, 2008).

220 Für eine persönliche Darstellung einer meditierenden Haushalterin siehe: Upasika Kee Nanayon, *Pure and Simple: The Buddhist Teachings of a Thai Laywoman* (Boston: Wisdom Publications, 2005).

221 Für eine detaillierte Ethnographie von sechs außergewöhnlichen thailändischen Nonnen mit Textanalyse siehe: Martin Seeger, *Gender and the Path to Awakening: Hidden Histories of Nuns in Modern Thai Buddhism* (Kopenhagen: NIAS Press, 2018).

222 In ausführlichen Interviews mit gelehrten thailändischen Mae Chees erfuhren Steven Collins und Justin McDaniel, dass Nonnen, die die neunte Stufe in Pāli-Studien ablegen, ein monatliches Gehalt von nur 1700 Baht ($ 56) erhalten, während Mönche auf der gleichen Stufe 3000 Baht (€ 100) pro Monat erhalten. Collins und McDaniel, *Buddhist Nuns (Mae Ch)*, 1388. Diese unerklärte Ungleichheit, die sogar hochqualifizierte Nonnen bei nationalen Prüfungen betrifft, spiegelt das Fortbestehen vorherrschender patriarchalischer Normen und geschlechtsspezifischer Vorurteile in der thailändischen Gesellschaft wider.

223 Bhikkhunī Dhammananda (Chatsumarn Kabilsingh) erzählt die Geschichte ihrer Mutter, die den Weg für ihre eigene Ordination ebnete, in *Bhikkhunī Ta Tao: Paving the Way for Future Generations,* in Tsomo, *Eminent Buddhist Women*, 61 – 70.

224 Ajahn Brahms Bericht über den Vorfall ist online verfügbar: *Ajahn Brahm on Why He Was Excommunicated, Sujato's Blog*, 7. November 2009, *https://sujato.wordpress.com/2009/11/07/ajahn-brahm-on-why-he-was-excommunicated/.*

225 Ann Heirmann, *›The Discipline in Four Parts‹: Rules for Nuns according to the Dharmaguptakavinaya, Teil I: Introduction* (Delhi: Motilal Banarsidass Publishers, 2002), 11. Die Dharmaguptaka-Schule soll ihren Namen von einem Anhänger von Maudgalyāyana, einem engen Schüler des Buddha, ableiten (12).

226 Der historische Hintergrund der buddhistischen Ordination in China wird erörtert in Ann Heirman, *Vinaya: From India to China, in Heirman und Bunbacher, The Spread of Buddhism*, 167 - 202; und Ann Heirman, *Chinese Nuns and Their Ordination in Fifth Century China, Journal of the International Association of Buddhist Studies* 24, no. 2 (2001): 275 - 304.

227 Ann Heirman erörtert die frühe Geschichte des Vinaya in China in ihrem Artikel *Can We Trace the Early Dharmaguptakas? T'oung Pao, Second Series 88, Nr. 4 - 5* (2002): 396 - 429.

228 Die zehn Gelübde eines Novizen (*Śrāmaṇera*) oder einer Novizin (*Śrāmaṇerika*) bestehen darin, sich der folgenden Handlungen zu enthalten:

- Töten (absichtliche Tötung eines menschlichen Wesens);
- Nehmen, was nicht gegeben ist (etwas von Wert stehlen, was in der eigenen Gesellschaft gegen das Gesetz verstößt);
- Geschlechtsverkehr (absichtlicher Geschlechtsverkehr mit Orgasmus, einschließlich heterosexuellem oder homosexuellem Kontakt);
- Lügen (insbes. über die eigenen spirituellen Errungenschaften);
- Rauschmittel einnehmen (einschließlich Alkohol und Entspannungsdrogen);
- Singen, Tanzen, Musizieren;
- Tragen von Parfüm, Schmuck oder Kosmetika zur Verschönerung des Körpers;
- Sitzen auf einem hohen oder teuren Bett oder Thron;
- Essen nach der Mittagszeit;
- Berühren von Gold, Silber oder wertvollen Gegenständen (einschließlich Geld).

In der tibetischen Tradition werden die 10 Novizengelübde auf 36 erweitert.

229 In der *Mūlasarvāstivāda-Vinaya*-Linie, die von den Tibetern praktiziert wird, sind zwölf Bhikṣuṇīs erforderlich.

230 Siehe zum Beispiel Chung, *A Buddhist View of Women*; und Tsomo, *Sisters in Solitude.*

231 Eine Reihe der auf dieser Konferenz gehaltenen Beiträge sind in Mohr und Tsedroen, *Dignity and Discipline*, enthalten.

232 Jens-Uwe Hartmann, ein deutscher Indologe und Tibetologe, hat zu Protokoll gegeben: »Manchmal frage ich mich, ob die rechtlichen Probleme nur als Vorwand dienen und einen allgemeineren und nicht sehr rationalen Widerwillen verbergen, größere Veränderungen in diesen Traditionen vorzunehmen.« Jens-Uwe Hartmann, *The Vinaya Between History and Modernity: Some General Reflections*, in Mohr und Tsedroen, *Dignity and Discipline*, 24.

233 Siehe zum Beispiel: Caroline Starkey und Emma Tomalin, *Gender, Buddhism and Education: Dhamma and Social Transformation within the Theravada Tradition*, in *Gender, Religion and Education in a Chaotic Post-modern World*, Hrsg. Zehavit Gross, Lynn Davies, and Al-Khansaa Diab (Dordrecht: Springer, 2012), 55 – 71; und Benjamin T. Crookston, Kirk A. Dearden, Ketsana Chan, Theary Chan und David D. Stoker, *Buddhist Nuns on the Move: An Innovative Approach to Improving Breastfeeding Practices in Cambodia, Maternal & Child Nutrition* 3, no. 1(2007): 10 – 24.

234 Diana E. Wright, *Spiritual Piety, Social Activism, and Economic Realities: The Nuns of Mantokuji, in Buddhist Women and Social Justice: Ideals, Challenges, and Achievements*, Hrsg. Karma Lekshe Tsomo (New York: State University of New York Press, 1999), 205 – 18.

235 Karma Lekshe Tsomo, *Khunying Kanitha: Thailand's Advocate for Women*, in Tsomo, *Buddhist Women and Social Justice*, 173 – 91. 187

236 Susan Moon, *Activist Women in American Buddhism, in Engaged Buddhism in the West*, Hrsg. Christopher S. Queen (Somerville, MA: Wisdom Publications, 2000), 247 – 68.

237 Zum Beispiel, in: Zenju Earthlyn Manuel, *The Way of Tenderness: Awakening Through Race, Sexuality, and Gender* (Somerville, MA: Wisdom Publications, 2015); und Zenju Earthlyn Manuel, *Sanctuary: A Meditation on Home, Homelessness, and Belonging* (Somerville, MA: Wisdom Publications, 2018).

238 Melody Ermachild Chavis, *Altars in the Street: A Courageous Memoir of Community and Spiritual Awakening* (New York: Bell Tower, 1998): und Melody Ermachild Chavis, *Meena, Heroine of Afghanistan: The*

Martyr Who Founded RAWA, the Revolutionary Association of the Women of Afghanistan (New York: St. Martin's Press, 2003).

239 Karma Lekshe Tsomo, *Socially Engaged Buddhist Nuns: Activism in Taiwan and North America, Journal of Global Buddhism* 10 (2009): 459–85.

240 C. Julia Huang, *Charisma and Compassion: Cheng Yen and the Buddhist Tzu Chi Movement* (Cambridge, MA: Harvard University Press, 2009); und Chien-Yu Julia Huang und Robert P. Weller, *Merit and Mothering: Women and Social Welfare in Taiwanese Buddhism, Journal of Asian Studies* 57, Nr. 2 (1998): 379–96.

241 Die transformativen Auswirkungen verbesserter Bildungsmöglichkeiten für buddhistische Frauen sind dokumentiert in Chung, *Crossing Over the Gender Boundary*; Sarah LeVine, *Dharma Education for Women in the Theravāda Buddhist Community of Nepal*, in Tsomo, *Buddhist Women and Social Justice*, 137–54; und Tsomo, *Change in Consciousness.*

242 Zum Beispiel: Jena McGregor, *The Next Dalai Lama Could Be a Woman*, Washington Post, 17. Juni 2013.

243 Falk, *Making Fields of Merit*, 34.

244 Sarah LeVine and David N. Gellner, *Rebuilding Buddhism: The Theravada Movement in Twentieth-Century Nepal* (Cambridge, MA: Harvard University Press, 2007), insbes. 76–98.

245 Karma Lekshe Tsomo, *Illustrating the Way: The Life and Times of Bhikṣuṇī Shig Hiu Wan, International Journal of Dharma Studies* 5, Nr. 1 (December 2017): 1–10.

246 LeVine und Gellner, *Rebuilding Buddhism*, 76–98.

247 Pachen und Donnelley, *Sorrow Mountain.*

248 Bertil Lintner, *Aung San Suu Kyi and Burma's Struggle for Democracy* (Bangkok: Silkworm Books, 2011).

249 DeVido, *Taiwan's Buddhist Nuns*, 102–10.

250 Narada, *The Buddha and His Teachings*, 4th Hrsg. (Kuala Lumpur: Buddhist Missionary Society, 1988), 284–85.

251 Karma Lekshe Tsomo, *Global Exchange: Women in the Transmission and Transformation of Buddhism, in TransBuddhism: American Perspectives on the Transmission, Translation, and Transformation of Buddhism in the Global Arena*, Hrsg. Nalini Bhushan, Jay L. Garfield, und Abraham Zablocki (Amherst: University of Massachusetts Press, 2009), 209–36.

252 Siehe z.B.: Kumari Jayawardena, *Feminism and Nationalism in the Third World* (London: Zed Books, 1986); sowie Inderpal Grewal, *Transnational America: Feminisms, Diasporas, Neoliberalisms* (Durham, NC: Duke University Press, 2005).

253 Siehe: Gail Omvedt, *Buddhism in India: Challenging Brahmanism and Caste* (New Delhi: Sage Publications India, 2003).

254 Dieser Begriff stammt aus dem Buch von Wei-yi Cheng, *Buddhist Nuns in Taiwan and Sri Lanka: A Critique of the Feminist Perspective* (New York: Routledge, 2007). Obwohl Chengs Analyse viele wertvolle Beiträge zu unserem Verständnis buddhistischer Frauen im postkolonialen Sri Lanka leistet, neigt sie dazu, die bedeutenden Beiträge westlicher Frauen wie von Ayya Khema zu vernachlässigen, die das Bewusstsein für die bedrückenden Bedingungen von Nonnen im Sri Lanka des 20. Jahrhunderts und die Existenz von Bhikkhunī-Ordinationslinien in anderen Ländern geweckt haben, wodurch die Wiedereinführung der Bhikkhunī Saṅgha in Sri Lanka seit 1996 ermöglicht wurde.

255 In den letzten Jahren wurde eine Reihe von Zusammenstellungen von Schriften internationaler buddhistischer Gelehrter und Praktizierender veröffentlicht, darunter die von Karma Lekshe Tsomo herausgegebenen: *Contemporary Buddhist Women: Contemplation, Cultural Exchange, and Social Action* (Hong Kong: Sakyadhita, 2017); *Compassion and Social Justice* (Yogyakarta: Sakyadhita, 2015); *Buddhism at the Grassroots* (Delhi: Sakyadhita, 2012); *Eminent Buddhist Women* (Albany: State University of New York Press, 2013); *Buddhist Women in a Global Multicultural Community* (Kuala Lumpur: Sukhi Hotu Press, 2008); *Out of the Shadows: Socially Engaged Buddhist Women in the Global Community* (Delhi: Sri Satguru Publications, 2006); *Buddhist Women and Social Justice: Ideals, Challenges, and Achievements* (Albany: State University of New York Press, 2004); *Bridging Worlds: Buddhist Women's Voices Across Generations* (Taipei: Yuan Chuan Press, 2004); *Innovative Buddhist Women: Swimming Against the Stream* (Surrey, England: Curzon Press, 2000); *Buddhist Women Across Cultures: Realizations* (Albany: State University of New York Press, 1999); *Buddhism Through American Women's Eyes* (Ithaca, NY: Snow Lion Publications, 1994); und *Sakyadhita: Daughters of the Buddha* (Ithaca, NY: Snow Lion Publications, 1989).

256 Shih Chao Hwei's Tätigkeit wird beschrieben in DeVido, *Taiwan's Buddhist Nuns*, 101 – 16.

257 Lee and Han, *Mothers and Moral Activists*, 67 – 72. 190

258 Karma Lekshe Tsomo, *The History of Japanese Nuns, Buddhist Christian Studies* 12 (1992): 143 – 58.

259 Lori R. Meeks, *Hokkeji and the Reemergence of Female Monastic Orders in Premodern Japan* (Honolulu: University of Hawaii Press, 2010).

260 Llundup Damcho, *I Will Do It*, Buddhadharma: The Practitioner's Quarterly, Sommer 2010: 49 – 50.

261 Repräsentative Artikel sind u.a. Ven. Anālayo, *Mahāpajāpatī's Going Forth in the Madhyama-āgama*; *Attitudes Towards Nuns*; und *Women's Renunciation in Early Buddhism.* Viele seiner Schriften können kostenlos von seiner Webseite der Universität Hamburg unter *https://www.buddhismuskunde.uni-hamburg.de/en/personen/analayo.html* heruntergeladen werden.

262 Bhikkhu Anālayo, *The Legality of Bhikkhunī Ordination, Journal of Buddhist Ethics* 20 (2013): 310 – 33.

263 Li, *Ordination, Women, and Sisterhood*, 168 – 99.

264 Tsomo, *Sisters in Solitude*, 26 – 27.

265 Rita M. Gross gab ihre Beobachtungen über den schwierigen Verlauf des Fortschritts in *A Garland of Feminist Reflections: Forty Years of Religious Exploration* (Berkeley: University of California Press, 2009) weiter. Einhundert Frauen teilen aus unterschiedlichen Perspektiven die Kōans und Geschichten, die sie auf dem Weg der buddhistischen Praxis inspiriert haben, in Zenshin Florence Caplow, Reigetsu Susan Moon und Zoketsu Norman Fischer, Hrsg., *The Hidden Lamp: Stories from Twenty-Five Centuries of Awakened Women* (Boston: Wisdom Publications, 2013).

266 Zu Trends im Bildungswesen siehe beispielsweise: Thomas A. Di Prete und Claudia Buchmann, *The Rise of Women: The Growing Gender Gap in Education and What It Means for American Schools* (New York: Russell Sage Foundation, 2013).

267 United Nations, *Universal Declaration of Human Rights, http://www.un.org/en/universal-declaration-human-rights*, aufgerufen am 17. September 2018

268 Michaela Haas, *10 Tibetan Buddhist Women You Need to Know*, Huffington Post, 20 March 2013, *https://www.huffingtonpost.com/michaela-haas/10-tibetan-buddhist-women-youneed-to-know_b_2863427.html*; Michaela Haas, *The F Word in Buddhism: ›Daughters of the Buddha‹ Discuss How Buddhist Women Can Achieve Equality*, Huffington Post, 7. Januar 2013, *https://www.huffingtonpost.com/michaela-haas/daughters-of-the-buddha-discuss-howbuddhist-women-can-achieve-equality_b_2421834.*

html; Tracy Simmons, *Sravasti Abbey: A Dream Fulfilled For U. S. Buddhist Nuns, Religion News Service*, 7. Mai 2012, verfügbar unter *https://religionnews.com/2012/05/07/buddhist-abbey-a-dream-fulfilled-for-u-s-nuns/*; und andere.

269 Bibo Liang, *The Buddhist Nun of Emei Mountain* (Chengdu TV, 1995), verfügbar unter https://www.youtube.com/watch?v=9p8SKEsGTbw.

270 Victress Hitchcock, Regie: *Blessings: The Tsoknyi Nangchen Nuns of Tibet* (Chariot Productions, 2009.)

271 Heather Kessinger, Regie: *In the Shadow of Buddha* (Heather Kessinger, 2010).

272 Svetlana Darsalia, Regie: *Mother Sela: Artist and Buddhist Nun* (Darsalia and Three Point Landing Production, 2012), verfügbar unter: *https://www.youtube.com/watch?v=rWwmTe2dq5I.*

273 Ursprünglich erwähnte der Text Portraits von engagierten weiblichen Praktizierenden. Die angeführte Webseite gibt es inzwischen nicht mehr in dieser Form.

274 Die Geschichte dieses College und andere Fortschritte in der Ausbildung der thailändischen Nonnen sind in Falk, *Making Fields of Merit*, insbesondere 193 – 227, dokumentiert.

275 Für Beispiele ethnographischer Studien über buddhistische Frauen in aller Welt siehe: Arai, *Women Living Zen;* Tessa Bartholomeusz, *Women Under the Bo Tree: Buddhist Nuns in Sri Lanka* (Cambridge: Cambridge University Press, 1994); Gutschow, *Being a Buddhist Nun*; LeVine, *Dharma Education for Women*, 137 – 54; und Karma Lekshe Tsomo, *Lao Buddhist Women: Quietly Negotiating Religious Authority, Buddhist Studies Review* 27, Nr. 1(2010): 85 – 106.

276 Changchub and Nyingpo, *Lady of the Lotus-Born.*

277 Schaeffer erzählt ihre Geschichte in *The Autobiography of a Medieval Hermitess*; und *Himalayan Hermitess.*

278 Eine Auswahl der auf diesem Kongress gehaltenen Beiträge wurde veröffentlicht in: Thea Mohr und Jampa Tsedroen, Hrsg., *Dignity and Discipline: Reviving Full Ordination for Buddhist Nuns* (Boston: Wisdom Publications, 2010).

279 Die Saat dieses Wandels wurde bereits gelegt, wie in Tsomo, *Change in Consciousness* beschrieben.

280 Haas, *Dakini Power.*

281 Anne Carolyn Klein, *Meeting the Great Bliss Queen: Buddhists, Feminists, and the Art of the Self* (Ithaca, NY: Snow Lion, 2008).

282 Für eine nützliche Analyse der Theravāda- und Mahāyāna-Sichtweisen zu diesem Thema, siehe Appleton, *In the Footsteps of the Buddha?*

283 Powers, *A Bull of a Man*, 13 – 15.

284 Die Namen von siebzig bedeutenden buddhistischen Frauen aus der Zeit des Buddha sind in den Therīgāthā verzeichnet: Khemā wurde für ihre große Weisheit gepriesen, Uppalavaṇṇā und Paṭācārā für ihre vorbildliche klösterliche Disziplin, Dhammadinnā für ihre Fähigkeit, Dhamma zu lehren, Nandā für ihre Hingabe und Soṇā für ihr energisches Streben. Alle diese Frauen werden als Nonnen und Arhatīs beschrieben.

285 Jonathan S. Walters, *Apadāna: Therī-apadāna: Wives of the Saints: Marriage and Kamma in the Path to Arhantship, in Women in Early Indian Buddhism: Comparative Textual Studies*, Hrsg. Alice Collett (New York: Oxford University Press, 2014), 160 – 91.

286 Powers, *A Bull of a Man*, bietet beachtliche textliche Unterstützung für diese Behauptung.

287 Henry Clarke Warren's Übersetzung ins Englische, zitiert von Jacob N. Kinnard in *The Emergence of Buddhism: Classical Traditions in Contemporary Perspective* (Minneapolis: Fortress Press, 2011), 66 – 69.

288 Zur Neubelebung der Bhikkhunī Ordinierung in Sri Lanka siehe: Mrozik, *A Robed Revolution*. Für Nepal, siehe: LeVine und Gellner, *Rebuilding Buddhism*, 171 – 206.

289 Horner, *Women Under Primitive Buddhism.*

290 Rita M. Gross, *Buddhism after Patriarchy: A Feminist History, Analysis, and Reconstruction of Buddhism* (Albany: State University of New York Press, 1992).

291 Bonnet-Acosta, *Brave Daughters of the Buddha*; Kawanami, *Renunciation and Empowerment of Buddhist Nuns.*

292 Beata Grant, *Eminent Nuns: Women Chan Masters of Seventeenth-Century China* (Honolulu: University of Hawaii Press, 2009); Yuan Yuan, *Chinese Buddhist Nuns in the Twentieth Century: A Case Study in Wuhan, Journal of Global Buddhism* 10 (2015): 375 – 412.

293 Arai, *Women Living Zen*; Meeks, *Hokkeji and the Reemergence of Female Monastic Orders.*

294 Eun-su Cho, ed. *Korean Buddhist Nuns and Laywomen: Hidden Histories, Enduring Vitality* (Albany: State University of New York Press, 2011); Jin Y. Park, *Women and Buddhist Philosophy: Engaging Zen Master Kim Iryop* (Honolulu: University of Hawaii Press, 2018).

295 LeVine and Gellner, *Rebuilding Buddhism*; LeVine, *Dharma Education for Women*; und Joanne C. Watkins, *Spirited Women: Gender, Religion, and Cultural Identity in the Nepal Himalaya* (New York: Columbia University Press, 1996).

296 Mrozik, *We Love Our Nuns*; Mrozik, *A Robed Revolution*; Nirmala S. Salgado, *Buddhist Nuns and Gendered Practice: In Search of the Female Renunciant* (New York: Oxford University Press, 2013).

297 DeVido, *Taiwan's Buddhist Nuns*; Yu-chen Li, *Bhikṣuṇī Hiuwen: Enlightening Society by Institutionalizing Buddhist Education*, in Tsomo, *Eminent Buddhist Women*, 101 – 10.

298 Bhikkhunī Dhammananda, *Bhikkhunī Ta Tao*; Falk, *Making Fields of Merit*.

299 Janet Gyatso and Hanna Havnevik, Hrsg. *Women in Tibet: Past and Present* (New York: Columbia University Press, 2005); Charlene E. Makley, *The Violence of Liberation: Gender and Tibetan Buddhist Revival in Post-Mao China* (Berkeley: University of California Press, 2007).

300 Gutschow, *Being a Buddhist Nun*.

301 Siehe zum Beispiel: Ann Heirman, *Rules for Nuns according to the Dharmaguptakavinaya*, 3 Bände (Delhi: Motilal Banarsidass, 2002); Ute Hüsken, *A Stock of Bowls Requires a Stock of Robes: Relations of the Rules for Nuns in the Theravada Vinaya and the Bhiksuni-Vinaya of the Mahasamghika-Lokottaravadin, Untersuchungen zur buddhistischen Literatur II, Gustav Roth zum 80. Geburtstag gewidmet*, Hrsg. Heinz Bechert, S. Bretfeld, und P. Kieffer-Pülz (Göttingen: Vandenhoeck & Ruprecht GmbH, 1997), 201 – 38; Chatsumarn Kabilsingh, *A Comparative Study of Bhikkhuni Patimokkha* (Varanasi: Chaukhambha Orientalia, 1984); und Tsomo, *Sisters in Solitude*.

302 Zu den Beispielen gehören: Chung, *A Buddhist View of Women*; Charles S. Prebish, *Buddhist Monastic Discipline: The Sanskrit Prātimokṣa Sūtras of the Mahāsāṃghikas and Mūlasarvāstivādins* (Delhi: Motilal Banarsidass, 2010); Tsomo, *Sisters in Solitude*; und Tsomo, *Buddhist Ethics in Japan and Tibet: A Comparative Study of the Adoption of Bodhisattva and Pratimoksa Precepts, in Buddhist Behavioral Codes and the Modern World*, ed. Charles Wei-hsun Fu und Sandra A. Wawrytko (Westport, CN: Greenwood Press, 1994), 123 – 38.

Zitierte Werke

Adamek, Wendy L. *A Niche of their Own: The Power of Convention in Two Inscriptions for Medieval Chinese Buddhist Nuns.* History of Religions 49, no. 1 (2009): 1 – 26.

Allione, Tsultrim. *Feeding Your Demons: Ancient Wisdom for Resolving Inner Conflict.* New York: Little, Brown, and Company, 2008.

Anālayo, Bhikkhu. *Attitudes Towards Nuns: A Case Study of the Nandakovāda in the Light of Its Parallels.* Journal of Buddhist Ethics 17 (2010): 331 – 400.

—— *The Bahudhātuka-sutta und Its Parallels on Women's Inabilities.* Journal of Buddhist Ethics 16 (2009): 137.

—— *Beautiful Eyes Seen with Insight as Bereft of Beauty: Subhā Therī and Her Male Counterpart in the Ekottarika-āgama.* The Sati Journal (2014): 39 – 53.

—— *Chos sbyin gyi mdo: Bhikkhunī Dhammadinnā Proves Her Wisdom.* Chung-Hwa Buddhist Journal 24 (2011): 3 – 33.

—— *The Cullavagga on Bhikkhuni Ordination.* Journal of Buddhist Ethics 22 (2015): 399 – 448.

—— *Karma and Female Birth.* Journal of Buddhist Ethics 21 (2014): 109 – 53.

—— *The Legality of Bhikkhunī Ordination.* Journal of Buddhist Ethics 20 (2013): 310 – 33.

—— *Mahāpajāpatī's Going Forth in the Madhyama-āgama.* Journal of Buddhist Ethics 18 (2011): 273.

—— *Women's Renunciation in Early Buddhism: The Four Assemblies and the Foundation of the Order of Nuns.* In Mohr and Tsedroen, Dignity and Discipline, 65 – 97.

Andaya, Barbara Watson. *Localising the Universal: Women, Motherhood and the Appeal of Early Theravada Buddhism.* Journal of Southeast Asian Studies 33, no. 1 (2002): 1 – 30.

Anderson, Janica, and Steven Schwartz. *Zen Odyssey: The Story of Sokei-an, Ruth Fuller Sasaki, and the Birth of Zen in America.* Somerville, MA: Wisdom Publication, 2018.

Aoyama, Shundo. *Zen Seeds: Reflections of a Female Priest,* trans. Patricia Daien Bennage. Tokyo: Kōsei Publishing Company, 1990.

Appleton, Naomi. *In the Footsteps of the Buddha? Women and the Bodhisatta Path in Theravāda Buddhism.* Journal of the Feminist Study of Religion 27, no. 1 (2011): 33 – 51.

Arai, Paula Kane Robinson. *Japanese Buddhist Nuns: Innovators for the Sake of Tradition.* In Tsomo, *Buddhist Women Across Cultures*, 105 – 22.

——— *Women Living Zen: Japanese Sōtō Buddhist Nuns.* New York: Oxford University Press, 1999.

Balkwill, Stephanie. *The Sūtra on Transforming the Female Form: Unpacking an Early Medieval Chinese Buddhist Text.* Journal of Chinese Religions 44, no. 2 (2016): 127 – 48.

Bartholomeusz, Tessa. *Women Under the Bo Tree: Buddhist Nuns in Sri Lanka.* Cambridge: Cambridge University Press, 1994.

Batchelor, Martine. *Women in Korean Zen: Lives and Practices.* New York: Syracuse University Press, 2006.

Batchelor, Stephen. *Buddhism Without Beliefs: A Contemporary Guide to Awakening.* New York: Riverhead Books, 1997.

Battaglia, Lisa J. *Only Skin Deep? Female Embodiment and the Paradox of Beauty in Indian Buddhism.* In Tsomo, *Buddhist Feminisms and Femininities*, 183 – 217.

Bell, Sandra. *Scandals in Emerging Western Buddhism.* In *Westward Dharma: Buddhism beyond Asia*, ed. Charles S. Prebish und Martin Baumann, 230 – 42. Berkeley: University of California Press, 2002.

Benn, James A. *Burning for the Buddha: Self-Immolation in Chinese Buddhism.* Honolulu: University of Hawaii Press, 2006.

Bennage, Patricia Dai-En, und Eido Frances Carney, ed. *Zen Teachings in Challenging Times.* Olympia, WA: Temple Grounds Press, 2018.

Beyer, Stephen. *The Buddhist Experience: Sources and Interpretations. Belmont*, CA: Wadsworth, 1974.

Blackstone, Kathryn R. *Women in the Footsteps of the Buddha: Struggle for Liberation in the Therīgāthā.* Delhi: Motilal Banarsidass, 2007.

Bode, Mabel. *Women Leaders of the Buddhist Reformation. Journal of the Royal Asiatic Society of Great Britain and Ireland* 25, nos. 3 and 4 (1893): 517 – 66, and 763 – 98.

Bonnet-Acosta, Cristina. *Brave Daughters of the Buddha: The Feminisms of the Burmese Buddhist Nuns.* In Tsomo, *Eminent Buddhist Women*, 35 – 54.

Borup, Jørn. *Contemporary Buddhist Priests and Clergy. Handbook of Contemporary Japanese Religions*, ed. Inken Prohl und John Nelson, 107 – 32. Leiden: Brill, 2012.

Boucher, Sandy. *Dancing in the Dharma: The Life and Teachings of Ruth Denison.* Boston: Beacon Press, 2006.

—— *Turning the Wheel: American Women Creating the New Buddhism.* New York: HarperCollins, 1988.

Butler, Judith. *Performative Acts and Gender Constitution: An Essay in Phenomenology and Feminist Theory.* Theatre Journal 40, no. 4 (1988): 519 – 31.

Cabezón, José Ignacio. *Buddhism, Sexuality, and Gender.* Albany: State University of New York Press, 1992.

—— *Sexuality in Classical South Asian Buddhism.* Somerville, MA: Wisdom Publications, 2017.

Caplow, Zenshin Florence, Reigetsu Susan Moon, und Zoketsu Norman Fischer, ed. *The Hidden Lamp: Stories from Twenty-Five Centuries of Awakened Women.* Boston: Wisdom Publications, 2013.

Carbonnel, Laure. *On the Ambivalence of Female Monasticism in Theravāda Buddhism: A Contribution to the Study of the Monastic System in Myanmar.* Asian Ethnology 68, no. 2 (2009): 265 – 82.

Changchub, Gyalwa, und Namkhai Nyingpo. *Lady of the Lotus-Born: The Life and Enlightenment of Yeshe Tsogyal,* trans. Padmakara Translation Group. Boston: Shambhala, 2002.

Chavis, Melody Ermachild. *Altars in the Street: A Courageous Memoir of Community and Spiritual Awakening.* New York: Bell Tower, 1998.

Chayat, Sherry. *Subtle Sound: The Zen Teachings of Maurine Stuart.* Boston: Shambhala, 1996.

Cheng, Wei-yi. *Buddhist Nuns in Taiwan and Sri Lanka: A Critique of the Feminist Perspective.* New York: Routledge, 2007.

—— *Luminary Buddhist Nuns in Contemporary Taiwan: A Quiet Feminist Movement.* Journal of Buddhist Ethics 10 (2003): 39 – 56

—— *Tracing Tesarā: The Transmission of Buddhist Nuns' Order along the Maritime Silk Road.* Long Yang Journal of Academic Research 4 (2010): 19 – 55.

Cho, Eun-su, ed. *Korean Buddhist Nuns and Laywomen: Hidden Histories, Enduring Vitality.* Albany: State University of New York Press, 2011

—— *The Religious Life of Buddhist Women in Chosŏn Korea.* In Tsomo, *Buddhist Feminisms and Femininities,* 67 – 83.

—— *A Resolute Vision of the Future: Hyechun Sunim's Founding of the National Bhikṣuṇī Association in Korea.* In Tsomo, *Eminent Buddhist Women,* 125 – 42.

Chödrön, Pema. *Comfortable with Uncertainty: 108 Teachings on Cultivating Fearlessness and Compassion.* Boulder, CO: Shambhala, 2018.

——— *No Time to Lose: A Timely Guide to the Way of the Bodhisattva.* Boston: Shambhala, 2005.

——— *The Places That Scare You: A Guide to Fearlessness in Difficult Times.* Boston: Shambhala, 2002.

——— *Practicing Peace in Times of War.* Boston: Shambhala, 2005.

——— *Start Where You Are: A Guide to Compassionate Living.* Boston: Shambhala, 2001.

——— *When Things Fall Apart: Heart Advice for Difficult Times.* Boulder, CO: Shambhala, 1997.

——— *The Wisdom of No Escape.* Boston: Shambhala, 2001.

Chung, Inyoung (Sukhdam Sunim). *A Buddhist View of Women: A Comparative Study of the Rules for Bhiksus and Bhiksunis Based on the Chinese Pratimoksa. Journal of Buddhist Ethics* 6 (1999): 29 – 105.

——— *Crossing Over the Gender Boundary in Gray Rubber Shoes: A Study on Myoom Sunim's Buddhist Monastic Education.* In Tsomo, *Out of the Shadows*, 119 – 28.

Collett, Alice. *Buddhism and Gender: Reframing and Refocusing the Debate. Journal of Feminist Studies in Religion* 22, no. 2 (2006): 55 – 84.

——— *The Female Past in Early Indian Buddhism: The Shared Narrative of the Seven Sisters in the Therī-Apadāna.* Religions of South Asia 5, no. 1 (2011): 209 – 26.

——— *Women in Early Indian Buddhism: Comparative Textual Studies.* Oxford: Oxford University Press, 2013.

Collins, Steven. *The Body in Theravada Buddhism. Religion and the Body*, ed. Sarah Coakley, 185 – 204. New York: Cambridge University Press, 1997.

——— **und Justin McDaniel.** *Buddhist ›Nuns‹ (mae chi) and the Teaching of Pali in Contemporary Thailand.* Modern Asian Studies 44, no. 6 (2010): 1373 – 1408.

Chonam, Lama, und Sangye Khandro, trans. *The Lives and Liberation of Princess Mandarava: The Indian Consort of Padmasambhava.* Somerville, MA: Wisdom Publications, 2015.

Cook, Joanna. *Meditation in Modern Buddhism: Renunciation and Change in Thai Monastic Life.* Cambridge: Cambridge University Press, 2014.

Crookston, Benjamin T., Kirk A. Dearden, Ketsana Chan, Theary Chan, und David D. Stoker. *Buddhist Nuns on the Move: An Innovative*

Approach to Improving Breastfeeding Practices in Cambodia. Maternal & Child Nutrition 3, no. 1 (2007): 10 – 24.

Dalai Lama XIV, Bstan-dzin-rgya-mtsho. *Buddhism, Asian Values, and Democracy. Journal of Democracy* 10, no. 1 (1999): 1 – 7.

Damcho, Lhundup. *I Will Do It. Buddhadharma: The Practitioner's Quarterly*, Summer 2000: 49 – 50.

de Jong, J. W. *Notes on the Bhiksunī-vinaya of the Mahāsānghikas. In Buddhist Studies in Honour of I. B. Horner*, ed. Lance Cousins, 63 – 70. Dordrecht-Holland: D. Reidel Publishing Company, 1974.

Derris, Karen. *When the Buddha Was a Woman: Reimagining Tradition in the Theravāda. Journal of Feminist Studies in Religion* 24, no. 2 (2008): 29 – 44.

DeVido, Elise Anne. *Taiwan's Buddhist Nuns.* Albany: State University of New York Press, 2010.

Dewaraja, Lorna. *Saṅghamitta Theri – A Liberated Woman.* Colombo Daily News, 19 December 2001.

Dhammadinnā. *Karma Here and Now in a Mūlasarvāstivāda Avadāna: How the Bodhisattva Changed Sex and Was Born as a Female 500 Times. Annual Report of The International Research Institute for Advanced Buddhology at Soka University for 2017.* Tokyo: Soka University, 2018, 63 – 94.

Dhammananda, Bhikkhuni (Chatsumarn Kabilsingh). *Bhikkhunī Ta Tao: Paving the Way for Future Generations.* In Tsomo, *Eminent Buddhist Women*, 61 – 70.

Diemberger, Hildegard. *Female Oracles in Modern Tibet.* In Gyatso und Havnevik, *Women in Tibet*, 113 – 68.

——— *When a Woman Becomes a Religious Dynasty: The Samding Dorje Phagmo of Tibet.* New York: Columbia University Press, 2007.

DiPrete, Thomas A., und Claudia Buchmann. *The Rise of Women: The Growing Gender Gap in Education and What It Means for American Schools.* New York: Russell Sage Foundation, 2013.

Dobbins, James C. *Women's Birth in Pure Land as Women: Intimations From the Letter of Eshinni. Eastern Buddhist* 28, no. 1 (1995): 108 – 22.

Dowman, Keith. *Sky Dancer: The Secret Life and Songs of the Lady Yeshe Tsogyel.* Ithaca, NY: Snow Lion, 1996.

Downing, Michael. *Shoes Outside the Door: Desire, Devotion, and Excess at San Francisco Zen Center.* Washington, D.C.: Counterpoint, 2001.

Dresser, Marianne, ed. *Buddhist Women on the Edge: Contemporary Perspectives from the Western Frontier.* Berkeley: North Atlantic Books, 1996.

Elverskog, Johan. *Whatever Happened to Queen Jönggen?* In *Buddhism in Mongolian History, 202 Society, and Culture*, ed. Vesna Wallace, 3 – 22. New York: Oxford University Press, 2015.

Falk, Monica Lindberg. *Making Fields of Merit: Buddhist Female Ascetics and Gendered Orders in Thailand.* Seattle: University of Washington Press, 2008.

Fan, Lizhu, und James D. Whitehead. *Spirituality in a Modern Chinese Metropolis.* In *Chinese Religious Life*, ed. David A. Palmer, Glenn Shive, und Philip L. Wickeri, 13 – 29. New York: Oxford University Press, 2011.

Faure, Bernard. *The Power of Denial: Buddhism, Purity, and Gender.* Princeton, NJ: Princeton University Press, 2003.

Findly, Ellison Banks, ed. *Women's Buddhism, Buddhism's Women: Tradition, Revision, Renewal.* Somerville, MA: Wisdom Publications, 2000.

Finnegan, Damchö Diana. *›For the Sake of Women Too‹: Gender and Ethics in the Narratives of the Mūlasarvāstivāda Vinaya.* Ph.D. diss., University of Wisconsin, 2009.

Friedman, Lenore. *Meetings with Remarkable Women: Buddhist Teachers in America.* Boston: Shambhala, 2000.

Gayley, Holly. *Inseparable Across Lifetimes: The Lives and Love Letters of the Tibetan Visionaries Namtrul Rinpoche and Khandro Tare Lhamo.* Boulder: Shambhala, 2019.

—— *Love Letters from Golok: A Tantric Couple in Modern Tibet.* New York: Columbia University Press, 2017.

—— *Revisiting the ›Secret Consort‹ (gsang yum) in Tibetan Buddhism. Religions* 9, no. 6 (2018): 1 – 21.

Grant, Beata. *Eminent Nuns: Women Chan Masters of Seventeenth-Century China.* Honolulu: University of Hawaii Press, 2009.

—— *Female Holder of the Lineage: Linji Chan Master Zhiyuan Xinggang (1597 – 1654). Late Imperial China* 17, no. 2 (1996): 51 – 76.

—— *Patterns of Female Religious Experience in Qing Dynasty Popular Literature. Journal of Chinese Religions* 23 (1995): 29 – 58.

Gregory, Peter N., und Susanne Mrozik, ed. *Women Practicing Buddhism: American Experiences.* Somerville, MA: Wisdom Publications, 2003.

Grewal, Inderpal. *Transnational America: Feminisms, Diasporas, Neoliberalisms.* Durham, NC: Duke University Press, 2005.

Griffin, Kevin. *One Breath at a Time: Buddhism and the Twelve Steps.* N.p: Rodale Books, 2017.

Gross, Rita M. *Buddhism after Patriarchy: A Feminist History, Analysis, and Reconstruction of Buddhism.* Albany: State University of New York Press, 1992.

—— *A Garland of Feminist Reflections: Forty Years of Religious Exploration.* Berkeley: University of California Press, 2009.

Grünhagen, Céline. *The Female Body in Early Buddhist Literature.* Scripta Instituti Donneriani Aboensis 23 (2011): 100 – 14.

Guruma, Punyawati. *Two Generations of Eminent Nepalese Nuns.* In Tsomo, *Eminent Buddhist Women*, 25 – 31.

Gutschow, Kim. *Being a Buddhist Nun: The Struggle for Enlightenment.* Cambridge, MA: Harvard University Press, 2004.

Gyaltsen, Sakyapa Sonam. *The Clear Mirror: A Traditional Account of Tibet's Golden Age.* Ithaca, NY: Snow Lion Publications, 1996.

Gyatso, Janet. *Down with the Demoness: Reflections on a Feminine Ground in Tibet.* In Willis, Feminine Ground, 33 – 51.

—— **und Hanna Havnevik, eds.** *Women in Tibet: Past and Present.* New York: Columbia University Press, 2005.

Haas, Michaela. *Dakini Power: Twelve Extraordinary Women Shaping the Transmission of Tibetan Buddhism in the West.* Boston: Shambhala, 2013.

Haker, Hille, Susan Ross, und Marie-Theres Wacker, ed. *Women's Voices in World Religions.* London: SCM Press, 2006.

Halifax, Joan. *Being with Dying: Cultivating Compassion and Fearlessness in the Presence of Death.* Boston: Shambhala, 2009.

—— *Standing at the Edge: Finding Freedom Where Fear and Courage Meet.* New York: Flatiron Books, 2018.

Hallisey, Charles, trans. *Therīgāthā: Poems of the First Buddhist Women.* Cambridge, MA: Harvard University Press, 2015.

Harding, Sarah. *Machik's Complete Explanation: Clarifying the Meaning of Chöd.* Ithaca, NY: Snow Lion Publications, 2003.

Harris, Ian. *Buddhism in a Dark Age: Cambodian Monks under Pol Pot.* Honolulu: University of Hawaii Press, 2013.

Harrison, Paul. *Women in the Pure Land: Some Reflections on the Textual Sources. Journal of Indian Philosophy* 26, no. 6 (1998): 553 – 72.

Hartmann, Jens-Uwe. *The Vinaya Between History and Modernity: Some General Reflections.* In Mohr und Tsedroen, *Dignity and Discipline*, 23 – 28.

Harvey, Peter. *An Introduction to Buddhist Ethics: Foundations, Values, and Issues.* New York: Oxford University Press, 1997.

Heirman, Ann. *Buddhist Nuns Through the Eyes of Leading Early Tang Masters. The Chinese Historical Review* 22, no 1 (2015): 31 – 51.

—— *Can We Trace the Early Dharmaguptakas? T'oung Pao (Second Series) 88, nos.* 4 – 5 (2002): 396 – 429.

—— *Chinese Nuns and their Ordination in Fifth Century China.* Journal of the International Association of Buddhist Studies 24, no. 2 (2001): 275 – 304.

—— *›The Discipline in Four Parts‹: Rules for Nuns according to the Dharmaguptakavinaya, 3 vols.* Delhi: Motilal Banarsidass Publishers, 2002.

—— **und Stephen Peter Bunbacher, ed.** *The Spread of Buddhism.* Leiden: Brill, 2007.

—— *Vinaya: From India to China.* In Heirman und Bunbacher, *The Spread of Buddhism*, 167 – 202.

Hinsch, Bret. *Confucian Filial Piety and the Construction of the Ideal Chinese Buddhist Woman. Journal of Chinese Religions* 30 (2002): 49.

Hirakawa, Akira. *Monastic Discipline for the Buddhist Nuns: An English Translation of the Chinese Text of the Mahasaṃghika-Bhiksunī-Vinaya.* Patna: Kashi Prasad Jayaswal Research Institute, 1982.

—— *The History of Japanese Nuns. Buddhist Christian Studies* 12 (1992): 143 – 58.

Horner, I. B. *Women Under Primitive Buddhism.* Delhi: Motilal Banarsidass, 1930; reprint New York: Gutenberg Publishers, 2011.

Huang, C. Julia. *Charisma and Compassion: Cheng Yen and the Buddhist Tzu Chi Movement.* Cambridge, MA: Harvard University Press, 2009.

—— **und Robert P. Weller.** *Merit and Mothering: Women and Social Welfare in Taiwanese Buddhism. Journal of Asian Studies* 57, Nr. 2 (1998): 379 – 96.

Hüsken, Ute. *The Eight Garudhammas.* In Mohr und Tsedron, *Dignity and Discipline*, 143 – 48.

—— *The Legend of the Establishment of the Buddhist Order of Nuns in the Theravāda Vinaya Pitaka.* Journal of the Pali Text Society 26 (2000): 43 – 69.

—— *A Stock of Bowls Requires a Stock of Robes: Relations of the Rules for Nuns in the Theravada Vinaya and the Bhiksuni-Vinaya of the Mahasamghika-Lokottaravadin.* In *Untersuchungen zur buddhistischen Literatur*

II, Gustav Roth zum 80. Geburtstag gewidmet, ed. Heinz Bechert, S. Bretfeld, und P. Kieffer-Pülz, 201 – 38. Göttingen: Vandenhoeck & Ruprecht, 1997.

Jacobs-Stewart, Thérèse. *Mindfulness and the 12 Steps: Living Recovery in the Present Moment.* Center City, MN: Hazelden, 2010.

Jacobsen, Trude. *In Search of the Khmer Bhikkhunī: Reading Between the Lines in Late Classical and Early Middle Cambodia (13th – 18th Centuries). Journal of the Oxford Centre for Buddhist Studies* 4 (2013): 75 – 87.

Jacoby, Sarah H. *Love and Liberation: Autobiographical Writings of the Tibetan Buddhist Visionary Sera Khandro.* New York: Columbia University Press, 2016.

Jaffe, Richard M. *Neither Monk nor Layman: Clerical Marriage in Modern Japanese Buddhism.* Honolulu: University of Hawaii Press, 2010

—— *Seeking Sakyamuni: Travel and the Reconstruction of Japanese Buddhism.* Journal of Japanese Studies 30, no. 1 (Winter 2004): 70

Jaini, Padmanabh S. *Padīpadānajātaka: Gautama's Last Female Incarnation. Collected Papers in Buddhist Studies*, ed. Padmanabh Jaini, 367 – 74. Delhi: Motilal Banarsidass, 2001.

Jayawardena, Kumari. *Feminism and Nationalism in the Third World.* London: Zed Books, 1986.

Jayawickrama, N. A. *The Inception of Discipline and the Vinaya Nidana.* Collingwood, VIC, Australia: Trieste Publishing, 2018.

Jiyu-Kennett, and Daizui MacPhillamy. *Roar of the Tigress: The Oral Teachings of Rev. Master Jiyu-Kennett, Western Woman and Zen Master.* Shasta, CA: Shasta Abbey Press, 2005.

Jordt, Ingrid. *Burma's Mass Lay Meditation Movement: Buddhism and the Cultural Construction of Power.* Athens, OH: Ohio University Press, 2007.

Jyväsjärvi, Mari Johanna. *Fragile Virtue: Women's Monastic Practice in Early Medieval India.* Ph.D. diss., Harvard University, 2011.

Kabilsingh, Chatsumarn. *A Comparative Study of Bhikkhuni Patimokkha.* Varanasi: Chaukhambha Orientalia, 1984.

Kawanami, Hiroko. *Renunciation and Empowerment of Buddhist Nuns in Myanmar-Burma: Building a Community of Female Faithful.* Leiden: Brill, 2013.

Khema, Ayya. *Being Nobody, Going Nowhere: Meditations on the Buddhist Path.* Somerville, MA: Wisdom Publications, 1987.

—— *I Give You My Life: The Autobiography of a Western Buddhist Nun.* Boston: Shambhala, 1998.

—— *When the Iron Eagle Flies: Buddhism for the West.* Somerville, MA: Wisdom Publications, 2000.

Kieffer-Pülz, Petra. *Sex-change in Buddhist Legal Literature with a Focus on the Theravāda Tradition. Annual Report of The International Research Institute for Advanced Buddhology at Soka University for 2017.* Tokyo: Soka University, 2018, 27 – 62.

Kim, Iryop. *Reflections of a Zen Buddhist Nun, trans. Jin Park.* Honolulu: University of Hawaii Press, 2014.

Kim, Jinah. *Unheard Voices: Women's Roles in Medieval Buddhist Artistic Production and Religious Practices in South Asia. Journal of the American Academy of Religion* 79 (2012): 200 – 32.

Kinnard, Jacob N. *The Emergence of Buddhism: Classical Traditions in Contemporary Perspective.* Minneapolis: Fortress Press, 2011.

Kirchner, Thomas Yuho, ed. *The Record of Linji, trans. Ruth Fuller Sasaki.* Honolulu: University of Hawaii Press, 2009.

Klein, Anne Carolyn. *Meeting the Great Bliss Queen: Buddhists, Feminists, and the Art of the Self.* Ithaca, NY: Snow Lion, 2008.

Kloppenborg, Ria. *Female Stereotypes in Early Buddhism: The Women of the Therīgātha.* In *Kloppenborg and Hanegraaff, Female Stereotypes in Religious Traditions*, 151 – 69.

—— **und Wouter J. Hanegraaff, eds.** *Female Stereotypes in Religious Traditions.* Leiden: E. J. Brill, 1995

Krey, Gisela. *Some Remarks on the Status of Nuns and Laywomen in Early Buddhism.* In Mohr und Tsedroen, *Dignity and Discipline*, 39 – 64.

Kunga, Drime, und Yeshe Tsogyal. *The Life and Visions of Yeshe Tsogyal: The Autobiography of the Great Wisdom Queen, trans. Chonyi Drolma.* Boulder, CO: Shambhala, 2017.

Kusuma, Bhikkhuni. *Inaccuracies in Buddhist Women's History.* In Tsomo, *Innovative Buddhist Women*, 5 – 12.

LaMacchia, Linda. *Songs and Lives of the Jomo (Nuns) of Kinnaur, Northwest India: Women's Religious Expression in Tibetan Buddhism.* Delhi: Sri Satguru, 2008.

Langenberg, Amy Paris. *Female Monastic Healing and Midwifery: A View from the Vinaya Tradition. Journal of Buddhist Ethics* 21 (2014): 152 – 87.

—— *Mahāsāṅghika-lokottaravāda Bhikṣuṇī Vinaya: The Intersection of Womanly Virtue and Buddhist Asceticism.* In Collett, *Women in Early Indian Buddhism*, 80 – 96.

Lawergren, Bo. *Buddha as a Musician: An Illustration of a Jataka Story. Artibus Asiae* 54, nos. 3/4 (1994): 226 – 40.

Lee, Chengpang, und Ling Han. *Mothers and Moral Activists: Two Models of Women's Social Engagement in Contemporary Taiwanese Buddhism. Nova Religio: The Journal of Alternative and Emergent Religions* 19, no. 3 (February 2016): 54 – 77.

LeVine, Sarah. *At the Cutting Edge: Theravāda Nuns in the Kathmandu Valley.* In Tsomo, *Innovative Buddhist Women,* 13 – 29.

—— *Dharma Education for Women in the Theravāda Buddhist Community of Nepal.* In Tsomo, *Buddhist Women and Social Justice,* 137 – 54.

—— **und David N. Gellner.** *Rebuilding Buddhism: The Theravada Movement in Twentieth Century Nepal.* Cambridge, MA: Harvard University Press, 2007.

Li, Yu-Chen. *Bhikṣuṇī Hiuwen: Enlightening Society by Institutionalizing Buddhist Education.* In Tsomo, *Eminent Buddhist Women,* 101 – 10.

—— *From ›Vegetarian Women‹ to ›Female Volunteers‹ to ›Dharma Aunties‹: The Institutionalization of Buddhist Women's Affiliation with Monastic Saṅgha.* In Tsomo, *Contemporary Buddhist Women,* 216 – 21.

—— *Ordination, Women, and Sisterhood: The International Full Ordination Ceremony in Bodhgaya.* In Tsomo, *Innovative Buddhist Women,* 168 – 98.

Lintner, Bertil. *Aung San Suu Kyi and Burma's Struggle for Democracy.* Bangkok: Silkworm Books, 2011.

Littlejohn, Darren. *The 12-Step Buddhist: Enhance Recovery from Any Addiction.* New York: Simon & Schuster, 2009.

MacKenzie, Vicki. *Cave in the Snow: A Western Woman's Quest for Enlightenment.* London: Bloomsbury Publishing, 1998.

—— *The Revolutionary Life of Freda Bedi: British Feminist, Indian Nationalist, Buddhist Nun.* Boulder, CO: Shambhala, 2017.

Makley, Charlene E. *The Violence of Liberation: Gender and Tibetan Buddhist Revival in Post-Mao China.* Berkeley: University of California Press, 2007

Manuel, Zenju Earthlyn. *Sanctuary: A Meditation on Home, Homelessness, and Belonging.* Somerville, MA: Wisdom Publications, 2018.

—— *The Way of Tenderness: Awakening Through Race, Sexuality, and Gender.* Somerville, MA: Wisdom Publications, 2015.

Martin, Dan. *The Woman Illusion? Research into the Lives of Spiritually Accomplished Women Leaders of the 11th and 12th Centuries.* In Gyatso und Havnevik, *Women in Tibet*, 49 – 82.

McGinnity, Tanya. *Lotus Petals in the Snow: Voices of Canadian Buddhist Women.* Nepean, ON: Sumeru Press, 2015.

McGregor, Jena. *The Next Dalai Lama Could Be a Woman.* Washington Post. 17 June 2013.

Meeks, Lori R. *Buddhist Renunciation and the Female Life Cycle: Understanding Nunhood in Heian and Kamakura Japan. Harvard Journal of Asiatic Studies* 70, no. 1 (2010): 1 – 59.

——— *Hokkeji and the Reemergence of Female Monastic Orders in Premodern Japan.* Honolulu: University of Hawaii Press, 2010.

——— *Imagining Rahula in Medieval Japan: The Raun Koshiki. Japanese Journal of Religious Studies* 43, no. 1 (2016): 131 – 51.

——— *In Her Likeness: Female Divinity and Leadership at Medieval Chuguji. Japanese Journal of Religious Studies* 34, no. 2 (2007): 351 – 92.

——— *Reconfiguring Ritual Authenticity: The Ordination Traditions of Aristocratic Women in Premodern Japan. Japanese Journal of Religious Studies* 33, Nr. 1 (2006): 51 – 74.

——— *Vows for the Masses: Eison and the Popular Expansion of Precept-Conferral Ceremonies in Premodern Japan.* Numen 56, no. 1 (2009): 1 – 43.

Miller, Andrea, und Redakteure der Shambhala Sun. *Buddha's Daughters: Teachings from Women Who Are Shaping Buddhism in the West.* Boston: Shambhala, 2014.

Mitchell, Matthew S. *Going with the Flow and Yet Controlling the Flow: The Early Life, Education, and Scholarship of Takatsukasa Seigyoku, Current Abbess of Zenkōji's Daihongan Convent. International Journal of Dharma Studies* 4, no. 1 (2016): 219 – 35.

Miura, Isshu, und Ruth Fuller Sasaki. *Zen Dust: The History of the Koan and Koan Study in Rinzai (Linji) Zen.* Basel: Quirin Press, 2015.

Mohr, Thea, und Jampa Tsedroen, eds. *Dignity and Discipline: Reviving Full Ordination for Buddhist Nuns.* Boston: Wisdom Publications, 2010.

Moon, Susan. *Activist Women in American Buddhism.* In *Engaged Buddhism in the West*, ed. Christopher S. Queen, 247 – 68. Somerville, MA: Wisdom Publications, 2000.

Mrozik, Susanne. *Materializations of Virtue: Buddhist Discourses on Bodies.* In *Bodily Citations: Religion and Judith Butler*, ed. Ellen T. Armour and Susan M. St. Ville, 15 – 47. New York: Columbia University Press, 2006.

—— *A Robed Revolution: The Contemporary Buddhist Nun's (Bhikkhunī) Movement. Religion Compass* 3, no 3 (2009): 360 – 78.

—— *Virtuous Bodies: The Physical Dimensions of Morality in Buddhist Ethics.* New York: Oxford University Press, 2007.

—— *We Love Our Nuns: Affective Dimensions of the Sri Lankan Bhikkhunī Revival. Journal of Buddhist Ethics* 21 (2014): 57 – 95.

Nagao, Gadjin M., ed. *Letters of Rennyo: A Translation of Rennyo's Gobunsho.* Kyoto: Hongwanji International Center, 2000.

Nanayon, Upasika Kee. *Pure and Simple: The Buddhist Teachings of a Thai Laywoman.* Boston: Wisdom Publications, 2005.

Narada. *The Buddha and His Teachings.* 4th ed. Kuala Lumpur: Buddhist Missionary Society, 1988.

Nattier, Jan. *A Few Good Men: The Bodhisattva Path according to The Inquiry of Ugra (Ugrapartipṛcchā).* Honolulu: University of Hawaii Press, 2003.

—— *Once Upon a Future Time: Studies in a Buddhist Prophecy of Decline.* Berkeley: Asian Humanities Press, 1991.

Nolot, Édith. *Règles de Discipline Des Nonnes Bouddhistes: Le Bhiksunīvinaya de L'école Mahāsāmghikalokottaravādin.* Paris: Collège de France, 1991.

Norman, K. R. *Pāli Literature, Including the Canonical Literature in Prakrit and Sanskrit of the Hīnayāna Schools Buddhism.* Wiesbaden: Otto Harrassowitz, 1983.

Norsworthy, Kathryn L., und Ouyporn Khuankaew. *Bringing Social Justice to International Practices of Counseling Psychology.* In *Handbook for Social Justice in Counseling Psychology: Leadership, Vision, and Action*, ed. Rebecca L. Toporek, Lawrence H. Gerstein, Nadya Fouad, Gargi Roysircar-Sodowsky, und Tania Israel, 421 – 41. Thousand Oaks, CA: Sage, 2005.

—— *A New View from Women of Thailand about Gender, Sexuality, and HIV/AIDS. Feminism & Psychology* 18, no. 4 (2008): 527 – 36.

—— *Women of Burma Speak Out: Workshops to Deconstruct Gender-Based Violence and Build Systems of Peace and Justice. Journal for Specialists in Group Work* 29, no. 3 (2004): 259 – 83.

Obeyesekere, Ranjini. *Portraits of Buddhist Women: Stories from the Saddharmaratnāvaliya.* Albany: State University of New York Press, 2001.

Ohnuma, Reiko. *Head, Eyes, Flesh, and Blood: Giving Away the Body in Indian Buddhist Literature.* New York: Columbia University Press, 2007.

—— *The Story of Rupāvatī: A Female Past Birth of the Buddha. Journal of the International Association of Buddhist Studies* 23, no. 1 (2000): 103 – 45.

—— *Ties That Bind: Maternal Imagery and Discourse in Indian Buddhism.* New York: Oxford University Press, 2012.

—— *Woman, Bodhisattva, and Buddha. Journal of Feminist Studies in Religion* 17, no. 1 (2001): 63 – 83.

Omvedt, Gail. *Buddhism in India: Challenging Brahmanism and Caste.* New Delhi: Sage Publications India, 2003.

Owen, Lisa Battaglia. *On Gendered Discourse and the Maintenance of Boundaries: A Feminist Analysis of the Bhikkhuni Order in Indian Buddhism. Asian Journal of Women's Studies* 4 (1998): 8 – 60.

—— *Toward a Buddhist Feminism: Mahayana Sutras, Feminist Theory, and the Transformation of Sex. Asian Journal of Women's Studies* 3 (1997): 8 – 51.

Pachen, Ani, und Adelaide Donnelley. *Sorrow Mountain: The Journey of a Tibetan Warrior Nun.* New York: Kodansha America, 2000.

Park, Jin Y. *Women and Buddhist Philosophy: Engaging Zen Master Kim Iryop.* Honolulu: University of Hawaii Press, 2018.

Paul, Diana Y. *Women in Buddhism: Images of the Feminine in Mahāyāna Tradition.* Berkeley: University of California Press, 1985.

Peach, Lucinda Joy. *Social Responsibility, Sex Change, and Salvation: Gender Justice in the Lotus Sūtra. Philosophy East and West* 52, Nr. 1 (2002): 50 – 74.

Powers, John. *A Bull of a Man: Images of Masculinity, Sex, and the Body in Indian Buddhism.* Cambridge, MA: Harvard University Press, 2009.

Prebish, Charles S. *Buddhism: A Modern Perspective.* University Park, PA: Pennsylvania State University, 1994.

—— *Buddhist Monastic Discipline: The Sanskrit Prātimokṣa Sūtras of the Mahāsāṃghikas and Mūlasarvāstivādins.* Delhi: Motilal Banarsidass, 2010.

—— *Varying the Vinaya: Creative Responses to Modernity.* In *Buddhism in the Modern World: Adaptations of an Ancient Tradition*, ed. Steven Heine and Charles S. Prebish, 45 – 74. New York: Oxford University Press, 2003.

Rajapakse, Vijitha. *Therīgāthā: On Feminism, Aestheticism and Religiosity in an Early Buddhist Verse Anthology. Buddhist Studies Review* 12, no. 1 (1995): 7 – 26; and 12, no. 2 (1995): 135 – 55.

Roth, Gustav. *Bhikṣuṇī-Vinaya: Including Bhikṣuṇī-prakīrnaka and a Summary of the Bhikṣu-prakīrṇaka of the Ārya-mahāsānghika-lokottaravādin.* Patna: K. P. Jayaswal Research Institute, 1970.

Salgado, Nirmala S. *Buddhist Nuns and Gendered Practice: In Search of the Female Renunciant.* New York: Oxford University Press, 2013.

Schaeffer, Kurtis R. *The Autobiography of a Medieval Hermitess: Orgyan Chokyi (1675 – 1729).* In Gyatso und Havnevik, *Women in Tibet,* 83 – 109.

—— *Himalayan Hermitess: The Life of a Tibetan Buddhist Nun.* New York: Oxford University Press, 2004.

Schireson, Grace. *Zen Women: Beyond Tea Ladies, Iron Maidens, and Macho Masters.* Somerville, MA: Wisdom Publications, 2009.

Schmidt, Amy. *Dipa Ma: The Life and Legacy of a Buddhist Master.* Birmingham: Windhorse Publications, 2005.

Schopen, Gregory. *Buddhist Nuns, Monks, and Other Worldly Matters: Recent Papers on Monastic Buddhism in India.* Honolulu: University of Hawaii Press, 2014.

—— *Sukhavātī as a Generalized Religious Goal in Sanskrit Mahāyāna Sūtra Literature. Indo-Iranian Journal* 19 (1977): 177 – 210

—— *The Suppression of Nuns and the Ritual Murder of Their Special Dead in Two Buddhist Monastic Texts. Journal of Indian Philosophy* 24 (1996): 563 – 92.

Shaw, Miranda. *Passionate Enlightenment: Women in Tantric Buddhism.* Princeton: Princeton University Press, 1995.

—— *Buddhist Goddesses of India.* Princeton: Princeton University Press, 2015.

Seeger, Martin. *›Against the Stream‹: The Thai Female Buddhist Saint Mae Chi Kaew Sianglam (1901 – 1991). South East Asia Research* 18, no. 3 (2010): 555 – 95.

—— *The Changing Roles of Thai Buddhist Women: Obscuring Identities and Increasing Charisma. Religion Compass* 3 (2009): 806 – 22.

—— *›The (Dis)appearance of an Author‹: Some Observations and Reflections on Authorship in Modern Thai Buddhism. Journal of the International Association of Buddhist Studies* 36/37 (2013/2014 [2015]): 499 – 536.

—— *Gender and the Path to Awakening: Hidden Histories of Nuns in Modern Thai Buddhism.* Copenhagen: NIAS Press, 2018.

—— *Orality, Memory, and Spiritual Practice: Outstanding Female Thai Buddhists in the Early 20th Century. Journal of the Oxford Centre for Buddhist Studies* 7 (2014): 153 – 90.

—— *Reversal of Female Power, Transcendentality, and Gender in Thai Buddhism: The Thai Buddhist Female Saint Khun Mae Bunruean Tongbuntoem (1895 – 1964). Modern Asian Studies* 47 (2013): 1488 – 1519.

Shakya, Min Bahadur. *The Life and Contribution of the Nepalese Princess Bhrikuti Devi to Tibetan History (from Tibetan Sources).* Kathmandu: Pilgrims Publishing, 2002.

Sharma, Arvind, ed. *Women in World Religions. Albany: State University of New York Press,* 1987. 213

Shih, Pao-ch'ang. *Lives of the Nuns: Biographies of Chinese Buddhist Nuns from the Fourth to Sixth Centuries*, trans. Kathryn Ann Tsai. Honolulu: University of Hawaii Press, 1994.

Sidky, Homayun. *The State Oracle of Tibet, Spirit Possession, and Shamanism, Numen* 58 (2011): 71 – 99.

Skilling, Peter. *Eṣā agrā: Images of Nuns in (Mūla-)Sarvāstivādin Literature. Journal of the International Association of Buddhist Studies* 24, no. 2 (2001): 135 – 57.

Starkey, Caroline, und Emma Tomalin. *Gender, Buddhism and Education: Dhamma and Social Transformation within the Theravada Tradition.* In *Gender, Religion and Education in a Chaotic Postmodern World*, ed. Zehavit Gross, Lynn Davies, und Al-Khansaa Diab, 55 – 71. Dordrecht: Springer, 2012.

Starling, Jessica. *Rights, Centers, and Peripheries: Experimental Moves in Japanese Buddhism. International Journal of Dharma Studies* 5, no. 9 (2017): 1 – 14.

Sterling, Isabel. *Zen Pioneer: The Life and Works of Ruth Fuller Sasaki.* Emeryville, CA: Shoemaker & Hoard, 2006.

Strong, John S. *Aśoka's Wives and the Ambiguities of Buddhist Kingship. Cahiers d'Extreme-Asie* 13 (2002): 35 – 54.

Swearer, Donald K. *The Buddhist World of Southeast Asia.* Albany: State University of New York Press, 2010.

Symes, Michael. *An Account of an Embassy to the Kingdom of Ava in the Year 1795. vol. 1.* Edinburgh: Constable and Co, 1827.

Thapar, Romila. *The Householder and the Renouncer in the Brahmanical and Buddhist Traditions.* In *Way of Life: King, Householder, and Renouncer: Essays in Honour of Louis Dumont*, ed. T. N. Madan, 273 – 98. Delhi: Vikas, 1982.

Toomey, Christine. *In Search of Buddha's Daughters: A Modern Journey Down Ancient Roads.* New York: The Experiment, 2016.

Trainor, Kevin. *In the Eye of the Beholder: Nonattachment and the Body in Subhā's Verse (Therīgāthā 71). Journal of the American Academy of Religion* 61, no. 1 (1993): 57 – 79.

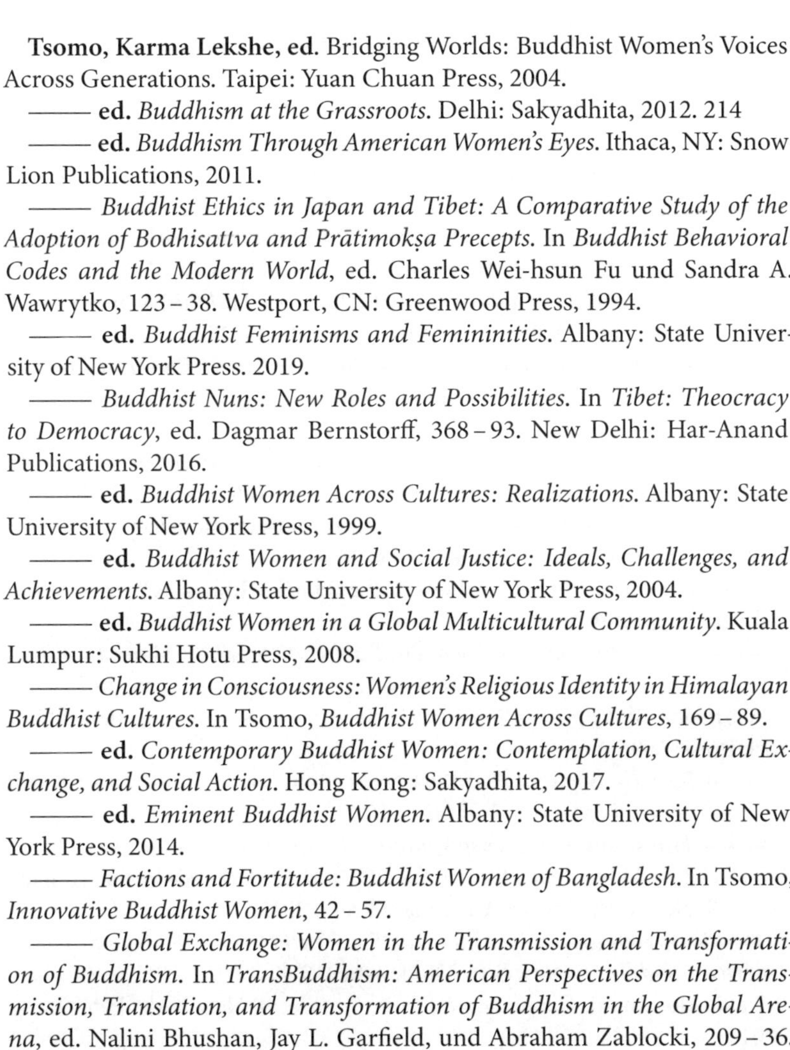

Tsomo, Karma Lekshe, ed. Bridging Worlds: Buddhist Women's Voices Across Generations. Taipei: Yuan Chuan Press, 2004.

—— **ed.** *Buddhism at the Grassroots.* Delhi: Sakyadhita, 2012. 214

—— **ed.** *Buddhism Through American Women's Eyes.* Ithaca, NY: Snow Lion Publications, 2011.

—— *Buddhist Ethics in Japan and Tibet: A Comparative Study of the Adoption of Bodhisattva and Prātimokṣa Precepts.* In *Buddhist Behavioral Codes and the Modern World*, ed. Charles Wei-hsun Fu und Sandra A. Wawrytko, 123 – 38. Westport, CN: Greenwood Press, 1994.

—— **ed.** *Buddhist Feminisms and Femininities.* Albany: State University of New York Press. 2019.

—— *Buddhist Nuns: New Roles and Possibilities.* In *Tibet: Theocracy to Democracy*, ed. Dagmar Bernstorff, 368 – 93. New Delhi: Har-Anand Publications, 2016.

—— **ed.** *Buddhist Women Across Cultures: Realizations.* Albany: State University of New York Press, 1999.

—— **ed.** *Buddhist Women and Social Justice: Ideals, Challenges, and Achievements.* Albany: State University of New York Press, 2004.

—— **ed.** *Buddhist Women in a Global Multicultural Community.* Kuala Lumpur: Sukhi Hotu Press, 2008.

—— *Change in Consciousness: Women's Religious Identity in Himalayan Buddhist Cultures.* In Tsomo, *Buddhist Women Across Cultures*, 169 – 89.

—— **ed.** *Contemporary Buddhist Women: Contemplation, Cultural Exchange, and Social Action.* Hong Kong: Sakyadhita, 2017.

—— **ed.** *Eminent Buddhist Women.* Albany: State University of New York Press, 2014.

—— *Factions and Fortitude: Buddhist Women of Bangladesh.* In Tsomo, *Innovative Buddhist Women*, 42 – 57.

—— *Global Exchange: Women in the Transmission and Transformation of Buddhism.* In *TransBuddhism: American Perspectives on the Transmission, Translation, and Transformation of Buddhism in the Global Arena*, ed. Nalini Bhushan, Jay L. Garfield, und Abraham Zablocki, 209 – 36. Amherst: University of Massachusetts Press, 2009.

—— *Illustrating the Way: The Life and Times of Bhikṣuṇī Shig Hiu Wan. International Journal of Dharma Studies* 5, no. 1 (2017): 1 – 10.

—— **ed.** *Innovative Buddhist Women: Swimming against the Stream.* Richmond, Surrey: Curzon, 2000.

—— *Khunying Kanitha: Thailand's Advocate for Women.* In Tsomo, *Buddhist Women and Social Justice,* 173 – 91.

—— *Lao Buddhist Women: Quietly Negotiating Religious Authority. Buddhist Studies Review* 27, no. 1 (2010): 85 – 106.

—— *Nuns, Dakinis, and Ordinary Women: Buddhist Women of Mongolia.* In Tsomo, *Eminent Buddhist Women,* 195 – 209.

—— *Nuns, Lives, and Rules.* In *Oxford Bibliographies Online: Buddhism,* ed. Richard Payne. New York: Oxford University Press, 2012.

—— **ed.** *Out of the Shadows: Socially Engaged Buddhist Women in the Global Community.* Delhi: Sri Satguru Publications, 2006.

—— *Prayers of Resistance: Kalmyk Women's Covert Buddhist Practice. Nova Religio: The Journal of Alternative and Emergent Religions* 20, no. 1 (August 2016): 86 – 98.

—— *Renunciation in Contemporary Buddhist Monasticism.* In *Asceticism, Identity, and Pedagogy in Dharma Traditions,* eds. Graham M. Schweig, Jeffrey D. Long, Ramdas Lamb, und Adarsh Deepak, 49 – 67. Hampton, VA: Deepak Heritage Books, 2006.

—— **ed.** *Sakyadhita: Daughters of the Buddha.* Ithaca, NY: Snow Lion Publications, 1989.

—— *Sisters in Solitude: Two Traditions of Buddhist Monastic Ethics for Women, A Comparative Analysis of the Dharmagupta and Mūlasarvāstivāda Bhikṣuṇī Prātimokṣa Sūtras.* Albany: State University of New York Press, 1996.

—— *Socially Engaged Buddhist Nuns: Activism in Taiwan and North America. Journal of Global Buddhism* 10 (2009): 459 – 85.

—— *Transition and Transformation: Buddhist Women of Buryatia.* In *Buddhism in Mongolian History, Society, and Culture,* ed. Vesna Wallace, 261 – 79. New York: Oxford University Press, 2015.

Tworkov, Helen. *Zen in America: Five Teachers and the Search for an American Buddhism.* New York: Kodansha, 1994.

Ueki, Masatoshi. *Gender Equality in Buddhism.* New York: Peter Lang, 2001.

Usuki, Patricia Kanaya. *American Women in Jōdo Shin Buddhism Today: Tradition and Transition. Pacific World: Journal of the Institute of Buddhist Studies, Third Series* 7 (2005): 159 – 75.

—— *Currents of Change: American Buddhist Women Speak Out on Jodo Shinshu.* Berkeley: Institute of Buddhist Studies, 2007.

Valian, Virginia. *Why So Slow? The Advancement of Women.* Cambridge, MA: Massachusetts Institute of Technology Press, 1999.

Vargas-O'Brian, Ivette M. *The Life of dGe slong ma dPal mo: The Experience of a Leper, Founder of a Fasting Ritual, a Transmitter of Buddhist Teachings on Suffering and Renunciation in Tibetan Religious History. Journal of the International Association of Buddhist Studies* 24, no. 2 (2001): 157 – 86.

Waldman, Anne. *Trickster Feminism.* New York: Penguin Books, 2018.

Wallis, Glenn. *A Critique of Western Buddhism: Ruins of the Real.* New York: Bloomsbury, 2018.

Walshe, Maurice. *Long Discourses of the Buddha: A Translation of the Dīgha Nikāya.* Somerville, MA: Wisdom Publications, 1995.

Walters, Jonathan S. *Apadāna: Therī-apadāna: Wives of the Saints: Marriage and Kamma in the Path to Arhantship.* In Collett, *Women in Early Indian Buddhism*, 160 – 91.

—— *Gotamī's Story: Introduction and Translation.* In *Buddhism in Practice*, ed. Donald S. Lopez, Jr., 113 – 38. Princeton, NJ: Princeton University Press, 1995.

—— *A Voice from the Silence: The Buddha's Mother's Story. History of Religions* 33, no. 4 (1994): 358 – 79.

Watkins, Joanne C. *Spirited Women: Gender, Religion, and Cultural Identity in the Nepal Himalaya.* New York: Columbia University Press, 1996.

Wijeyaratna, Mohan. *Buddhist Nuns: The Birth and Development of a Women's Monastic Order.* Kandy, Sri Lanka: Buddhist Publication Society, 2010.

Williams, Liz. *A Whisper in the Silence: Nuns before Mahāpajāpatī. Buddhist Studies Review* 17, no. 2 (2000): 167 – 73.

Willis, Janice D, ed. *Feminine Ground: Essays on Women and Tibet.* Ithaca, NY: Snow Lion Publications, 1987.

Wilson, Jeff. *Mindfully Feminine? The Role of Meditation in the Production and Marketing of Gendered Lifestyles.* In Tsomo, *Buddhist Feminisms and Femininities*, 285 – 302.

Wright, Diana E. *Spiritual Piety, Social Activism, and Economic Realities: The Nuns of Mantokuji.* In Tsomo, *Buddhist Women and Social Justice*, 205 – 18.

Wu Yin, Bhikshuni. *Choosing Simplicity: Commentary on the Bhikshuni Pratimoksha*, trans. Bhikshuni Jendy Shih und ed. Bhikshuni Thubten Chodron. Ithaca, NY: Snow Lion Publications, 2001.

Young, Katherine K. *Hinduism*. In Sharma, *Women in World Religions*, 59 – 103.

Young, Serinity. *Courtesans and Tantric Consorts: Sexualities in Buddhist Narrative, Iconography, and Ritual*. New York: Routledge, 2004.

——— *Female Mutability and Male Anxiety in an Early Buddhist Legend. Journal of the History of Sexuality* 16, no. 1 (2007): 14 – 39.

Yü, Chün-fang. *Kuan-yin: The Chinese Transformation of Avalokitesvara*. New York: Columbia University Press, 2001.

Yuan, Yuan. *Chinese Buddhist Nuns in the Twentieth Century: A Case Study in Wuhan. Journal of Global Buddhism* 10 (2015): 375 – 412.

Shamar Rinpoche

Grenzenlose Weisheit

Ein Handbuch für die Mahamudra-Praxis

»Versteht, dass es keine Beschäftigung im Leben gibt, die lohnender wäre als Meditation. (...)«

Paperback
252 Seiten | € 25,00
ISBN 978-3-944885-36-0

Gendün Rinpoche

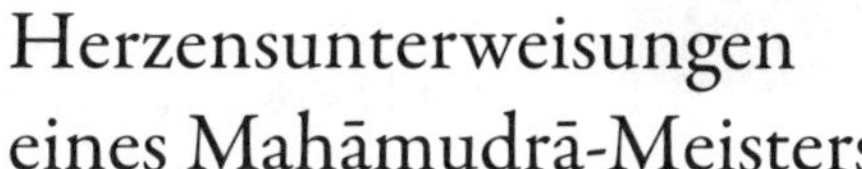

Herzensunterweisungen eines Mahāmudrā-Meisters

Unterweisungen zu den grundlegenden Aspekten spiritueller Entwicklung.

Das Herz öffnen, Mitgefühl und Hingabe entwickeln und alle Ichbezogenheit loslassen und so wirkliches Glück und tatsächliche Befreiung erfahren.

gebundene Ausgabe
1 Lesebändchen
304 Seiten | € 30,00
ISBN 978-3-944885-38-4

Gendün Rinpoche

Der große Pfau

Die Umwandlung der Emotionen
im tibetischen Buddhismus

Paperback
144 Seiten | € 14,90
ISBN 978-3-940269-01-0

Gampopa

Die kostbare Girlande für den höchsten Weg

Mündliche Unterweisungen
von Djetsün Gampopa

Paperback
104 Seiten | € 14,90
ISBN 978-3-944885-02-5

15. Karmapa Khakyab Dordje

Fortwährender Regen zum Wohle aller Wesen

Kommentar zur Meditation
auf Avalokiteśvara

Broschüre
32 Seiten | € 8,00
ISBN 978-3-944885-06-3

Karmapa Rangdjung Dordje

Das Mahāmudrā-Wunschgebet des Wahren Sinnes

Broschüre
20 Seiten | € 6,00

ISBN 978-3-944885-05-6

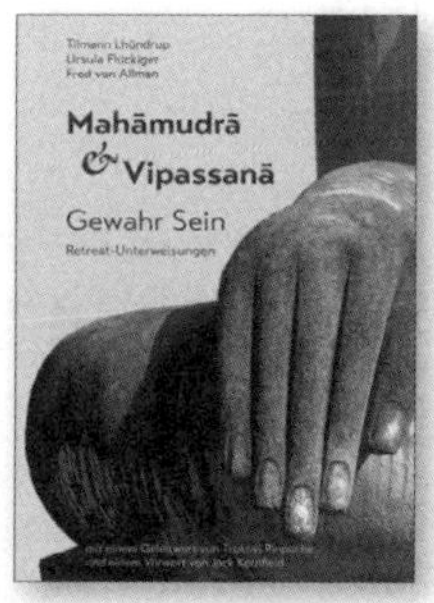

T. Borghardt, U. Flückiger, F. von Allmen

Mahāmudrā und Vipassanā

Gewahr sein, Retreatunterweisungen

gebundene Ausgabe
408 Seiten | € 26,90
ISBN 978-3-944885-07-0

Gampopa

Der kostbare Schmuck der Befreiung

Dritte, überarbeitete Auflage,
2 Lesebändchen

gebundene Ausgabe
304 Seiten | € 26,90
ISBN 978-3-940269-00-3

Milarepas gesammelte Vajra-Lieder

Band 1

gebundene Ausgabe
264 Seiten | € 21,90
ISBN 978-3-944885-03-2

Milarepas gesammelte Vajra-Lieder

Band 2

gebundene Ausgabe
264 Seiten | € 21,90
ISBN 978-3-944885-04-9

Weitere Bücher und Texte zur Meditationspraxis finden Sie auf unserer Webseite:

www.norbu-verlag.de

Norbu Verlag
in der Ekayana gGmbH
Raitenbucherstr. 17, D – 78853 Lenzkirch
info@norbu-verlag.de